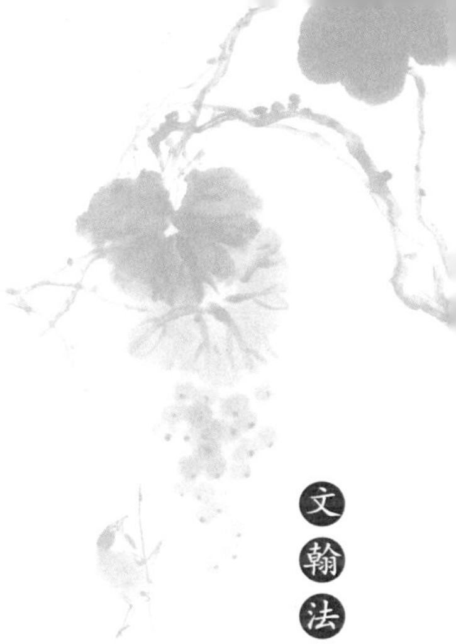

文翰法学文丛

生成中的外贸管制权

SHENGCHENG ZHONG DE WAIMAO GUANZHIQUAN

王花 吉敏丽 著

法律出版社 | LAW PRESS

总　序

以学之盛，助法之成

纵观中外历史上重大的社会变革，即使没有重大理论的创新、突破做先导，但至少也有重大理论与之伴随。因此，重大理论在社会变革中从来没有缺席。古代社会，重大理论的创新突破，多伴随着一个"乱世"——除了古希腊的个别城邦及古罗马的个别时代外，其他地方和时代，大率如此。但近、现代社会则与之不同，因为法治对人们思想自由、学术权利的体制化保障，使学术创新者获得了不惧任何非法干预、免于任何权力恐怖的"护符"。因之，即便天下承平，秩序如常，也不妨碍学者大胆的学术创新和突破。

我们理应处在这样一个时代。学术创新和社会各行各业的创新一样，应当是这个时代的突出特征。这种创新，既应体现于自然科学领域，也应体现在人文社科领域。特别是像市场经济这样的经济经营方式的转型，民主政治这样的政治管理模式的转型，多元思想和行为这样的社会表达和参与模式的转型，以及对这些转型及其成果进行加总调控的法治这种社会-国家治理方式的转型等，都需要人文社科领域，特别是社科领域学术研究的重大创新和突破。

或以为，这样的社会转型，在西方已经完成，且已然有西方学者所提供的重要理论根据，因此，后发达国家学者的任务，只须眼睛向外，虚心学习，大胆拿来以为我用就可以了——就像我们的立法拿来法人制度、股份制度、物权制度、听证制度、律师制度、控辩式审判制度等一样。此种观点，看似在理，但不可否认，它严重忽视了纳入结构中的具体要素之特征。即便我国当下和西方国家一样，处在一个共时性结构中，但任何结构，都是由要素构成的，要素和要素之间的不同和互需，才是将其结构在一起的逻辑前提。对要素特征的忽视，必然影响要素被结构后的功能。

毫无疑问,在当代世界的结构体系中,无论从地缘政治考量,还是从制度模式观察;无论从经济体量思忖,还是从文化传统审视,我国都是世界结构体系中最重要的要素之一。既然如此,学术研究就不能仅仅大而化之地一味关注我们被结构其中的结构本身——尽管对它的研究是十分重要且必要的,甚至还是主要的。但与此同时,如果我们忽略了对作为结构要素的我们自身的研究、了解和把握,那么,我们被结构其中本身或者是被裹挟的,或者是盲目的。

可见,在眼睛向外的同时,时刻不忘向内,对国情本身深耕细作——"认识你自己",发现蕴涵在这个国度的独特的政治、经济、文化以及法治智慧,并把其结构于全球化的规范交往体系中,这才是我们作为一个大国参与国际结构的用意所在,也是彰显我们这一要素在世界结构体系中不可或缺的根据所在,进而,我们不但知道自身需要被结构,而且懂得如何去参与结构,在结构中去弊兴利,去劣存优;否则,我们就不是国际结构体系的参与者、游戏者,而仅仅是被裹挟着,或者事不关己、纯凑热闹的"看客"。

陈述如上管见,是说学术研究和创新,对我国目前正在推进的各项社会制度变革而言,不是点缀装饰,不是附庸风雅,更不是可有可无的事体,而是社会变革必须倚赖的思想资源、路径设计、对策思路,或者说是社会变革不可或缺的图纸和蓝图。有了图纸或蓝图,未必就一定能建起凌云大厦,但可以肯定,没有图纸或蓝图,凌云大厦就永远是可望而不可即的海市蜃楼。回想近代以来我国的诸次重大社会变革,像孙中山先生《建国大纲》那样高屋建瓴、立论详致、作业系统的论述,尚不多见。因此,不少社会变革措施,所遵循的是一条"摸着石头过河"的路数,纯粹凭借经验。尽管这种情形在体制变革的初期收到了很好的效果,但当体制变革进入到关键期、深水期、阵痛期时,人们深感理论准备不足所带来的种种问题和困惑。

正因如此,推动学术研究的繁荣,以资法治国家的建设,是法学学术研究和国家法治建设之间的一种必然逻辑关系。有一种观点强调学术研究只管学术本身,勿问社会实际效果;否则,既影响学术研究者的专心致志,也因为功利因素影响,导致学术研究往往功败垂成。对这样的观点,我基本是赞同的,学术研究者就是要以学术为业。但这一观点是有适用的主体范围的。对于专门从事学术研究的学者而言，心无旁骛、专心致志地搞学术，对学术之外的一切保持淡定态度，自无不可，且必须如此。但对社会其他主体而言，期待学术研究能够带来实际的社会功用，不但无可厚非，而且理所当然。学术研究不是不参与社会事务的；反之，学术研究作为社会分工的一部分，只有以分工之成果参与社会中，才能彰显其价值。即使学术研究者们自身对参与社会分工不以为意，但从整个社会的需要和供给而言，一切学术研究，都是为了满足社会需要而予以供给的；否则，学术研究及其成果尽管可以实现满足研究者好奇、探索、愿望等精神需要的功能，但对整个社会需要和社会发展而言，则功用甚微。

法学研究自来就是或主要是一种致功的学术产业。即使一位法学者不太看重这一点，但就整个社会而言，对法学的基本需要，就是期待它能够在国家法治——立法、执法、司法以及法律运用和遵守的实践中发挥指导性的、证成性的或说明性的功用。法学研究毕竟不是文学、戏曲或其他艺术，以直接满足人们的精神需要为旨趣。因此，抛弃了对致功的关注，其纯粹精神享验的作用就主要存在于极个别的专业研究者身上，就无以由此出发，辐射推演到更广泛的社会主体。可见，法学者对其学术研究之于法治发展的可能贡献，即使不去刻意关注，但也不能漠不关心。在此意义上，法学之隆盛，其目的就是资助法治之成长。

职是之故，甘肃政法学院和法律出版社联袂决定出版《文翰法学文丛》。丛书之所以如此命名，盖有如下数因：一是纪念为我国特别是为当代甘肃法学作出过奠基作用和卓越贡献，并大半生扎根甘肃高校，奉献陇右学坛的著名法学家吴文瀚先生。二是陇右虽僻且贫，但当代中国法律学坛活跃着颇值得关注的一批陇右学者，从法学理论、法律史学、国家法学、国际法学，到民商事法学、经济法学、刑事法学、诉讼法学等，陇右都有相关学术领域堪称代表性的人物。此种情形，正是曾生活在偏僻且贫瘠的陇右儿女对“文翰精神”之追求在法学领域的写照。三是甘肃政法学院，乃共和国成立以来第一所省属专门政法大学，开启了我国专门政法大学在“五大”之外，再加“三小”（甘肃政法学院、山东政法学院和上海政法学院）的成长格局。文翰先生生前对甘肃政法学院关心有加，这所大学的师生们也时刻以践行“文翰精神”为尚。

甘肃政法学院自从1984年成立以来，不仅为西部地区也为全国培养了七万余名法学和公安学(警察)人才，而且不少师生一直崇尚并致力于学术研究，有些学者的学术研究，不但在陇上法学界颇有影响，而且在国内法学界也占有一席之地。从甘肃政法学院走出的学子和学者，已在复旦大学、吉林大学、华中科技大学等著名高校贡献其学术智慧。近年来，学校本着科研、教学相互发明、相互促进的精神，在政策上鼓励师生们积极从事科研，而工作在这所大学的法学老师们，也在繁重的教学任务之余，自觉投入精力，认真从事学术研究。

为了集中展示本校师生的科研成果，并为推进学校科研工作更上层楼，学校在法律出版社的大力支持下，决定出版这套文丛。文丛的收入对象，为甘肃政法学院在校师生的法学学术作品；收入的基本条件，是首次出版，或者之前在法律出版社出版，且经过学校和出版社审定学术规范可靠、学术视角独特、学术质量过关的作品。

写书难，出书也难。感谢法律出版社，特别是周丽君编辑在出版资源十分紧张的情况下，对甘肃政法学院也是对西部法学研究的鼎力支持。这套丛书之序，本应由甘肃政法学院校领导来书写，我和法学院王宏璎院长曾多次请求李玉基或焦盛荣两位领导赐序，但他们都谦虚地让我直接作序。如此耽搁快一年时间，法律出版社一直在催促此事，故只好恭敬不如从命。在此，我也对甘肃政法学院校领导们如此礼贤下士，尊重一位外聘学者的精神诚表谢意！

但愿此文丛之出版，能够进一步激发甘肃政法学院法学学子投入学术研究的热情和信心，凝聚全校教师对教学、科研同等重视的共识，并借之助推甘肃政法学院学子的法学学术研究成果对我国，特别是对我国西部法治事业的可能贡献。

是为序。

陇右天水学士　谢　晖

2018 年 9 月于广州

序

随着经济全球化的发展，国际贸易也迅猛发展，贸易全球化已经成为不可逆转之势。自改革开放国策实施以来，中国对外经济贸易持续增长。在2002~2012年的10年间，我国对外贸易年均增长21.7%，比同期全球贸易额年均约10%的增速高出一倍多。无论是进出口贸易规模总量，还是对外经贸范围的深度和广度，已然奠定了中国作为世界贸易大国的重要地位。与此同时，我国的对外经贸法治建设也已进入新的历史时期，在移植、借鉴、创新的基础上，结合国际条约、国际惯例，形成了一套有中国特色的对外经济贸易法律体系，为我国经济贸易的高效、可持续发展提供了法律支撑。

但是，应该清楚地看到，我国是一个贸易大国，但还不能称得上真正的贸易强国。由于经济全球化的深度发展，国际贸易规则已经与法律制度、经济制度、政治制度乃至军事制度密不可分，形成了重要的互动关系，这种互动同时具有积极和消极的后果。我国对外贸易飞速增长的同时，也遭遇到了很多国际贸易壁垒的阻碍，贸易摩擦愈演愈烈，形式越来越复杂，涉及面越来越大，已经从原来的产品摩擦走向制度性摩擦，对外贸易中的法律问题越来越成为焦点问题、成为WTO体制所追求的世界贸易自由化和各国贸易保护主义之间集中的冲突反映。法制建设需要世界的眼光与战略的思维。我们应该保持清醒的头脑，适应变换的国际形势，从国内制度层面主动改革，也需要从中国的利益出发，研究国际经济法的理论和规则，研究其中利益和规则的冲突，以有利于我国对外贸易的进一步发展。

甘肃政法学院教师王花、吉敏丽所完成的《生成中的外贸管制权》一书，是以法的生成理论视角来系统地探讨外贸管制权及其相关国际、国内规范的价值理念与制度设计的理论研究成果，具有一定的独创性。全书在体例上划分为7章，循序渐进地对外贸管制权生成中的理论渊源、概念界定、相关学科中的学术支撑、价值选择、国内及国际制度构建、发展困境等问题一一进行了分析与思考。通阅整部书稿,值得称道之处首先是能充分认识到国际法与国内法的关联性。经济全球化的巨大影响,使整个世界的法治也在不断地变化发展之中,呈现出国际法与国内法界限日益模糊、衔接越来越紧密的态势。本书在 WTO 国际贸易法制框架下对外贸管制权的属性进行分析,具有开阔的研究视域。其次,本书所坚持的立论基础是值得肯定的。外贸管制权归根结底是由各国的经济和社会发展水平及其需要所决定的,它本身是国家主权的一个组成部分,外贸管制必须寻求履行国际义务和保证国家利益的协调统一。此外,注重法学与其他人文学科理论与方法的融合,也使本书在研究方法上具有一定的创新性。

中国对外经济贸易法制的发展需要更多的学者投身其中。我欣喜地看到:即使身处西部,作者仍能坚持在国际经济法学领域潜心钻研,并能出此硕果,令人欣慰!借此机会,真诚地期望两位青年作者继续努力,向国际贸易法的深度和广度做更加成功的研究。

2017 年 4 月 18 日

目　录

前　言

经济全球化的潮流席卷世界，其影响意义的重要性不可估量。各国经济法律制度也因此而趋于一体化。各个主权国家或者关税独立区政府纷纷基于本国、本法域内的政治、经济、文化等原因，采取各种各样的促进、管理、限制对外经济贸易活动的措施，并由此形成了千差万别的涉外经济管制制度。特别是基于世界贸易组织等重要国际性经济组织强大而广泛的影响力，外贸管制制度已然成为一种基础性的、前沿性的法律规则体系，甚至具有国际统一化的发展趋势，是各国乃至世界所关注的热点。

据 WTO 发布的世界贸易报告，2013 年我国货物进出口总额 4.16 万亿美元，跃居世界货物贸易第一；中国海关统计数据显示，2016 年中国服务贸易保持了较好的发展势头，全年进出口 5.4 万亿元人民币，首次突破 5 万亿大关，世界排名继续保持第二位，仅次于美国。[1] 随着对外贸易成为中国新的经济增长点，加强和完善必要的立法，促进和保护其进一步发展，已是迫在眉睫的现实需要。对外贸易的增长，必然催生法律制度的建立与健全，与外贸管制相关的立法已成为我国立法中最快和最主要的部分。而与此同时所产生的我国经济行政管理法规的"泛化"现象，也引起了法治国家建设中对"政府万能主义"的质疑。

作为连接国内法与国际法、经济利益与政治体制、行为规范与价值理念的焦点，对外贸易管制措施及其相关制度往往会在法学理论与具体制度层面引发各种复杂的冲突与争议。将外贸管制现象纳入法治理性的认识和规制范畴，对外贸管制权发展进程中所出现的问题加以梳理，深入探讨，不仅对促进我国外贸管制法的良性发展具有重要的现实意义与理论价值，而且可以产生以点带面的连带效应，对于中国改革开放及法治国家

---

〔1〕 中国商务部：《2016 年中国货物贸易进出口总值 24.3 万亿元人民币》，载 http://www.chinairn.com/news/20170505/162452889.shtml，最后访问日期：2017 年 5 月 5 日。

建设的宏伟目标实现，具有推波助澜的重要作用。

法律首先表现为规则丛林。外贸管制权的法学研究也首先体现为千差万别的、不计其数的相关规范与制度。历史上屡见不鲜、愈演愈烈的贸易战争，总是反映为各种规则之战。近现代以来，随着经济全球化进程的加速，外贸管制法律制度飞速发展与膨胀，国际经济贸易问题不断凸显，这使越来越多的学者开始对各国国内的、世界性的外贸管制制度进行专门研究。多元开放的法学视角和理论进路，在我国促使了外贸管制制度所依托的国际经济法学科得到快速的发展；同时，这些理论成果和制度经验给我们提供了可资借鉴与学习的丰富资源。特别是我国"入世"后，世界贸易组织的相关规则不仅直接推动了我国相关规范与制度的建设，同时也深深地影响到了外贸管制权的价值趋向。

然而，从已有的研究成果来看，尽管与外贸管制相关的学术成果很多，但多是从制度层面、从相关的形式合理性方面进行讨论，而关于外贸管制权的直接性论述却较少，并且缺少必要的价值评价标准的研究。在研究思路上主要从国内法与国际法两个层面分别讨论，无法在国内法与国际法之间进行合理的连接。具体问题的研究也往往停留在静态的制度构建层面，缺少社会现实环境的有效支撑，缺少制度的可操作性，难以形成完整有效的制度体系。必须承认，在法学领域内，无论是对外贸管制权概念本身的法律界定，还是关于它赖以生存的相关基础理论，都仅仅处于研究的起步阶段，表现出明显的理论滞后性与不成熟性。这种外贸管制权理论与外贸管制制度之间所存在的巨大发展落差，显然与外贸管制权在现实生活中所发挥的巨大作用不相称，同时也阻碍了外贸管制权相关法律制度的进一步发展，导致在一些具体的制度构建中出现许多新的冲突与问题。

此外，由于各国法律体系与法律文化的差异，各国对外贸管制权的研究差异较大。目前，在我国关于外贸管制权的研究中，充当主要材料支撑的有两种成果：一是对世界贸易组织的相关规范的研究成果；二是对世界上主要经济发达国家的相关规范的研究成果。这些研究成果不但为中国学者的相关研究提供了明确的路径选择，同时也在潜移默化地将其价值理念贯彻其中，自由贸易、法治思想，乃至人权，都成为外贸管制权研究中如影相随的、普适的价值标准。

萨特曾说“存在先于本质”，然而人类的理性却总是在探寻着现象背后的意义所在。当越来越多的外贸管制规则被我们所认识、所接受后，总有一些人会从眼前密布而繁杂的规则中抬起头来，思考一些隐藏在现象背后的深层次的问题：这些规则何以产生？它对我们自身的意义何在？它应由谁制定？为谁服务？这一个个问号，先是偶尔会飘过，但终究会成为必须要回答的、无法回避的终极问题。如何回答这些问题，势必将影响外贸管制权及其相关制度的发展方向；回答这些问题，就更需要开辟新的研究方法与路径。

而上述所有这些疑问，实际上都直指外贸管制权及其相关制度是否与其生成所依赖的外部及内部条件相适应。当我们从规范性的分析方法困境中脱身时，价值分析法再次以其星空般恒久的魅力熠熠生辉。它克服了部门法学研究中比较流行的工具主义、技术主义和教条主义及其造成的弊端，满足了我们对意义的追索。同时，历史分析法将特定的法律制度与法学理论放置于漫长的历史长河中，通过对其发展演变中不同的形式与特点的描述，来追问其背后的现实依据与发展规律。将二者结合起来，就是本书中所坚持的研究视角——法的生成理论。依据法的生成理论，法律权利或法律现象是对现有事实的制度性反映，有其特殊的生成依据、存在方式与发展过程，并会根据外部环境的变化而变化，是一个现实的、开放的过程；而特定法律制度的生成过程，同时也是相关的基础理论问题不断创新、争议、实践选择的理性认识过程。作为一种历史渊源极为悠久的解读法律的理论，法的生成理论在各个时期呈现出貌似不同的种种学说，如历史法学、社会法学、马克思主义法学等。尽管如此，这些学说却不约而同地采用了同样的方法路径，即将特定的法律制度置身于时间、地点、主体、需求等限定性的语境中来探索其价值。具体在本书中，则可将外贸管制权及外贸管制法律制度置于不同的历史阶段、不同的主体角度、不同的价值层面、不同的法律体系等即对立又统一的标准下，具体地对其合理性进行分析。

以此为思路，本书分七章，分别对外贸管制权及其法律制度生成中的相关问题进行分析。第一章首先对法的生成理论所涉及的各种学说进行简要的解释，强调法的生成观所具有的特殊方法论意义；第二章从文本渊源、历史发展、现实依据及其法律属性等角度对外贸管制法律现象进行分析，以说明外贸管制权是一个从外贸管制实践中生成的新的法律概念；第三章对伴随外贸管制权的生成过程并作为其理论依据的经济学、哲学相关理论与争议进行综述，以期在众说纷纭中探寻外贸管制权生成中的主要外部理论支撑；第四章研究外贸管制权的价值合理性，提出外贸管制权源于国家的天然主权属性，当其作为一种法律制度出现时，必须同时符合国内法和国际法的价值原则与标准，具体表现为贸易管制权无论在主权原则下还是在法治原则下，都应具有实质价值与形式价值的统一性；第五章以世界贸易组织及其外贸管制规则的发展演变为主要线索和典型例证，以描述外贸管制权在国际法制背景下曲折的生成特点；第六章以我国外贸管制权法律制度构建中存在的具体问题为核心，在凸显国内外贸管制权法律制度生成之路的过程性、复杂性的同时，强调外贸管制权法律制度的完善对我国法制建设的现实意义；第七章对目前外贸管制权发展中所出现的社会治理趋势进行探讨，试图发现外贸管制权法律制度发展中的前进方向。

全书撰写分工如下：

王花：第一章、第二章、第四章、第七章；

吉敏丽：第三章、第五章、第六章。

外贸管制权所涉及的具体规范繁杂而又细致，外贸管制权所依托的主要学术理论庞大而又精深。本书无意于对外贸管制权的相关规则本身进行专业性或事务性的探讨；冗笔重重，只是想说明外贸管制权及其法律规则，不仅仅是国家面临现实利益考量时的一种制度选择，更是法学视野下具有悠久历史进程和自身特性的一种认识论本体，在其制度现象背后存在着深厚的社会现实基础与理论支撑。然而，囿于笔者的学术水平和表达能力，总有部分内容在表述中差强人意。一些理论综述，只能含华咀英、取我所需；一些引为例证的具体规范，只能一笔带过，难以精细说明。尤其是在价值多元背景下，如何理解外贸管制权的价值共意问题，对不同宗旨的学术观点的取舍问题，始终是本书写作中一个非常大的难题。此类不足不胜枚举，只能留待以后有机会再做修正了。

第一章　解读法律的新思路：生成理论

“立法者应该把自己看做一个自然科学家。他不是在创造法律，不是在发明法律，而仅仅是在表述法律，他用有意识的实在法把精神关系的内在规律表现出来。”[1]

——马克思

本书所关注的外贸管制权，是一个法学范畴的概念或制度。对法认识的不同价值观和方法论，都会直接影响到对外贸管制权的理解与运用。法律作为社会诸现象之一，与社会其他要素之间的关系极为紧密。社会是法产生、变化的源泉，它不但直接影响了具体法律概念、法律规范、法律体系的现实功能与作用，同时也是对特定时期与特定地区的具体法律制度进行认识、解释的一种重要思路与方法。在中外历史上，有许多学者都将法律作为社会生活的一种特殊反映，认为任何法律制度都是特定社会环境与历史条件的结果，而非仅仅是人的意志的产物。尽管他们所采用的论证思路或具体结论不尽相同，但“法是生成的”或者说“法有其生成的过程”的观念已被多数人所接受。“生成”是德文中“werden”一词的意译，原指一事物向另一事物的转化，新事物的产生并形成。法的生成是指法和法律制度在特定背景下的产生与形成的过程。“用生成的概念分析法律的形成过程，可以揭示国家立法与社会‘自然秩序’、法的创制与法的实施、法的实施与法的发展之间的内在联系及其对法律的意义。”[2]

---

[1] 马克思、恩格斯：《论离婚法草案》，载《马克思恩格斯全集》（第1卷），中共中央马克思恩格斯列宁斯大林著作编译局编译，人民出版社1995年第2版，第347页。

[2] 葛洪义：《论法的生成》，载《法律科学》2003年第5期。

第一节　法律生成观的代表性理论

一、法律生成观的理论萌芽

“在西方法律思想史上，法学研究一直倡导放在社会的大背景下进行理解，这似乎是一个很好的传统。从柏拉图的《理想国》到亚里士多德的社会观念、从中世纪的阿奎那到启蒙学者对人和社会本质的看法，都包含着丰富的社会学因子。”[1]据说最早提出“生成”思想的是古希腊哲学家赫拉克利特。赫拉克利特那句名言“人不能两次走进同一条河流”，说明了客观事物是永恒地运动、变化和发展着的这样一个真理。恩格斯曾评价说：“这个原始的、朴素的但实质上正确的世界观是古希腊哲学的世界观，而且是由赫拉克利特第一次明白地表述出来的：一切都存在，同时又不存在，因为一切都在流动，都在不断地变化，不断地产生和消失。”[2]此外，一些古希腊哲学家，也分别对法或社会制度与其他社会要素之间的关系提出了各自的学说，如古希腊时代的希波克拉底认为人类特性产生于气候；柏拉图认为人类精神生活与海洋影响有关；公元前4世纪亚里士多德则认为地理位置、气候、土壤等影响个别民族特性与社会性质，如果一个城邦，商人杂处，异族不同的习俗往往会污染本邦的礼法。[3] 这些论点尽管无法解释当时希腊半岛各民族的历史进程，但却影响深远，成为“法律生成”理论最早的哲学起源。

让·博丹是法国著名的早期资产阶级政治思想家，近代主权学说的创始人。在其著作《简明历史认识方法》中，他阐述了国家与法律的道德要素，认为应该历史地、比较地研究国家与法律，并肯定了地理环境对国家与法律的影响。这种思想对后世产生了很大的影响，法国的孟德斯鸠就深受这种思想的影响，并将其发挥为“地理环境决定论”。

---

〔1〕 田成有：《法律社会学的学理和运用》，中国检察出版社2002年版，第4页。

〔2〕 马克思、恩格斯：《反杜林论》引论，载《马克思恩格斯选集》（第3卷），人民出版社1972年版，第60页。

〔3〕 [古希腊]亚里士多德：《政治学》，姚仁权编译，北京出版社2007年版，第356页。

二、法律生成观的理论雏形

（一）孟德斯鸠法的精神说

孟德斯鸠不仅是18世纪法国启蒙时代的著名思想家，也是近代欧洲国家比较早的系统地研究古代东方社会与法律文化的学者之一。他的著述虽然不多，但其影响却相当深远而广泛，尤其是《论法的精神》这部集大成的著作，奠定了近代西方政治与法律理论发展的基础，也在很大程度上影响了欧洲人对东方政治与法律文化的看法。他强调法的功能，认为法律是理性的体现。理性论是孟德斯鸠政治法律哲学中最基本的理论。在《论法的精神》的开篇，孟德斯鸠明确地提出这一理论，并以它为基础建立了他的国家和法的哲学体系。他认为，一般的法律是人类的理性，各国的法律是人类理性在特殊场合的适用；[1]因此，法律和地理、地质、气候、人种、风俗、习惯、宗教信仰、人口、商业等都有关系，而这些关系就是"法的精神"。所谓"法的精神"是指法律的本质，即决定法律的根本要素。孟德斯鸠认为：决定法的性质的根本原因不在法律本身，而是法律之外并与法律相关的客观因素。这些客观因素可概括为两大类：一类是地理、气候、土壤及人种等自然因素；另一类是指生产方式、生产水平、人口素质、法律环境和文化历史等人文因素。这些因素共同决定了法的精神，而不是一个单独的因素来决定。法的精神体现了人类理性和自然法则，人们必须适应这些外部条件，才能制定出良好的法律；否则，便是坏的法律。在《论法的精神》中，给人印象最深的并不是孟德斯鸠赖以成名的三权分立的论述，而是关于气候、土壤、地理等对人的精神、气质、生活习惯、道德风俗、经济的影响，进而影响家庭生活、政治体制、宗教等的见解。孟德斯鸠在书中写道："一个国家的土地优良就自然地会产生依赖性。乡村的人是人们的主要部分；他们不很关心他们的自由；他们很忙，只是关心他们自己的私事。"[2]"我并不否认，这个民族的法律、风俗和习惯大部分是由于气候而产生的；但我说的是：这个民族的风俗和习惯同它的法律也有密切的关系。"[3]

---

〔1〕［法］孟德斯鸠著：《论法的精神》，张雁深译，商务印书馆1961年版，第6页。
〔2〕［法］孟德斯鸠著：《论法的精神》，张雁深译，商务印书馆1961年版，第334页。
〔3〕［法］孟德斯鸠著：《论法的精神》，张雁深译，商务印书馆1961年版，第383页。

关于气候、土壤对于整个人类的影响作为一个命题时,孟德斯鸠应用实证方法来论述,在整个论述的过程中,他不断地引用来自世界各地的历史和现实性资料。譬如,在关于贸易对于法律的关系的论证之中,孟德斯鸠专门讲述了关于英国的贸易精神,指出:"别的国家为了政治的利益而牺牲商务利益;英国却总是为了商务的利益而牺牲政治的利益。"孟德斯鸠一直都以实证精神来处理所有的问题,实证是孟德斯鸠的方法论。正是这种方法,使孟德斯鸠出身于自然法论,却同时为实证方法论和历史方法论开辟了道路。孟德斯鸠将法律区分为自然法、人为法和神法。自然法即自然理性,是人类社会建立以前就存在的规律,是所有法的基础。正是借助这种自然法,孟德斯鸠既不使法学从属于其他学科,也不与它们对立,而是把法学与其他人文科学和自然科学联系起来进行研究,表现了它首创的科学精神。而在自然法的基础上,人为法不过是"每个国家的政治法规和民事法规应该只是把这种人类理性适用于个别的情况"。处于最后的才是宗教法,因为"宗教的力量来自于人们对它的信仰",并谴责宗教法对世俗社会的干预。

(二)萨维尼、梅因为代表的历史主义法学

1. 胡果的历史主义法学观

18 世纪末 19 世纪初,在德国形成了以胡果和萨维尼等为首的历史法学派。在 19 世纪,历史法学派基本上代表了法学思想发展的主流。历史法学派的创始人是胡果。"胡果最先将历史性的实用主义批判引入法学领域,他在对'历史性的'自然法理论表示赞同的同时,反对纯理论的自然法学和法典化了的自然法思想。"[1]他认为,法的本质之源是习惯法,从现存的历史和比较观察中,必然导致出将来应发生的事情;自然法并不是一种追求正确的、合目的的事物的标准。他指出,一定民族的各种法规、法律,不会顾及一般性的自然法,如同医生在开处方时,总是具体情况具体分析而不会顾及医学的一般原则一样。可以说他的观点是站在经验主义立场上对自然法理论进行了批判。

2. 萨维尼的民族精神论

历史主义法学派的集大成者是 19 世纪的德国法学家萨维尼。他通

[1] 何勤华:《历史法学派综述》,载《法制与社会发展》1996 年第 2 期。

过对法的产生、法的本质和法的基础三个问题的阐述，表达了该学派的代表性理论。萨维尼指出，法是一个社会或民族自发运动的产物，是其民族精神的一种体现，只能经由一定的历史过程展现其内容，立法者或法学家只能通过研究发现这些法，而不能创造或发明法律〔1〕。在萨维尼看来，法律不是“理性”的产物，而是和语言、风俗一样，是“民族精神”和“民族共同意识”的体现。法律是民族意识的有机产物，是自然而然逐渐形成的。法律是自发地渐进地演化而成的，而不是立法者有意识创造的产物。他说：“法律只能是土生土长和几乎是盲目地发展，不能通过正式理性的立法手段来创造。”在《现代罗马法体系》中，萨维尼写道：“一个民族的法律制度，像艺术和音乐一样，都是他们文化的自然体现，不能从外部强加给他们。”“在任何地方，法律都是由内部力量推动的，而不是由立法者的专断意志推动。”〔2〕萨维尼认为：“在人类历史展开的最为远古的年代。可以看出，法律已然秉有自身确定的特征，其为一定的民族所特有，如同语言、行为方式和基本的社会组织体制。”〔3〕不仅如此，这些现象并不是孤立地存在的。它们不过是自然地不可分割地联系在一起的、具有个性的个别民族的独特的才能和意向，把它们联结为一体的是民族的共同信念和具有内在必然性的共同意识。法律起源于习惯，习惯是法律最初的不成熟的表现形式，也是法的最好来源，是最有生命力的、在人民中活着的法，是体现民族意识的最好的法律。

萨维尼所提出的“法律关系本座说”，主要是从法律关系的“重心”以及与法律关系存在最密切、最重要的联系出发，认为存在着一个“相互交往的国家的国际社会”，各国的法律也形成了一种“法律的共同体”，而每一种法律关系依其性质总是与一定地域的法律相联系，进而主张平等地看待内外国法律，即不管案件在什么地方提起，均能适用一个法律，使案件得到一致的判决。他的学说对欧洲冲突法法典化和冲突法趋同化的发展产生了重大影响，实质上将国际私法推进到了一个新的发展阶段，因此，他又被喻为“近代国际私法之父”。

---

〔1〕［德］萨维尼：《论立法与法学的当代使命》，许章润译，中国法制出版社 2001 年版，第 7 页以下。

〔2〕张宏生主编：《西方法律思想史》，北京大学出版社 1983 年版，第 369 页。

〔3〕［德］萨维尼：《论立法与法学的当代使命》，许章润译，中国法制出版社 2001 年版，第 7 页。

通过把法律与“民族精神”“法律本座”勾连起来,使法律的性质神秘化,也使立法中对法律的发掘变得历史化起来:既然法律体现的是神秘的民族精神,法律是对民族精神确证的一部分,那么,如果民族还存在的话,这种法律就不能被改变,因为国家与社会都有自己独特的个性和精神,国家只能是民族国家,就像法律只能是民族的法律一样。但正是在这种历史的角度下,国家与法律基本上摆脱了自然法的纠缠,摆脱了无法统一的价值论的争议,用切实的行动代替了虚幻的空想。萨维尼这种法律观来源于进化理性主义。进化理性主义认为,社会、语言和法律都是按照演化的方式自然发展而成的,而不是由任何人依凭理性设计出来的,因而社会、经济、法律制度都不可能以演绎推理的方式加以重构。萨维尼表面上主张一种消极立法论,认为法律犹如原野之草木,可以无须任何辛劳而生长,实质上其主旨在于反对古典自然法学派的那种急功近利式的立法观念,强调制度设计之前的成熟的理论探讨,而对建构理性主义所表现的法律万能论高度警惕。

3. 梅因的历史法学

尽管梅因本人并不承认自己属于历史法学派,但其传世巨著《古代法》却奠定了他作为英国历史法学的创始人的地位。梅因的研究深受德国历史法学派的代表人物萨维尼的影响。他的《古代法》对法律以历史的角度进行了诠释,在具体分析了各国法律演变的历史进程后,指出无论是东方还是西方古代法律渊源都是沿着“判决”——“习惯”——“法典”这样的顺序产生发展的,进步社会法的继续发展主要依靠三种手段:法律拟制、衡平方法和立法。梅因关于法律形态与社会历史进化的论述构成其最为著名和独特的理论:“所有进步社会的运动,到此处为止,是一个从身份到契约的运动。”[1]梅因指出,社会的变迁是从重视身份的社会转变到重视契约的社会,社会的进化牵涉了以家庭关系为基础分派权利义务向以契约和个人意志为基础界定权利和义务的转变。

梅因认为,把法作为一个历史发展的过程进行考察研究,才能改变华而不实的学风,才能真正地领悟法律。要理解法律,应当考察它的历史形态、历史进程,应该考察那些非法律的因素。“法律并不是自己产生自己,

---

〔1〕[英]梅因:《古代法》,沈景一译,商务印书馆1959年版,第97页。

自己改变自己的,所以我们应当从法律事件入手而不是从法律原则入手来考察和研究法律。""法学家不能以抽象的概念和原则来解释、创造、反对现实的法律改革",从这个意义上讲,"法学家对新的法律而言是起到一个助产婆的作用,而不是去做法律的母亲"。[1]

梅因以及他的《古代法》的价值,并不在于对古代法律制度的追根溯源,也不在于对古代法律形态的深究细考,梅因的伟大之处在于他是方法的开拓者。他利用经验的资料,以实证的态度,运用了科学的方法——历史的、比较的方法探讨着一般法学家所梦想不到的领域。[2] 《古代法》一书的全名是:《古代法:它与社会早期历史的联系和它与现代观念的关系》,这表明它不仅仅是一部专门性的、技术性的法律史学著作,而是一部涉及社会、思想、文化等诸多领域的综合性史论,尤其重视探究古代思想与现代思想的关系。历史法学派一反自然法学派就法理论法理的局限,通过社会思想、文化、政治的演变来研究法律制度的变迁,以及法律变迁对社会历史演变的反作用。此外,梅因关于法律与社会的论述,一方面,避免了孟德斯鸠在研究法律制度的发展过程中采用的比较和实证方法的危险,即关于法律与社会变迁的零散与"支离破碎"的处理;另一方面,又避免了陷入萨维尼法律进化理论的浪漫主义陷阱。[3] 梅因的学说若用一句话来概括的话,"首先是对于法律的进化论方式的解释"。[4]

三、法律生成观的理论集成

(一)法社会学的兴起

法社会学派起源于19世纪后半期的德国,盛行于20世纪法、美、英等西方国家。法社会学派尽管形成较晚,但很快其影响力就压倒了自然法学派与实证法学派,成为现代西方法学思潮中的主导性学派。作为现代西方法学思潮中占主导地位的学派,法社会学的产生除了当时特定的社会历史条件外,更为深层次的原因在于人们对自文艺复兴以来所

[1] "国立"台湾大学法律系:《固有法制与现代法学》,成文出版社有限公司1979年版,第87页。
[2] 叶秋华、郝刚:《梅因与〈古代法〉及法学历史方法论》,载《河南省政法管理干部学院学报》2005年第1期。
[3] [美]W.弗里德曼:《法理学》,杨日然等译,司法周刊杂志社1984年版,第231页。
[4] [英]阿萨·勃里格斯:《英国社会史》,陈叔平等译,中国人民大学出版社1991年版,第266页。

形成的理性文化开始动摇,实用主义、怀疑主义成为这一时期社会思潮的主流。

法社会学(sociology of law)又称法律社会学、社会学法学、社会法律学等,是将法律置于社会背景之中,研究法律现象与其他社会现象相互关系的一门学科,是把法学与社会学相结合而产生的一个科际整合、学科交叉的学术派别。由于它是以人类社会中的法律现象为研究对象,因而被视为法学研究范畴。尽管在关于法社会学的内涵表述、功能作用、理论依据等许多方面至今仍不能统一,但它用经验方法和社会观察冲击纯粹严格的法条主义,挑战抽象虚幻的自然理念,把法律制度、法律规则、法律行为和法律程序作为构成社会整体中的某些要素来对待,研究法律在特定社会中的功能、影响和效果。"在法律与社会的关系上,法律社会学的研究采取的立场……是如何从法律研究中发现社会秩序的本质。在对法律与既存法系统的探讨中,他们真正的目的不在于改善法系统,而是把法系统放在社会结构当中来理解,以建构出一套理论性的解释。他们不假设法律、法学命题、法定义等应该是什么,也不接受它们既有的样子,而是去质疑、探讨它们的起源与社会的关系以及目的。"[1]"法律社会学所致力做的和社会法学者不同,他们所关心的并不是法律专业、法律的改造,而是要延伸对于社会秩序的脉络与法律之间关系的知识与理解。"这种对法律的研究方法和思路,不仅在西方社会不断得以深化、成熟,也很快传播到世界各地,尤其是对第三世界国家的法学研究和法制建设产生了巨大的影响,成为各国法律发展进程中不可忽视的主要理论推手。

（二）法社会学的分支

从学术渊源来看,法社会学有两大分支:一是来自法学的一翼,以法学思想为原动力,以社会学方法来剖析法律与社会的关系,被称为社会学法学;二是来自社会学的一翼,即以社会学为原动力,将法学作为社会学的组成部分而对法律制度进行研究,属于应用科学的一个分支,称为社会学的法律学。从代表人物来看,西方法社会学思想是由许多学术大师们缔造出来的理论体系。下面仅就少数著名学者所论述的与法的生成相关

---

[1] [美]坎培尔、威尔斯:《社会中的法律研究》,载[美]埃文:《法律社会学》,郑哲民译,五南图书出版公司1996年版,第28~29页。

的理论予以简要梳理阐述。

1. 社会学范畴的法社会学

从19世纪50年代开始，法社会学正式进入最后的孕育阶段。首先来自哲学和社会学的一翼，孔德、斯宾塞等思想家作为始祖，奠定了西方法社会学的哲学根基。

法国的孔德是实证主义社会学的创始人，系统地提出了实证的社会政治理论。他以社会学的理论和方法，直接推动了法社会学的产生。他研究的最大特点是对于国家现象和法律现象也同一般自然现象一样，只做机械的观察。孔德的贡献还在于提出了实证哲学的概念。“实证”一词被解释为实在、实用、确定、精确等含义。实证主义研究方法，包括观察法、实验法、比较法、历史法、数学法等方法。他反复强调，一切科学研究的对象只能是可观察、可检验的经验事实，哲学不应该以抽象推理而应以事实为基础进行研究，社会学也应该以实证原则作为基石，努力发现现象的实际规律。〔1〕尽管孔德本人并未亲自将其理论引入法学的研究中，但他的研究却有力地启发和引导了诸多社会学家与法学家以实证的、社会学的方法研究法律问题。他也因此被称为法社会学的创始人。

英国著名哲学家和社会学家赫伯特·斯宾塞，发展了孔德的社会整体机械论和达尔文的进化论，在生存竞争、自然淘汰等生物进化理论的基础上，提出了生物主义的社会学。〔2〕在斯宾塞看来，社会和国家如同自然界的生物一样，是一个由简单到复杂的不断进化的有机体；人与人之间的关系，也是强存弱汰的关系；社会阶级分化，也如同各种有机体的机能分化；为了使各阶级共存共荣，必须保持一定的平衡，而保持平衡的办法就是改善法律；决定法律的人在社会中处于支配地位，但他们也需要确立一种社会全体共同生存的法律。由此，斯宾塞引申出了阶级调和的政治法律思想。他的思想对于欧美国家社会学和法学的影响非常巨大。

作为西方学术界备受推崇的古典社会学家之一，德国的韦伯在法社会学研究领域具有不可置疑的领先地位。韦伯在对社会生活中的政治、

---

〔1〕［法］孔德：《实证哲学教程》，转引自《西方名著提要》，中国青年出版社1957年版，第332页。

〔2〕［英］赫伯特·斯宾塞：《社会学研究》，张宏晖、胡江波译，华夏出版社2001年版，第47～49页。

经济、法律、宗教和文化等方面进行深入研究的基础上，构筑了庞大的法社会学理论体系和宏观构架，如在谈及法律概念时，韦伯同其他社会学家一样，倾向于对法律做泛化的理解，韦伯把法划分为国家法与超国家的法，提出了法律发展的四种类型说，即形式非合理性法律、实质非合理性法律、形式合理性法律和实质合理性法律。在其代表作《经济与社会》一书中，韦伯还运用了哲学分析、社会学分析、经济学分析等方法，详尽地论证了经济生活与法律生活之间的相互关系，提出了法律随社会演进的法社会学模式。在《儒教与道教》一书中，韦伯对世界主要文明国家的文化特性进行了比较，尤其以中国和印度的文化历史作为个案，凸显了东方法文化与西方法文化的差异，提出了"文化决定论"的著名观点。

2. 法学范畴的法社会学

19 世纪末，真正使法社会学发展为一大流派者，是德国、法国的一些"纯粹的法社会学家"。他们从其他学派的思想中独立出来，着重分析了法律与社会、法律与习惯、法律与国家、法律与经济、法律与道德等方面的关系，论证了属于法社会学自己的学说体系，形成了一整套统一综合的法社会学原理和代表性作品，构成了法社会学的正式开端。其中，德国的耶林和赫克被认为是法社会学的创始人。

耶林（Rudolph von Jhering，1818 ~ 1892 年），被认为是"社会功利法学"的代表人物，他最有名的著作是《法律：作为目的的手段》与《为权利而斗争》。其贡献在于深入探讨了法律的目的以及法律如何处理社会成员相互冲突的利益，提出了著名的"目的法学"或"利益法学"的概念。耶林首先批判了自由主义的法律概念。他认为，传统的自由主义法律概念忽视了社会利益，过于狭隘，不能反映法律概念的真正内涵，尤其是忽视了法律的社会属性。耶林认为："从最广泛的意义上来看，法律是国家通过外部强制手段加以保护的社会生活条件的总和。"[1] 而法律定义包括两个要素，即法律的实质要素和法律的形式要素。法律的实质要素，是指法律的实质性目的在于保护社会及其成员的社会生活条件，它不仅包括社会成员的物质存在和自我保存的需要，而且包括那些事关人类精神存

[1] [德]耶林：《法律：作为目的的手段》，转引自[美]E. 博登海默：《法理学：法哲学及其方法》，邓正来译，中国政法大学出版社 1999 年版，第 104 页。

在的重要因素,如名誉、爱情、教育、宗教、科学、艺术等。他认为,法律用来保护这些价值的手段和方法不是一成不变的,它必须同一定时期的社会需要以及该民族所达到的文明程度相适应。法律的形式要素,是指法律在外部形式上总是同强制联系在一起的,这是由于社会和人们之间的利益总是相互冲突的,只有依靠法律的强制力量,才能平息和解决这些冲突。耶林认为,法律的形式要素虽然是由法律的实质要素决定的,但法律规则如果没有强制力,它就只能是"一把不燃烧的火,一缕不发亮的光"。[1] 耶林法律思想的核心是目的。他说:"目的是全部法律的创造者。每条法律规则的产生都源于一种目的,即一种事实上的动机。"[2]耶林承认,法律规则在某些方面的确如历史法学派所说的那样,即它是部分地根源于历史的。但是,耶林坚决反对历史法学派关于法律规则只是偶然的、无意识的、纯粹历史力量产物的观点。根据耶林的看法,法律规则是国家为了达到一定的社会目的而有意识制定的,在法律的形成过程中,目的和利益一直是至关重要的。法律的目标是在个人目的和社会目的之间形成一种平衡,使个人的存在既为自身也为社会。[3]

德国的菲利普·赫克(Philipp Heck,1858 ~ 1943 年),被认为是又一位法社会学的开创者,他在继承了耶林的目的法学思想的基础上提出了"利益法学"概念。他认为:利益是法律产生的根源,正是利益才造成了法律规范的产生,因为利益造就了应该的概念。在利益法学看来,法律命令源于各种利益的冲突。因此,对各种利益进行衡量、取舍,是制定法律规则的基本前提。法学应是一门实践性很强的学科,它更应注重法律规则的运用过程,特别是法官处理案件的过程,就是各种利益冲突的解决过程,法官的工作是在既定的法律秩序的范围内,使各种利益协调起来。[4]

法国的狄骥(Léon Duguit,1859 ~ 1928 年),是社会连带主义法学派的代表人物。狄骥区分了客观法与实在法:实在法是由国家制定、运用和

---

〔1〕[德]耶林:《法律:作为目的的手段》,转引自[美]E. 博登海默:《法理学:法哲学及其方法》,邓正来译,中国政法大学出版社 1999 年版,第 105 页。

〔2〕同上书,第 104 页。

〔3〕[德]耶林:《为权利而斗争》,载梁慧星主编:《民商法论丛》(第 2 卷),法律出版社 1994 年版,第 12 页。

〔4〕邹国勇:《德国"利益法学"思潮述评》,载《法学论坛》2003 年第 6 期。

实施的法律规则；客观法是群体道德的、社会生活的自发产物，根据特定社会的变化及生活条件而形成。他说："一种经济规则或道德规则当它在组成一定的社会集团的每个成员的自觉意识上充满这种想法，认为集团本身或在集团中握有最大强力的人们为制止这种规则遭受违反得以出面干预时便成为法律规则。""一种道德规则或经济规则是在形成一定社会集团的个人一致或几乎一致地具有这样的感觉，认为如果不使用社会的强力来保障遵守这种规则，则社会连带关系就会受到严重危害时才成为法律规则。"[1]他强调，实践为人类获得知识的唯一通途，唯有经验才能给人类提供可知的资料，因此，法学家的视野应该超过分析法学的界限，在社会事实中发现那些可贵规则。

德国法学家埃利希（Ehrlich Eugen，1862～1922年），出生于奥地利，其代表作《法社会学的基本原理》被认为是法学史上第一部以"法社会学"命名的经典之作。埃利希的核心思想有三：一是开创了"法与社会运动"的先河。他提出，无论是现在或者是其他任何时候，社会是法律的基础。因此，"法律发展的重心不在立法，不在法学，也不在司法判决，而在社会本身"；[2]社会现象、社会生活、社会力量、社会团体的研究，才是法社会学观察的出发点。二是阐述了"活法"原理。在埃利希看来，人类社会是由错综复杂、相互关联的团体组成，人类对这种社团相互关系的理解决定着自己的行为规则，这就是"社会的内部秩序"，诸如习惯、风俗、礼仪等，是事实上的真正法律，是社会现实中的"活法"，国家创制的法律只是有限部分。与法律条文相对的"活法"，支配着实际的社会生活，是人类行为的真正决定因素。"活法不仅是原始的法的形式，而且直到今天，仍然是最基本的法的形式。"[3]它们是法律条文的最丰富的来源。三是提出了"自由法"的命题。他指出，法学家和法官的任务不仅应当了解成文法条，而且在于通过调查关心法的社会效果，这意味着法官在制定法没有覆盖的领域，可以根据正义原则和习惯，运用判断的方法，"自由地"发现"活着的法律"，并把它们适用于当前案件。他尖刻地讽刺当时盛行于

---

〔1〕［法］狄骥：《宪法论》，钱克新译，商务印书馆1962年版，第69、91页。

〔2〕［奥］尤根·埃利希：《法律社会学基本原理》，叶名怡，袁震译，九州出版社2007年版，第211页。

〔3〕同上书，第407页。

欧洲大陆的概念法学是“自动售货机”的法律理论,因为它忽视社会现实和法律价值,宣扬司法判决是由法律规则的逻辑决定的,任何案件都可以从现行法律中得到答案。

德国的尼克拉斯·卢曼(Niklas Luhmann,1927 ~ 1998 年),是社会结构功能主义的代表人物。作为社会学家,卢曼对法律的定义和理解都是从社会学的角度进行的。他最为著名的理论是“法律进化论”和“法律自动生成论”。他认为,从社会系统论的角度出发,法律是社会系统的一种结构,其功能在于调整社会系统的复杂性,而法律进化的动力也正是社会不断增进的复杂性。因为社会和法律彼此联系的普遍事实,导致了法律的进化。根据社会的发展,法律相应地经历了三个阶段:古代法阶段、前现代阶段和“实在法”阶段;法律的进化伴随着时间概念的变化,被视为一个因果的过程。法律的自动生成理论也是通过类比现存的生物系统发展而成的。“法律就像是一个自动生成的社会体系。循环的网状元素运作繁殖出新的元素运作。”[1] 自动生成理论指法律相对独立于整体的社会,有自己存在的空间,外在的因素经常在其范围内形成;而结构耦合则提供了动力,使非法律环境与法律环境相互影响。

3. 英美国家的法社会学

与欧洲学者从宏观角度上来揭露法律与其他社会现象的关系的传统不同,英美特别是美国的法律社会学研究更注意司法传统中法律与社会问题,经验研究倾向明显。在英国的法学理论中,社会法学研究并不预设任何具体的理论基础,而是试图通过对其他社会现象的分析来对法律观点、概念进行分析,更注重实际问题,如立法、法律的运行等。这种以经验性的视角和标准来审视法律在运行中的问题,形成了“行动中的法律”研究主题。19 世纪 50 年代在美国兴起的“法律与社会”研究运动,起源于对法律狭隘的教条式理解的反对。英美法中一个共同的特征就在于对那种依凭形式主义的法律哲学的反思,把法律置于制度与变迁中去理解,并由此获得法律对社会的意义。此时,法社会学被异化为一种“现实主义法社会学说”。这一分支学科的学术特点是法学思想更加务实,向实证主义

〔1〕 田绘:《结构功能主义、法律进化论和法律的自动生成理论》,载《广西政法管理干部学院学报》2001 年第 2 期。

靠拢,失去了自身的原理性和系统性。

美国的庞德,是当代法学界最具影响力的代表人物。他将西方法哲学的研究中心从欧洲转入美国,并一度成为世界法社会学运动的领袖。庞德因提出了“社会利益说”“社会控制论”“社会工程说”三大学说而著称于世。在《社会学法学的范围和目的》这一名著中,庞德从“有用即是真理”的实用主义哲学出发,认为应当把法律作为一门社会工程来研究,又系统地总结了法社会学的“八项理论纲领”:研究法律制度和法律学说的实际社会效果、为准备立法进行法社会学研究、研究法的生效手段、对法律史的社会学研究、注意运用心理学和哲学方法研究法律、对法律规则分别情况加以合理地适用、注重提高司法机关的地位作用、上述各点都是达到使法律更有效实现的手段。此外,庞德反对空谈法的本质和形式,提出了“生活中的法”与“书本上的法”的分类以及“法律是知识和经验的集合体”等观点。

霍姆斯,美国现实主义法学的创始人之一。他的主要论点是:法律是经验的总结和体现,任何时代法律的本质“大体上都相当于当时认为方便的东西”;真正的法律不是从一个伦理或公理原则推导出来的理论体系,而是能够产生预期效果的社会事实;历史和社会利益决定了法律的内容和法律的发展,“法律的生命从来不是逻辑,而是经验”。〔1〕 他还认为法官可以立法,法律是人们对于法院事实上将要做什么判决所作的预测;法律的演变也来自法官的自身实践,因此,法官承担着发展法律的重任;最好的法官必须心目中时时注意到公共政策、时代需要以及考虑社会的方便,将后者作为法官的判案根据。

美国另一位现实主义法学家卡多佐也强调将法律与社会生活密切地相联系。在他看来,法律的目的是实现社会进步、体现社会正义,舍此便不能证实法律的存在。而社会正义是一种多元的、复杂的、不断变化的现象,它包括公共政策、利益平衡、社会道德、社会变迁、社会舆论倾向等许多社会力量,这些都可以称为法律的规范体系。法官判案绝对不能离开对这些社会因素的考虑,而这种考虑取决于法官本人的学识水平、心理偏好等主观因素。

---

〔1〕 [美]霍姆斯:《普通法》,冉昊、姚中秋译,中国政法大学出版社2005年版,第1页。

四、法律生成观的理论更新

（一）哈耶克“新自由主义”法哲学下的法律生成观

当代西方著名的自由主义思想家哈耶克更是强调法律作为一种社会制度的自生自发性，认为它本质上是生成的。[1] 他认为社会是人的集合体，它复杂多变，而个人对社会的认识能力、人的理性、人的知识是有限的，这种“理性不及”使人的行为的预期性很差。社会的运动对每个人来说，是很难预测、很难控制的。社会秩序是在个人的互动中形成的，本质上是一种“自生自发的秩序”。而这种秩序中被人们普遍遵守的规则也是自生自发的，由社会内部产生出来，所以称为“内部规则”。这种规则就是严格意义上的法律、真正的法律或唯一的法律，它不是制定出来的，不是立法的产物，而是法官的审判活动中生成的。它们是指那些“在它们所描述的客观情势中用于无数未来事例和平等适用于所有人的普遍的正当行为规则，而不论个人在一特定情形中遵循此一规则所会导致的后果”。其中规则又分阐明的规则和未阐明的规则两类。所谓未阐明的规则，“乃是指一种描述性质的规则，亦即并未用语言文字予以表达的惯常行为的模式，而‘阐明的规则’则是形式化了的规范性质的规则，它们不仅描述行为，而且还经由确立适当标准的方式支配行为”。[2] 基于此，他进而认为，法律基本上是被发现的，不是被创造的。因而他坚决地批判那种把社会秩序说成是由人建构的和认为法律是由少数人精心设计的观点。不过他并不完全否认立法的作用，认为它可以使未阐明的规则变为阐明的规则。但坚决反对那种企图通过立法创造一套规则，然后加之于社会从而重新建构一种新的社会秩序的观点和努力，认为这不仅永远不可能实现，而且只会导致自由的丧失，进而最终摧毁文明。立法是对先前的审判中所产生的法律的整理、系统化和文字表达。用哈耶克的话来说，它是“把业已确立的惯例或习俗明确表达为一项成文的规则，其目的乃在于求得人们对该项规则之存在的同意，而不是在于制定一项新的规则；而这种做法只能够对人们在实践中明确知道的东西做一种不充分的且只是

---

〔1〕［英］弗里德利希·冯·哈耶克：《法律、立法与自由》，邓正来译，中国大百科全书出版社2000年版，第27页。

〔2〕邓正来：《社会秩序规则二元观——哈耶克法律理论的研究》，载《北大法律评论》（第2卷第2辑），第419～431页。

部分的表达”。[1]

(二)马克思主义的法律生成观

马克思主义法律观是由马克思和恩格斯在吸取前人、特别是黑格尔的辩证法和费尔巴哈的唯物主义基础上创立的,是用辩证唯物主义研究社会历史现象特别是法律现象,如法的产生、本质、发展规律等重大问题而形成的基本理论观点。马克思主义创始人马克思在其一生的理论活动中,也流露出浓厚的法律生成的思想。他曾经明确地指出:“立法者应该把自己看做一个自然科学家。他不是在创造法律,不是在发明法律,而仅仅是在表述法律,他用有意识的实在法把精神关系的内在规律表现出来。”[2]恩格斯在《论住宅问题》一文中更是明确地表达了这一思想。他说:“在社会发展某个很早阶段,产生了这样一种需要:把每天重复着的产品生产、分配和交换用一个共同规则约束起来,借以使个人服从生产和交换的共同条件。这个规则首先表现为习惯,不久便成了法律。……在社会进一步发展的进程中,法律便发展成为或多或少广泛的立法。”[3]“人们按照自己的物质生产率建立相应的社会关系,正是这些人又按照自己的社会关系创造了相应的原理、观念和范畴”,“所以,这些观念、范畴也同它们所表现的关系一样,不是永恒的。它们是历史的暂时的产物”。[4]

法律权利的形成与演化具有内在的机理。对此,马克思就指出,“法权关系是一种反映着经济关系的意志关系”,[5]而且,“每种生产方式都产生出它特有的法的关系、统治形式”。[6] 马克思主义认为,法是上层建筑现象,对于这种现象,“既不能从它们本身来理解,也不能从所谓人类精神的一般发展来理解,相反,它们根源于物质的生活关系……物质生活的生产方式制约着整个社会生活、政治生活和精神生活的过程。”[7]但法不

---

[1] 苏力:《为什么研究中国基层司法制度》,载《法商研究》2000 年第 3 期。

[2] 马克思、恩格斯:《论离婚法草案》,载《马克思恩格斯全集》(第 1 卷),中共中央马克思恩格斯列宁斯大林著作编译局编译,人民出版社 1995 年第 2 版,第 347 页。

[3] 马克思、恩格斯:《马克思恩格斯全集》(第 2 卷),人民出版社 1972 年版,第 539 页。

[4] 马克思、恩格斯:《马克思恩格斯全集》(第 4 卷),人民出版社 1972 年版,第 144 页。

[5] 马克思、恩格斯:《马克思恩格斯全集》(第 23 卷),人民出版社 1972 年版,第 102 页。

[6] 马克思、恩格斯:《马克思恩格斯全集》(第 2 卷),人民出版社 1972 年版,第 6 页。

[7] 马克思、恩格斯:《〈政治经济学批判〉序言》,载《马克思恩格斯文集》(第 2 卷),中共中央马克思恩格斯列宁斯大林著作编译局编译,人民出版社 2009 年版,第 591 页。

是消极地而是积极地反作用于社会生活,法与社会生活诸现象之间相互联系、相互制约、相辅相成。对此,恩格斯指出:“政治、法、哲学、宗教、文学、艺术等的发展是以经济发展为基础的。但是,它们又相互影响并对经济基础发生影响。”〔1〕这不仅揭示了社会结构的基本因素之间的相互联系、相互制约的基本规律性,也指出法、法律在社会生活中的位置以及它与其他社会现象的关系。这一原理为科学地观察法律现象奠定了最基本的方法论原理。马克思主义认为,法的现象的内容不可能是法律自身,而只能是一种现实的关系。市民社会的一切要求,一定要通过国家的愿望,并以法律形式才能取得普遍效力。法律所体现的愿望的内容,归根结底是由生产力和交换关系的发展决定的。

五、法律生成观在我国的发展

我国传统学术成果中,关于法的产生依据问题是反映各家学说思想的一个重要内容,如对法律发生的哲学诠释成为先秦诸子哲学思想的重点之一,出现了道生法、法源于性、法取于天、法本于欲等诸多理论,为我们今天的法学理论研究,特别是法律发生学研究,提供了某些参照。〔2〕民国初期,中国法律制度及理论研究开始向西方发达国家靠拢,传统法律迅速向现代法律转型。在对西方传统法律制度继受的同时,一些新鲜的理论舶来品也开始登陆中国,法的生成理论既是其中之一。

法的生成观,在我国法学界近年来的研究中,也是一个比较广泛的热点问题。在中国知识资源总库—CNKI 社会科学数据库以“生成”“法学”作为并列主题词搜索项,共计 465 条与法学研究相关的记录〔3〕。这些以论文形式呈现的研究成果,包括对法的生成理论专门进行介绍和阐述的,也包括依据法的生成理论对具体规范进行分析的。但需要说明的是,除此之外,还有大量的相关研究成果隐含在其他主题的论文中。特别是关于法社会学研究的成果,几乎无一例外地会涉及法的生成理论。

〔1〕 马克思,恩格斯:《书信》,载《马克思恩格斯选集》(第 4 卷),中共中央马克思恩格斯列宁斯大林著作编译局编译,人民出版社 1995 年版,第 732 页。

〔2〕 陆建华:《先秦诸子法律发生论》,载《长安大学学报》(社会科学版)2006 年第 2 期。

〔3〕 搜索结果共计 497 项记录,其他涉及学科还包括教育学、伦理学等。参见中国知网:http://219.246.131.7:8000/rewriter/CNKI/http/dota9bmjh9mds/kns/brief/brief.aspx? pagename = ASP.brief_result,最后访问时间:2017 年 12 月 25 日。

从有关研究成果来看,我国大多数学者都承认法有其生成的过程。在此基础上,学者们分别就法的生成问题阐述了一些个人观点。

西北政法大学的严存生教授指出,法的生成属于法的产生问题,指的是与法的制定或立法不同的法的产生过程或阶段,这个过程指的是法从无到有的发生过程,是社会内在矛盾运动的结果。在这个过程或阶段中,法尚未正式存在,还处于潜在状态;法律生成现象是社会自生的,带有很大的自发性、自然性,是一个"自然历史过程"。"法的生成实际上是一个社会对新出现的带有普遍性的社会问题达成共识和寻找一种根本性的解决办法的过程。"[1]而确立法是生成的和认识到法有个生成的过程是非常重要的,它可以使我们正确地认识法的本质及特点、立法的作用和科学地对待立法工作,更深刻地认识和正确地处理"立法"和"司法"的关系,加强对疑难案件的研究。

葛洪义教授指出,尽管立法机关,包括立法这个语词,原本都具有特定的社会性含义,是社会与国家的重要媒介,但在中国,法律与立法紧密联系,而立法则作为一个固定的法律概念,实际上已经脱离了其建立在启蒙传统基础上的原有含义而独立发展了。从法的生成的角度探讨法律形成过程中的国家与社会的关系,解读法律成长的社会机制,可以得出以下结论:"国家立法与社会原有秩序之间剪不断、理还乱的内在联系表明:在一定的成文法国家中,法律的产生,形式上是创制的,实质上却是生成的。"[2]

目前,越来越多的学者依据法的生成观反思我国的法制本土化问题。有学者提出,法律不仅仅是一套法条或规则系统,它本身还是一种附带着法律以外的理想、权力和诸种诉求的社会现象。这要求我们对中国法治的"地方性"问题进行清理,对西方法治话语及制度框架在中国的示范作用进行反思。[3] 也有学者认为,从价值论意义而言,当代中国正在进行的法治建设应该是良法之治。为了确保所创制的法律为良法,必须科学地设定良法的应然性目标体系,有效地推进价值和规范层面的道德向法

---

[1] 严存生:《法的生成的几个问题》,载《华东政法学院学报》2002 年第 1 期。

[2] 葛洪义:《论法的生成》,载《法律科学》2003 年第 5 期。

[3] 王勇:《法律社会学及其中国研究进路的初步思考—— 一般理论与本土问题的知识建构》,载《法制与社会发展》2007 年第 2 期。

律的转化,这是良法生成的路径所在。[1] 还有学者将目光紧盯着法律生成中的"中国问题",基于中国社会与中国法律的立场,认为西方不过是一个最具有比较意义、不得不进行比较的文化系统,"中国法律不同于西方法律,并非只是法律本身的不同,更重要的是法律所蕴含的以及法律背后所支撑的社会文化条件的不同。任何法律形式上的移植和模仿都不难,但法律的社会文化的移植是不可能的。"[2]

第二节　生成理论视角下法的特点

一、强调法的社会性

(一)近代法律科学强调法的国家性

尽管学者对法的概念及范围的解答不尽相同,有很多学者对法律采取了泛化的解释,认为国家之外仍存在着法律规则或制度,但从法学理论的发展可以明确,法是一种在社会特定阶段和特殊历史条件下才出现的现象。无论是冥冥在外的神意法,还是抽象晦涩的自然法,或者是现实存在的其他规则,在严格的分析法学体系下均不是确定意义上的法的范围。19 世纪分析法学派的出现,将法学的研究对象确定为实在法,在法律与国家之间建立了不可分的联系性,从此,国家法成为法学所关注的本体,法学也因此从伦理学中分离。

由于国家在法的形成过程中始终居于主动地位,从而法的生成体现了高度的国家意志性。按照马克思主义的观点,法不是从来就有的,而是随着生产力的发展、私有制的出现、阶级的分化及国家的产生而产生的。这个观点的重要性在于,生产力的发展导致私有制的普遍化和社会分工的广泛化,进而使原本统一、和谐的社会内部产生了严重的社会对立和分裂。在这一社会基础之上,开始出现了表面上凌驾于社会之上的国家这一新的公共权力组织形式。掌握政权者通过国家的力量,借助法律的手段,将各种矛盾与对立维持在自己所允许的秩序范围内。可见,在马克思主义学说中,国家在法的形成及发挥作用的过程中具有非同一般的重要

[1] 龚怀林:《良法生成的路径分析》,载《南京医科大学学报》(社会科学版)2007 年第 4 期。
[2] 尹伊君:《社会变迁的法律解释》,商务印书馆 2003 年版,第 10 页。

性。在法的发展过程中,国家同样发挥着举足轻重的作用。在世界范围内,法律制度的大规模发展,与资产阶级革命后大量主权的、民族的、世俗的国家的兴起有着直接的联系。而现代化建设也依赖于国家权力的有力支持。究其原因,可以说,正是生产力的发展所引起的社会关系的变化,推动了国家机构在法律秩序中重要地位的形成。从当今世界各国的现代化进程来看,国家总体上在法治建设中发挥着更加积极的作用。如果说,在市场经济发展的初期,国家还更多地扮演"守夜人"的角色,那么,在现代化及正在向现代化发展的国家,法的内容则具有了更多的国家意志性,体现出国家对经济乃至整个社会生活的积极干预。正因为如此,国家机关制定的法律,在许多国家也成为法的主要的甚至唯一的正式渊源和社会秩序的重要基础,制定法已经获得了绝对的主导地位。制定法地位的提高也就意味着国家地位的提高和国家对社会生活影响力的提高,更进一步则是社会生活高度理性化的反映;反过来,这种变化也使社会生活的组织性和合理性程度提高。

(二)生成理论强调法的社会性

国家正式法的制定,并不意味着原有社会秩序的终结,甚至在一定意义上,恰恰是原有秩序的发展。应该认识到,国家立法不是社会秩序的唯一规范基础,尤其在社会民事生活领域,法律最多能够提供一个基本秩序的规范标准,人们的行为更多的是依赖习惯、道德、政策、宗教等,也即习惯、道德等同样也是秩序的重要规范基础。由于秩序的普遍存在,意图通过法律建立的新秩序,必然或者是对原有秩序的认可,或者是对原有秩序的否定,不可能是纯粹地与自己以往历史无关的崭新的秩序。当然,法律对原有秩序的否定,如果符合社会发展的需要,就是积极的;如果不符合社会发展的要求或阻碍社会发展,就是消极的。但是,无论何种情况,法的制定都必然会面对国家期待的"法定秩序"与社会原有的"自然秩序"的对立和冲突,都必然会发生新的法定秩序与旧的法定秩序之间的碰撞。当国家与社会发生分离时,根源上生成于社会的法就会天然地具有向社会化发展的动能。

生成理论中的法的社会性首先体现在法律内容的形成依赖于社会,是社会对国家产生深刻影响的结果。法律是对特定地域、特定时期的社会生活的一种制度性反应。按照马克思主义观点,一定的社会物质生活条件最终决定法的内容。也就是说，法所体现的国家意志归根结底是由社会所决定的。从制定法的角度来看，法是由社会所决定的。因此，法应该反映社会需要，立法者在制定法律时要充分考虑社会发展的具体情况，反映社会发展的客观规律，以推动生产力的进步；立法者不能随心所欲地制定法律，客观上也不可能随意立法，更不能忽视社会对国家的作用。另外，制定法、成文法只有在符合并满足一定的社会需要、与社会协调一致时，才能有效地发挥作用；否则，往往是一纸空文。由一定生产力发展水平决定的经济关系和社会秩序，由一定历史传统衍生的民间秩序，不仅不会随着制定法的改变而轻易改变，而且还可能会改变、丰富制定法。如果法的形成在很大程度上是个自然历史过程，这就意味着法的产生具有很大的客观性和自发性。因此，法律是否能够反映不断变化的社会需要，不是立法者凭借自身素质能够完全决定的，也不是立法环节能够解决的问题，因为社会自身具有一种调节、发展法律的机制。只看到国家的积极作用，看不见社会对国家立法的修正、完善、弥补，就不能把握法的生成过程中社会的巨大力量，也就无法理解法律的生命力。

“任何一种法学理论的发展都至少是下面两种逻辑运行的结果，即法律理论一方面表现为其对社会生活实践对之提出的某种需求的回应，另一方面更是作为知识生产，是法学身置自身场域依其特殊逻辑发生作用的结果。”[1]所以，目前我们不应该低估国家立法的重要地位和作用，相反，还应该充分发挥人的主观能动性，运用立法的手段，创建一个与生产力发展水平相适应、与社会公众价值取向及文化需求相吻合的新秩序。关于法律发展有进化论和建构论之分：“进化论”强调法律的进步依赖社会自身的自发的自治力量实现法律制度演化，认为经济和社会生活的客观需要、人民群众的呼唤和参与，是法律发展的真正动力，也是避免法治文明出现逆转的根本保证；“建构论”则更重视通过人为的理性建构实现法律制度的变迁与进步，特别强调在法律制度变革中政府的主导性作用。但是，法生成中的社会性表明，法的发展进程不可能简单地表述为“进化”或“建构”，而是二者相结合的结果。如果单从字面来理解，似乎容易产生这样一个错误的结论：法是社会进化的产物，它不能被人凭主观意志

〔1〕 王勇：《迈向知识的法理学》，载《社会科学论坛》2006年第1期。

而建构。实际上,这是一种典型的法律发展机械论的认识,是一种狭隘的认识。当法"不过是被奉为法律的你们这个阶级的意志"时,[1]法的创制已经具有了建构的属性。而在当代社会,以政府为主导,法治建设中走理性建构之路是一条无法回避的历史选择。

同时,更要认识到,法律不仅应该反映社会需要,而且,实际生活中再制度化的法律,也正是在与各种社会规范的碰撞、交流、磨合、妥协的过程中,在社会的强有力的作用下,才能够最终真正反映社会需要,融入社会,成为社会的一个有机组成部分。"在法律中认识社会,在社会中改善法律",[2]即通过法律制度的研究来说明社会的组织原理和结构,进而在法律制度之外发现能够解决有关法律制度的各种问题的方式方法。法学研究应当关注社会现实,法律应当回应社会的发展需求相应地进行变革,而变革的方向应当是他们设想的一个适应社会发展需求的法律类型——"回应型法","法律适应社会,而非社会适应法律"。[3]

如果仅从"法的构建"一词来理解,极有可能引起一个误解,即将法律仅仅理解为人的意志的产物,进而以为掌握政权者可以随心所欲地制定法律,而且法律一经制定,就拥有了确定的内容,只需要全社会不折不扣地、被动地遵守和执行;在立法者与法律的实施者之间存在严格的分工和界限:立法者主动制定法律,司法者、执法者、守法者被动实施法律。而实际上,没有任何一个时代、一个国家的掌握政权者是随心所欲地制定法律的,同时,社会也不会随着法律的改变而立即改变;相反,在一般情况下,法律是随着社会的改变而改变的,是社会变革的需要推动了立法。立法者制定的法与在社会生活中实际实施的法之间从来都是有相当距离的。只有通过法的实施,人们才能确切地清楚法律的内容。只注意纸上的法律,忽视社会生活中实际运行的法律,也是对法律的一种简单化观点。法的创制虽然是人们自觉运用法律来规范社会行为的标志和首要环节,是法的实施的前提,但其内容却并不是与以往历史无关;按照相同的

---

〔1〕 马克思、恩格斯:《马克思恩格斯选集》(第1卷),中共中央马克思恩格斯列宁斯大林著作编译局,人民出版社1995年版,第289页。

〔2〕 季卫东:《正义思考的轨迹》,法律出版社2007年版,第95页。

〔3〕 [美]诺内特、塞尔兹尼克:《转变中的法律与社会:迈向回应型法》,张志铭译,中国政法大学出版社1994年版,第36页、第87页。

逻辑,法律的实施虽然是法律创制的逻辑结果,但又是法的创制的继续,法在实施的过程中,还会不断被丰富和发展。

我们只有树立法是生成的观点,认识到法的制定不过是对已生成的法律的"发现"、整理和准确阐述,才可能以科学的态度和方法进行立法工作。在进行立法准备工作时才可能进行认真地社会调查研究,努力挖掘社会中已有的法律资源,而不会在立法中不顾本国的国情一味地从西方"移植"法律或者随意地剪裁国外的法律资料,拼凑成一个"法律"加之于我国,从而把立法工作变成了法律搬家和文字游戏。特别是在中国法制现代化过程中,法律的主要作用并不是要确认社会秩序。转借孙中山先生的话就是,法律被当做一种"建国方略",而不是"治国"方略。因此,"法律是主权者的命令"的理论在中国很快得到接受,并进入实践。法律所扮演的角色,总体来看,就是要推进对现有社会秩序的全面改造和重新构建。"即使在最讲求'法治'的情况下,也只是国家以'立法'的形式来推进这一现代化工程"。〔1〕

弗里德曼用"金色紧身衣"形象地形容国家法治建设的过程,"当你的国家穿上金色紧身衣时,两件事将会发生:你的经济增长而你的政治收缩……它的政治选择就减少到像百事可乐或可口可乐之间只有细微的口味差别一样只有细微的政策差别"〔2〕。对于正在发展中的中国经济和开放中的中国市场来说,经济结构的不稳定是开放时期的典型特征。面对《WTO 协定》的国内实施,我们的反应则应当是主动的和灵活的。在这个由经济的发展而带动的制度的变迁过程中,法律制度不应当表现出被动地去适应一种"外来的"制度,我们也不必为某些制度的不够完善而苦恼,反而应当为这个"开放性"的制度下留有发展的空间而庆幸。同时,也有学者意识到:中国的法律学人应该从受西方"现代化范式"支配的"西方法律理想图景"中清醒过来,要意识到它并非中国自己的法律理想图景。尽管没有也不可能现在就勾画出一幅中国的法律理想图景,但至少说明中国法学界集体意识的觉醒,开始探索思考中国自己的法律理想

---

〔1〕 朱苏力:《二十世纪中国的现代化和法治》,载《法学研究》1998 年第 1 期。

〔2〕 [美]丹尼、罗德里克:《国际经济一体化能走多远?》(原载美国 Journal of Economic Perspective 2000 年第 1 期),载《经济消息报》2000 年 6 月 30 日。

图景,并将我们当下置身的中国社会生活秩序以及我们应该生活在何种性质的社会秩序作为探索的起点[1]。从这个意义上讲,无论是中国所加入并遵守的 WTO 规则体系的嬗变,还是中国外贸管制权制度的改革与完善,对中国而言都是在世界法制建设进程中的典型"中国问题"。

目前,法制建设中所存在的国家优位理念必须让位于社会优位理念。国家优位理念是以国家为根本立足点和基本价值取向的法理念。这个理念建立在一个虚拟的前提之上,即国家意志必然代表了社会利益,或与社会利益完全一致;国家能正确认识社会利益之所在,并能采取完全正确的手段去实现社会利益。事实上,国家利益与社会利益之间的矛盾和冲突是绝对的,利益的一致和统一是相对的、有条件的。对国家与社会的关系,恩格斯指出:"国家决不是从外部强加于社会的一种力量","国家是社会在一定发展阶段上的产物",国家是"从社会中产生但又自居于社会之上并且日益同社会相异化的力量"。[2] 而社会优位理念是以社会(包括组成社会的个人)为根本立足点和价值取向的法理念。它承认社会自主,国家应为社会服务,国家只是人的生命、自由、财产权的"守夜人"。[3] 这不但符合马克思主义的唯物论,而且从客观方面防止和制约着国家和法脱离社会、违背群众意愿的那一面。

二、重视法的不确定性

(一)传统法律科学重视法的确定性

近现代法学是理性文化的产物,而法所追求的形式逻辑性正是法的确定性的高度体现,这也是法学能够成为一门科学的本质要求。哈特维克勋爵在 18 世纪的时候就断言:"确定性是和谐之母,因而法律的目的就在于确定性。"[4] 我国学者苏力指出:"从社会学的角度来理解法律,我们可以发现,法律的主要功能也许并不在于变革,而在于建立和保持一种可

---

[1] 邓正来:《中国法学向何处去》,载《河北法学》2008 年第 2 期。

[2] 马克思、恩格斯:《野蛮时代和文明时代》,载《马克思恩格斯选集》(第 4 卷),中共中央马克思恩格斯列宁斯大林著作编译局,人民出版社 2012 年第 3 版,第 187 页。

[3] 周永坤:《社会优位理念与法治国家》,载《法学研究》1997 年第 1 期。

[4] [美]E. 博登海默著:《法理学:法律哲学与法律方法》,邓正来译,中国政法大学出版社 2004 年版,第 293 页。

以大致确定的预期,以便利人们的相互交往行为。"[1]拉德布鲁赫更直接地指明了法的确定性是法的基本的乃至首要的功能:"法律秩序的存在要比法律的正义和功利更为重要。正义和功利构成法律的第二位主要任务,而所有人平等同意的第一位任务则是法律确定性,即秩序与和平"。[2] 法律的确定性首先是指法律自身的确定性,即指法律自身明确、稳定,具有普遍的强制效力,也即指法律一旦经过立法程序制定后,就要保持稳定,如果没有充足的理由,非经法定程序就不能变更法律;要保持法律结构、内容以及法律体系的稳定性。其次,法律一旦制定,就具有普遍和强制的效力,在一国全部地域范围内对一切人和组织发生效力,且由国家强制力保证这种普遍的效力。最后,法律一旦制定后,通过自身的普遍效力,能为社会生活创造统一、稳定的秩序,促进社会秩序的连续性和一致性,为人们的活动和行为后果提供预期并规范人们的行为,最终促进社会的有序、安定及和谐,这是法的外在确定性的表现,是法的功能所在,是法的首要价值。

(二)生成理论重视法的不确定性

尽管法的确定性是现代法治的重要基础之一,但越来越多的学者开始对法的确定性提出怀疑,如法的概念的抽象性导致的不确定、法律规范的不确定、法的实现的不确定等。关于法律不确定性的原因,有学者认为包括社会、经济和政治三个方面的原因。首先,法律是社会关系的调整器,当社会变迁到一定程度时,通常会要求对法律进行相应的修改。其次,依马克思主义的观点,法律是对一定经济关系的确认和反映,经济关系是不以人的意志为转移而发展变化的,也就要求法律适时作出调整。最后,政治对法律的作用更直接,政治的权威往往可以左右法律的立、改、废,以实现对政治的维护。也有学者认为,法律的不确定性是由人的需要的不确定性、客观世界的确定性和不确定性的并存、法实现确定性的能力有限所决定的。正是这些对法的不确定性的原因分析引发了现代法社会学的产生和发展。因而,保证法的确定性就需要正视法的不确定性,注重法生成的过程性,发展法的开放性。

---

[1] 苏力:《法治及其本土资源》,中国政法大学出版社 1996 年版,第 6 页。

[2] 转引自沈宗灵:《现代西方法理学》,北京大学出版社 1992 年版,第 48 页。

1. 法的生成具有过程性

一定的法律概念、法律制度、法律理念总是具有一定的地域性、民族性与历史性。这是早期历史法学派学者的主要观点与贡献。不论是考察"法律本座"抑或是"民族精神",还是将法视为社会系统中的一个子系统,所形成的最终结论的共同之点就是:法是社会诸因素综合作用的产物,它总是与一定时期,一定地域,一定民族的经济、文化、社会等诸多因素相关联。离开了上述社会因素的支撑与背景预设,对法律进行个别的、绝对的研究,一种闭门造车式的研究,不可能从根本上对法进行理性的认识,也不可能使法发挥其应具有的社会功能。因此,在谈及一个特定的法律概念、法律规范或法律制度时,必须将其置身于一定特殊的语境,特别是要进行时间、地点、主体、价值等要素的限定,而不能以空泛的、抽象的标准来衡量,更不能以绝对的、主观的统一标准进行不可能也不合理的比较。

法的形成是法律制定与法律实施两个相对独立的阶段长期互动的结果。立法自身所需要的法律文化条件的成熟同样要经历一个长期的过程,而且,立法条件的成熟也仅仅表明立法可能与立法"当时"的社会需要相一致。因此,法律创制之后,还必须通过各种方式使之更加成熟、完善,使之能够与不断变化的社会需要相适应。这样一个法律发展的机制需要在法律实施的过程中磨合形成。另外,立法所代表的新秩序不可能随着法律的公布而确立,它还要在与原有秩序的冲突与较量中经受洗礼和检验。法律只有在转化为社会的有机的"自然"秩序之后,才能成为真正的"法律"。所以,法的生成实际上是不断地重复着一个"社会——国家—社会"的循环过程。在这个过程中,看似突出的是法创制的环节,实际上更为重要的是经回应后的法律再制度化的环节。再制度化是指一种书面宣示的制度在实际运行过程中被制度实施者重新加以诠释而稳定化的过程,是法律的制定和法律的实施之间互动的过程。法律的概括性以及相应的解释空间的存在,为民间和社会选择,甚至反抗与对抗法律提供了法律条件。法律并不需要也不可能覆盖社会生活中的各个方面和领域。多数情况下,国家宁愿让社会自身的规则以及解决纠纷的机制发挥作用,而且大量的授权性法律规则的存在,也使民间和社会的规则具有了自己的发展空间,特别是在公民的私生活领域,法律的作用非常有限。同时,再制度化也等于为法官们以及其他执法者变更、变通法律规则提供了理由和借口。法官们往往会以法律的名义作出与公共政策、社会道德基本一致的判断。实际上,法律恰恰是在法律实施者的实际行动中逐渐形成的,法律的确切含义和意义必须通过法律的实施加以理解、观察和研究,经过反复再制度化之后的法律,才是人们生活中真正有效的法律。

从法律制度的长期发展来看,法的生成的过程性还体现在一国法律发展的途径与动力上。"法律发展"是一个整体性概念,它指的是与社会经济、政治和文化等的全面发展相适应、相协调的,包括了法律制度的变迁、法律精神的转换、法律体系的重构等在内的法律进步过程与趋势。目前,关于法律发展形成了一些相对的观点,如在法律发展道路上,有本土化和国际化两种道路选择。"本土化"强调一国的法律发展是本国人民在本国的历史条件下所进行的,有其特殊的历史运动轨迹,具有独特的道路。因此,应当立足于本国既有的法律文化遗产和本土资源,在自己的生活中发现和培育法律进步的基因。"国际化"则认为,当今的世界,经济、科技、文化和政治领域的许多方面都明显地呈现出一体化的趋势,为了适应多元一体化的大趋势,满足经济改革和科技进步的需要,任何国家都必须借助于其他国家健全的法制和丰富的法治经验,在较短的时间内改变本国法制落后的状况,完成各种社会体制的法制化和社会生活法治化的进程。而关于法律发展的动力来源上,也有内源型和外源型之别。内源型法律发展的特点在于,法律发展的基本动力是内在的,即来自国家和社会内部的需要,并由自己的人民和政府的长期努力而实现,这种发展对于本国和本社会而言处于主动状态;外源型法律发展的特点在于,法律发展的基本动力是外在的,即依靠外来力量的推动,这种发展对于本国和本社会而言处于被动状态。

2. 法的生成具有开放性

如果说法的生成体现为法的产生与法的实施环节,体现为国家与社会的互动关系,那么,法律内部就应该存在一个开放的结构,即国家机关制定的法律本身包含着一定的向社会开放的机制。只有如此,才可能使社会力量、社会性因素介入法律的发展过程,才可能形成国家与社会的相互作用。换句话说,法律本身的开放性决定了我们必须从"生成"的角度观察和研究法律现象。首先,立法和法律包含着向社会开放的机制。立法本质上是民主制度的一个内容。民主制度最鲜明的特色之一,就是国家决策向社会全面开放。不仅立法过程是向社会开放的,而且立法机关制定的法律也包含着一定的开放性。这种开放性体现在:法律不仅是由人制定的,而且也是由人加以实施的。法律的发展导致一种专业的法律语言文字的产生,发展出一个法律职业群体。法律作为文字语言的文本,本身就具有一定的解释的空间,在许多情况下,它必须经过人们的再三诠释,才可能表述一个准确的行为取向;而作为专业文字语言构成的法律文本,它本身更必须经过专业人士的解读。从这个意义上来说,法律也是向社会开放的。此外,司法活动应该是向社会开放的机制。司法活动本身也是一种社会活动,在现代司法机制中,不仅律师制度的产生和发展,使社会具有了直接参与或干预法律实施的制度;而且司法程序的公开化、司法执行的联动性、司法的社会监督制度,乃至法官本人的社会化经验与角色都会直接影响到司法机制的开放性。

一定社会、地区或国度的法律发展,总有其自身特定的价值系统。这些特定的价值系统伴随着文化的传播与相互影响,又会形成反映某些国度共同生活条件的法律发展类型。这些不同的法律发展类型逐渐演化成为具有不同历史特点和不同变革道路的法制现代化模式。如果法律的发展因与特定国家的人民的生活习惯和价值观念冲突,而不能得到民众的广泛认同,因其与特定社会固定化的社会生产方式和生活方式冲突,而不能有效地调整社会稳定与社会发展的关系,致使发展与稳定出现失衡,造成社会的无序与震荡,因其不是在尊重特定地域、特定民族历史上沿袭下来的习惯法,以使习惯法与外来法律融合,而是用外来法律完全取代习惯法,就必然会导致这个国家整个法律生活的突然中断。当代中国的法律发展,既有内源性因素,又有外源性因素;既有本土资源成分,又有国际化因素。在我们的法治资源尤其是制度资源相对较为有限的现实背景之下,我国的法律发展应当在开发有限的本土资源的同时,借鉴、吸收和移植各国成功的反映现代市场经济共同规律的法律概念、规则、原则、技术和制度以及比较好的立法经验、判例、学说。同时,在法律发展的具体途径方面,以法律继承、法律移植和法制改革为重点渐进展开,走向一种典型的、混合型的法律发展之路。

国家立法在推动新秩序建立的同时,实际上也在否定旧法所维护和代表的旧秩序。在新旧秩序交织的过程中，每一种秩序都代表着一种利益格局。而这种格局的形成绝非一朝一夕之间能完成的，它应该是一种长期的抗衡。如果把社会秩序仅理解为结果和目的状态，忽视了社会秩序概念也包含有社会运转过程，就会导致对法律在维护社会秩序方面的要求也是片面的：法律只是社会政治、经济、文化等秩序实现的手段和工具之一。法的生成观恰好说明法不仅是社会既有秩序的结果，也是新社会秩序的开始，法是一个动态的、发展的过程。

第二章 生成中的法律概念：外贸管制权

“社会需要不断要求改造法律概念。深刻浸透现代法体系的法律概念也随着经济形势的变化不断地被部分修正，这是我们随处可见的情形。”[1]

——日本民法学者——我妻荣

外贸管制权这一法律概念所蕴涵的意义，在许多学科中都曾出现过。在不同的法律规范文本中，也经常以相似的概念被表述。但从根本上来说，外贸管制权根源于外贸管制实践。现实生活中各国实施外贸管制的方式千差万别，现有的法律规范中更是未对外贸管制权的概念进行明确的界定。从法理层面对“外贸管制权”这一特殊名词进行解读，必须将其置身于以法律概念、法律规范、法律原则为构成要素的法的范畴下，分析其不同的词源属性，了解其历史发展的轨迹，洞察其所依赖的现实社会背景，通过比较借鉴，坚持现实主义的历史观，才能在现行的法律制度体系中予以界定。“法律社会学进一步指出，法律概念常是目的概念，应随着时代社会的变迁而变动。”[2]从这个意义上来讲，“外贸管制权”本身并不是一个过去式的、定型化的静态名词，而是一个不断生成的法律概念。

第一节 外贸管制权生成中的文本来源

任何法律概念在其正式表述在法律规范之前，都会存在于社会生活

〔1〕 [日]我妻荣：《债权在近代法中的优越地位》，王书江、张雷译，中国百科全书出版社1999年版，第119页。

〔2〕 洪镰德：《法律社会学》，扬智文化事业股份有限公司2004年版，第20页。

中。由于法律概念创设中的高成本与滞后性,使类似的概念首先会反映在其他相关学科中,外贸管制权也不例外。目前,在与法学学科联系最为紧密的其他社会学科中,一些类似于外贸管制权的相关概念,在某种程度上共同阐述着作为法律概念的"外贸管制权"理应表达的含义。而在法学研究中,越来越多的学者也开始对"外贸管制权"所关涉的社会问题进行理论上的概括与归纳,并由此在有关的学术体系及法律规范文本中创设了一些概念或名词。这些词源,不但反映了"外贸管制权"生成中的社会发展程度,也对于"外贸管制权"法律概念的创设提供了有力的理论支撑。很显然,所有这些与"外贸管制权"相类似的概念都不能完全体现或包含"外贸管制权"的内涵,它们与"外贸管制权"之间总是存在着这样或那样的区别与差异。

一、非法学学科中的外贸管制权词源

(一)经济学学科中的"外贸管制"

经济学文献中使用的"管制"和"规制"以及"规管",均源出于英语"regulation",其一般含义界定为:"管制者基于公共利益或者其他的依据或既有的规则对被管制者的活动进行的限制"。[1] 外贸管制的含义,目前也多是从经济实务的角度进行解释。[2] 通常认为,外贸管制,是对外贸易管制的简称,也叫进出口贸易管制,是各国政府或为保护和促进国内生产、增加出口、限制进口而采取的鼓励与限制措施,或为政治目的,对进出口采取禁止或限制的措施。它是一国对外经济贸易政策的体现。[3]

作为从实务中产生的概念,外贸管制可以不同的标准进行分类。首先,从实施环节上区分,政府管制贸易的法律制度一般分为两种:对进口贸易的管制和对出口贸易的管制。但在历史上,也有一些持有绝对自由主义经济思想的国家,对出口贸易和进口贸易进行一体化的管制,并且不与国内经济管制进行区分。[4] 其次,从实施目的来看,可以是鼓励性的

[1] 曾国安:《管制、政府管制与经济管制》,载《经济评论》2004 年第 1 期。

[2] 王俊豪:《政府管制经济学导论——基本理论及其在政府管制实践中的应用》,商务印书馆 2004 年版,第 189 页。

[3] 王传丽:《国际贸易法》,中国政法大学出版社 2004 年版,第 232 页。

[4] 英国自 1860 年与法国签订了柯布登条约后到第一次世界大战前,一直采用这种方式。参见赵捷谦:《国际贸易政策——理论与实际》,亚南出版社 1984 年版,第 11 ~20 页。

措施,也可以是限制或禁止性的具体措施。但自从15世纪的重商主义学说受到广泛的重视后,大多国家采取了奖出限入的策略来进行外贸管制活动。最后,从管制的对象来看,外贸管制传统上仅是针对进出口的货物贸易而言的,但随着国家职能的加强与国际经济主导因素的改变,现在各国的外贸管制的范围逐步扩展到技术贸易、服务贸易,甚至国际投资领域和知识产权的保护领域。

作为经济学概念,外贸管制很显然给外贸管制权的创设直接提供了依据。但很遗憾的是,在经济学中,外贸管制本身也不是一个具有明确的内涵与确定的外延范围的概念。此外,基于不同学科之间的价值差异与方法差异,通常在经济学中所使用的概念,更多地体现了经济学的利益标准,而缺乏法律概念中所必需的权利与义务内容。因此,在法律体系中不能也不可能直接套用经济学中的外贸管制概念。

(二)政治学学科中的贸易政策和管理外贸

贸易政策,指一国根据一定时期内政治、经济的基本发展态势和国民经济的总体发展目标出发,结合本国的资源赋予、产业结构、经济发展水平,所制定的在较长时期内普遍适用的对外贸易原则、方针、策略。[1] 体现对外贸易总政策的各种政策措施,包括进出口商品政策、国别政策或地区政策等方面,涉及国家对外贸活动的经营管理体制、法律制度和行政干预三个方面的内容。狭义的贸易政策则是指关税和非关税措施的政策体系。主要的贸易政策类型,包括自由贸易政策、保护贸易政策、侵略性保护贸易政策、中性贸易政策和偏向性贸易政策。贸易政策应属于一国的公共政策范畴,具有宏观性,所指向的内容不限于法律规范的范畴,它本身更不是一个法律概念,这与外贸管制权是不同的。

管理外贸,是指国家对内制定一系列的贸易政策、法规,加强对外贸易的管理,实现一国对外贸易的有秩序、健康的发展;对外通过谈判签订双边、区域及多边贸易条约或协定,协调与其他贸易伙伴在经济贸易方面的权利与义务,又称“协调贸易政策”。它属于一种新型的、介于自由贸易和保护贸易之间的一种对外贸易政策,是自20世纪80年代以来,在国际经济联系日益加强而新贸易保护主义重新抬头的双重背景下逐步形成

---

〔1〕 陈同仇:《国际贸易》,对外经贸大学出版社2004年版,第257页。

的。美国是奉行管理贸易最为突出的国家,其管理贸易是典型范式。管理外贸应属于贸易政策的范畴,其同样不是法律上的定义。但是,由于在这种政策下,最主要的特点将管理贸易的政策法律化、制度化,因而在一定的程度上促进了对对外贸易权的研究与发展。

(三)行政管理学学科中的外贸管理

由于各国管理对外贸易的政府机构是不同的,因此,外贸管理的含义,是指具体对一国外贸活动进行管理的执行体制,如根据《美国联邦宪法》规定,美国对外贸易的国家调节职权属于国会,联邦政府根据国会立法制定和执行外贸政策。而我国《对外贸易法》则将此权力授予国务院,因而在我国,外贸管理主要体现为行政管理。实际上,由于大多国家在实施外贸管理措施时均由海关或其他行政职能机关来执行,所以,狭义上的外贸管理或外贸管制即指海关或外贸行政职能机关对进出口的行政管理。

如果以“外贸管理”的概念来借指“外贸管制权”,实际上是将“外贸管制权”的外延进行了限制,把一种综合性的法定权力简单地限定为某一个行政机关所拥有的行政执法权;同时,也有可能会忽略了各个国家贸易管理体制的不同。

二、法学学科视阈中的外贸管制权词源

(一)法学理论中的外贸管制权词源

在目前的法学理论中,对“外贸管制权”没有明确而统一的认识。最为显著的例证就是在不同的部门法学中,一些与“外贸管制权”相似的概念往往会被混同使用,但相互之间又不能完全沟通与连接。这种法学理论研究内容之间的冲突,在反映了法学体系自身发展的内洽性不足的同时,也给“外贸管制权”概念的出现留下了生存的理论空间;不同法学部门的共同关注,也反证了外贸管制已是一个极为重要的、复杂的社会现象,以专门的法律概念对其进行概括,抽象出它们的共同特征而形成一个权威性的定义,是社会发展的要求与反映,是势在必行的。目前在法学理论中,与“外贸管制权”相关的概念主要有以下几种:

(1)贸易救济权。这是一个典型的世界贸易组织(以下简称 WTO)体制下的法律概念,是指 WTO 的成员方因为履行开放市场、减让关税、自由贸易的义务而对本国、本地区的国家和地区安全利益产生了损害时,

或者为履行其保证公平的自由贸易秩序的义务时,所采取的对进出口贸易进行管理与限制的权力。[1] 也有学者采取了较为具体的定义方法,如外贸管制权"通常是指在多边贸易规则的框架下,一国政府对因进口而遭受相当程度损害的国内产业可以采取的救济措施的总称",[2]将行使贸易救济权的主体严格限定为政府,定性为国家行政权,行使的前提条件是国内产业受到损害。目前在我国,主要根据 WTO 的相关规则,形成了以反倾销、反补贴、保障措施为主要内容的贸易救济权法律体系。从概念本身可以看出,贸易救济权应是第二性的权利,是因为第一性的权利受到侵害后才随之获得的救济权。从语言逻辑上可以这样推断,各国或各贸易主体所享有的"对外贸易权"应是被贸易救济权所救济的第一性的权利。如果以贸易救济权直接替代"外贸管制权",显然有以偏概全之嫌。

(2)贸易权或对外贸易权。这也是目前最多的直接表述在法律规范中的概念,但同时也是在理论上争议最大的概念。关于什么是贸易权,无论是国内还是国际社会都没有形成统一的认识。有学者认为贸易权就是国家贸易权,也称进出口权,是一国基于主权所享有的与他国进行国际经济贸易的权利,是一种国家权力,所以只能由国家行使。实践中,通过法律授权的方式将此权利受与特定的国家机关或商主体来实现,具体分为贸易实体权和贸易程序权,前者包括贸易管制的权力和贸易实施的权利,后者则主要指贸易救济权。这种观点的主要例证是《美国宪法》第 1 条第 8 款第 3 项的规定:"美国国会有权调整对外国的、各州之间的贸易和同印地安部落的贸易。"有学者通过对美国贸易权的分析得出结论:"美国在 WTO 协定下的贸易权利是美国行使国家经济主权的结果"。[3] 从 WTO 相关规范的效力来源也可以说明贸易权是一种国家权:《建立世界贸易组织协定》(以下简称《WTO 协定》)是国际条约,其实质相当于国际合同。除特殊获授权成员方外,达成这些协定条款本身表明 WTO 成员是在行使其国家主权,追求各自国家利益的基础上达成协定,获得作为一

[1] 郭双焦:《WTO 救济法律制度改革研究》,国防科技大学出版社 2006 年版,第 54 页。
[2] 赵生祥:《贸易救济制度研究》,法律出版社 2007 年版,第 22 页。
[3] 陈利强:《WTO 协定下美国贸易权利论——以美国对中国实施"双轨制反补贴措施"为视角》,载《法律科学》2008 年第 2 期。

个 WTO 成员可以获得的利益,作为交换,各成员同意根据《WTO 协定》的承诺来行使国家主权。但是,在国内贸易实践中,更多的学者是从狭义的层面来理解贸易权,即贸易权就是指贸易经营权,是一种典型的私权利。而这种理解有其规范性的根据,如《中华人民共和国加入世界贸易组织议定书》第 5 条规定:"贸易权:1. 在不损害中国以与符合《WTO 协定》的方式管理贸易的权利的情况下,中国应逐步放宽贸易权的获得及其范围,以便在加入后 3 年内,使所有在中国的企业均有权在中国的全部关税领土内从事所有货物的贸易,但附件 2A 所列依照本议定书继续实行国营贸易的货物除外。此种贸易权应为进口或出口货物的权利。"显然,此规范中的贸易权仅仅是商人所拥有的进出口经营权,是与贸易管制权相并列的一种权利。然而,在美国关税与上诉法院于 1975 年所作的一份判决——"United States v. Yoshida International Inc. "中,私人贸易权利早已被否定,在该案中法院裁定:"没有人拥有一种与外国进行贸易的既得权利。"〔1〕

(3)对外贸易管理的法律制度。作为国际贸易法学的重要组成部分,对外贸易管理的法律制度是指一国通过颁布法律和法规管理本国对外贸易活动的制度。一些学者对此概念的解释以政府行为为落脚点,认为是指"各国政府或为保护和促进国内生产、增加出口、限制进口而采取的鼓励与限制的措施;或为政治目的,对进出口采取禁止或限制的措施。"〔2〕也有学者从国际法的角度予以解释,认为对外贸易管理的法律制度可以直接定性为国际贸易管制,是指"国家或国际经济组织为了特定的经济和政治目的,通过国内立法或缔结国际条约,限制外国或非成员国产品进口或本国产品出口的法律制度。"〔3〕对外贸易管理的法律制度是目前在法学理论上最为接近"外贸管制权"的一个名词。但这一名词更多的是对现实存在的各种贸易管制的法律规范的一种概括,尽管大家都在频繁地使用这一名词,但较少有人对它进行理论上的分析与提升,没有以贯穿法全部内容的权利义务的要素对其定性,在国内现有的法律体系中

〔1〕〔德〕E. U. 彼德斯曼:《国际经济法的宪法功能与宪法问题》,何志鹏、孙璐、王彦志等译,高等教育出版社 2004 年版,第 206 页。

〔2〕余劲松、吴志攀:《国际经济法》,北京大学出版社 2005 年版,第 168 页。

〔3〕胡晓红:《WTO 规则与国际经济法》,清华大学出版社 2004 年版,第 239 页。

尚没有明确的地位归属。

(4)经济主权。经济主权通常是指国家独立自主地处理国内外一切经济事务的权力。作为主权原则在经济领域内的内容延伸,经济主权原则成为国际经济法的首要原则,已被《联合国各国经济权利与义务宪章》等文件所确认,在相关的法学理论中也已形成了较为成熟的理论体系。[1] 国家经济主权的核心内容包括:独立自主地决定本国经济制度和制定本国对内、对外经济政策的权利;对其自然资源及经济活动所享有的永久主权;对外国投资所享有的监督管理权;国际经济活动的参与权。经济主权决定了外贸管制权的性质与特点,但其所涉及的内容不限于外贸管制权,关注的核心也不是外贸领域。

(二)法律规范中的外贸管制权词源

不论是在国内制定法中,还是在有关的国际条约中,都会存在一些指向外贸管制权内容、表明外贸管制权依据的规范。正是这些规范,不但说明了外贸管制权现实存在的社会事实,同时也证明了外贸管制权作为法律概念存在的形式正当性。

1. 我国法律规范中的有关表述

在我国古代社会,涉及经济贸易方面的法规并不是非常丰富,涉外贸易方面的就更是稀少了。即使如此,我们仍会发现一些表述外贸管制权的相关规范。此类规范或者体现为法律规定,或者体现为特定时期的政策;既可能是内外无差别的管理措施,也可能仅仅针对涉外贸易,如春秋时期齐国的管仲就制定了一系列的贸易政策。《管子》中的《轻重篇》就有许多的相关记录:在国际贸易方面,管仲特别强调了进口外国货的重要性,他认为货物输入越多,则其国度越富,而国力亦因之而越强。所以,他主张要多进口外国贵重商品,同时控制本国重要物资外流。正是在这一思想的指导下,齐国经常通过抬高价格的办法把本国所需要而又缺乏的货物吸引进来。《轻重乙》说,"滕、鲁之粟釜百,则使吾国之粟釜千,滕、鲁之粟四流而归我若下深谷。"这同中世纪欧洲重商主义追求贸易顺差、向别国倾销本国产品的观点截然不同。《轻重乙》主张给外国商人特殊

---

〔1〕 慕亚平、代中砚:《论经济全球化进程中的国家主权问题》,载陈安主编:《国际经济法论丛》(第4卷),法律出版社2001年版,第211页。

的优待,“请以令为诸侯之商贾立客舍,一乘者有食,三乘者有刍粟,五乘者有伍养。天下之商贾归齐若流水”。这是典型的鼓励外商的措施。盛唐时期,据《唐六典》记载,当时与唐通使的国家、地区多达300多个,东罗马帝国先后7次遣使至长安,日本遣唐使到达长安15次,阿拉伯帝国曾36次派使节到长安。这些记载,表明在当时,尽管国家采取了宽松的自由贸易的政策,但仍通过备案、登记、收税等方式对进出口贸易进行管理。在日本学者仁井田陞复原的唐《关市令》中,有两条是关于市场物价管理的法律规定:“诸市,每肆立标,题行名。依令,每月旬别三等估。”“诸官与私交关,以物为价者,准中估价,即悬平赃物者亦如之。”根据上述两条法律条文,我们知道唐代对市场物价管理所采取的是“市估制度”。《唐律疏议·名例律》“化外人相犯”条规定:“诸化外人,同类自相犯者,各依本俗法;异类相犯者,以法律论。”长孙无忌等人在为唐律作疏议时解释道:“‘化外人’,谓蕃夷之国,别立君长者,各有风俗,制法不同。其有同类自相犯者,须问本国之制,依其俗法断之。异类相犯者,若高丽之与百济相犯之类,皆以国家法律,论定罪名。”唐代这种属人法兼属地法原则既维护了本国的司法主权,同时又照顾了周边各国的风俗习惯,对解决不同国家之间的法律冲突有着重要的调节作用。唐《关市令》中也有关于对外交易的法律规定:“锦、绫、罗、谷、绵、丝、布、犀牛尾、珍珠、金、银、铁,并不得度西边、北边诸关及至缘边诸州兴易。”这是一种典型的货物进口管制。开元二十五年(737年)的《关市令》还规定,对于政府允许的对外交易,也实行严格的管理,“诸外蕃与缘边互市,皆令互官司检校,其市四面穿堑及立篱院,遣人守门。市易之日卯后,各将货物畜产,俱赴市所,官司先与蕃人对定物价,然后交易。”这种由官府包办,商人只能将物品拿到市场的买卖交易,实际上是剥夺了商人对外交易的自由。公元661年,唐高宗下诏令:“南中有诸蕃,舶到十日内,依数交付价值市了,任百姓贸易。其官市场,送少府监择进内。”这一诏令说明,唐政府对外商来进行贸易,只要是按规定“依数交付价值(货税)”,在官市(官买)之后,就“任百姓贸易”(私人经营买卖)。这对外国商人具有极大的吸引力,公开保证了外商的公平贸易的合法利益。宋代的对外贸易完全由国家垄断,所有进出口贸易都由政府设专官管制,输入的商品除政府直接征收一部分外,其余则由政府统购统销,即首先由政府全部收买,除将其中的某些商品完全或部分留用外,其余则由政府增价公开出售,成为财政收入的一个重要来源。外贸收入在财政收入中的比重越来越大,政府对之极为重视,采取种种措施,力图拓展贸易。特别值得一提的是中国从唐代开始采取的“招徕”政策,沿用到宋、元、明时期,产生了深远的社会影响。

近现代时期,中国的涉外经济贸易法规数量剧增,特别是相关的国际条约纷纷将对外贸易问题纳入视野,其中也有一些典型的关于“外贸管制权”的表述。例如,1842 年《中英江宁条约》(现多称为《中英南京条约》)第 2 条规定:“自今以后,大皇帝恩准英国人民带同所属家眷,寄居大清沿海之广州、福州、厦门、宁波、上海 5 处港口,贸易通商无碍;且大英国君主派设领事、管事等官住该五处城邑,专理商贾事宜,与各该地方官公文往来;令英人按照下条开叙之列,清楚交纳货税、钞饷等费。”此项规定,奠定了中国近代史上开放通商、西方列强摄取沿海贸易权的法律基础。咸丰十一年(1861 年),海关税务司赫德发布通令:凡外籍船舶从事土货沿岸贸易,在出口口岸缴纳出口税,在进口口岸缴纳半税。同年 11 月又补充规定,已纳复进口半税的土货,如果再欲运往他口,发给免重征执照,到他口时不再纳税;如果运往外国,以 3 月为期,发还已缴半税。这是对进出口贸易进行关税管理的具体规定。

在新中国目前生效的法律体系中,涉及外贸管制权的也有很多。例如,我国《对外贸易法》第 3 条规定:“国务院对外贸易主管部门依照本法主管全国对外贸易工作。”指明我国行使外贸管制权的主要机关是国务院。第 5 条规定:“中华人民共和国根据平等互利的原则,促进和发展同其他国家和地区的贸易关系,缔结或者参加关税同盟协定、自由贸易区协定等区域经济贸易协定,参加区域经济组织。”说明了外贸管制权中包括对外贸易权。第 7 条规定:“任何国家或者地区在贸易方面对中华人民共和国采取歧视性的禁止、限制或者其他类似措施的,中华人民共和国可以根据实际情况对该国家或者该地区采取相应的措施。”说明外贸管制权实质上是一种国家权。又如,我国《海关法》第 2 条规定:“中华人民共和国海关是国家的进出关境(以下简称进出境)监督管理机关……”表明外贸管制权存在的相关法律规范还有很多,如《海商法》《进出口商品检验法》等。

2. 外国法律规范中的相关表述

与中国相比,近现代以来的西方发达国家,基于其经济大国的影响,体现“外贸管制权”的法律规范数不胜数,相关规范也更加复杂多样。

《美国宪法》第1条第8款第3项规定:“美国国会有权调整对外国的、各州之间的贸易和同印第安部落的贸易。”该条被简称为“贸易条款”。美国宪法学家评论“贸易条款”时说:“虽然我们国家有50个州立法机关,但我们只有一个国民经济和工业体系。总的来说没有其他任何领域能像贸易条款那样,由最高法院较好地充分地维护了联邦的权威。”[1]可见,在坚持联邦制问题上,“贸易条款”最集中地体现了它的价值。后来随着美国对外贸易政策的变化,国会把外贸管制权具体授权给相关的行政机构来实施。1974年《美国对外贸易法》第2111条第1款规定:“当总统认为任何外国或美国的任何现行关税或其他进口限制对美国的对外贸易产生过度负担和束缚并因此需要诉诸本条规定时,总统……可以……与外国政府及其机构签署贸易协定……可以宣告对现行关税的修订或延续……”第2112条规定:“国会认为贸易壁垒和其他国际贸易扭曲正在降低美国农业、工业、矿业和商业的国外市场增长,消除意想中的互惠贸易减让的利益,对美国经济产生消极影响,妨碍公正和平等的供应渠道,并阻碍国家之间开放和无歧视贸易的发展,可敦促总统在他的权力范围内采取一切适当和可行的措施以协调、减少或取消国际贸易壁垒,进一步敦促总统在相互友好的基础上协调、降低或取消国际贸易壁垒。”

英国早在其1651年颁布的《航海条例》中就规定了“外贸管制权”的内容:“航海乃是谋求本共和国福利与安全最重要手段……自公元1651年12月1日起及从此以后……无论为英国人或别国人的殖民地所生长、出产或制造的任何货物或商品,如非由属于本共和国人民所有的任何各类船舶载运,皆不得输入或带进英吉利共和国,或……殖民地……如违反本条例,其全部进口货物,应予以没收,运载该项货物或商品入口的船舶,亦一并没收。”1980年英国《保护贸易利益法》(也称为《影响联合王国贸易利益的外国措施法》)第1条规定:“(一)如果国务大臣认为—(甲)根据任何外国为管理或控制国际贸易的法律已经或将要采取的措施;并且(乙)这些措施,在其适用或将要适用于该国领土管辖权以外由在联合王

---

〔1〕[美]卡尔威因、帕尔德森:《美国宪法释义》,徐卫东、吴新平译,华夏出版社1989年版,第88页。

国从事商业的人进行或将要进行的活动时,对联合王国的贸易利益造成了损害或有损害之虞,国务大臣得用命令指示对这些措施适用本条规定,或适用于该命令中所指明的事项。(二)上述第一款之命令,就本条所适用的任何措施而言,国务大臣得用命令规定要求或由于该项命令使国务大臣得以要求在联合王国经营商业的人,将根据第一款的命令而适用第一条的那些针对他所采取的,或有采取之虞的任何规定或禁令的措施通知国务大臣。(三)为避免损害联合王国的贸易利益,国务大臣在认为适当时,可以向在联合王国经营商业的任何人发出指令,禁止服从任何上述规定或禁令。"此项规定了英国国务大臣进行外贸管制的职责。

3. 国际法规范中与外贸管制权相关的表述

在中国历史上曾经出现的"朝贡"贸易中,通常国家间通过文书,确认进行贡赐贸易的时间、方式、贸易品的种类等具体贸易内容。用现代法的理念进行理解,这实质上就是用国际条约的方式确认双方的贸易权利。在现代社会,表述"外贸管制权"的双边国际条约、多边国际公约在时代的需求下数量剧增,如 1947 年《关税与贸易总协定》在其序言中强调:"缔约各国政府认为在处理它们的贸易和经济事业的关系方面,应以提高生活水平,保证充分就业、保证实际收入和有效需求的巨大持续增长、扩大世界资源的充分利用以及发展商品的生产与交换为目的,切望达成互惠互利协议,导致大幅度地削减关税和其他贸易障碍,取消国际贸易中的歧视待遇,以对上述目的作出贡献,经各国代表谈判达成如下协议……"也是说明世界贸易组织法律体系的建立基础是承认各成员方的外贸管制权。《中国加入世界贸易组织议定书》第 2 条 A2 款规定:"中国应以统一、公正和合理的方式适用和实施中央政府有关或影响货物贸易、服务贸易、与贸易有关的知识产权或外汇管制的所有法律、法规及其他措施以及地方各级政府发布或适用的地方性法规、规章及其他措施。"第 7 条第 4 款规定:"进出口禁止和限制以及影响进出口的许可程序要求只能由国家主管机关或由国家主管机关授权的地方各级主管机关实行和执行。"这些条款均是对外贸管制权具体内容的表述。联大通过的 1966 年的《经济、社会和文化权利国际公约》、1974 年的《建立新的国际经济秩序宣言》、1993 年的《维也纳宣言和行动纲领》等法律文件均宣布,每一个国家对自己的自然资源和一切经济活动拥有充分的永久主权。尤其是 1974 年的

《各国经济权利和义务宪章》对经济主权原则做了更具体的规定。而依存于经济主权概念下的外贸管制权也因此具备了国际法上的合法性。

第二节　外贸管制权生成中的历史源流

一、外贸管制权的附随时期

尽管政府对贸易进行管理由来已久,但在欧洲中世纪以前,由于原始“国际主义”在经济领域内的重要影响,并不存在对外贸管制权予以专门区分的必要。“他们从来不曾在控制商业活动方面作过任何尝试,我们也决找不到什么可以叫做经济政策的迹象。”[1]征收过境税是当时管制贸易最为重要的甚至是某些国家采取的唯一手段,最初仅是为了满足诸侯个人的财政需要,后来才成为一种权力的象征,以及为了实现一定国家利益的手段。战争时期,逮捕敌方商人、没收其财物、扣留其船只、禁止与敌国进行交易等,仅仅是实现武力征服的辅助性手段。

(一)中国历史上的外贸管制权附随时期

历史学家田昌五先生说:“在历史上,中国不管是处于分裂时期还是统一时期,都是不容置疑的世界贸易大国。但传统的贸易主要有两种形式:一是朝贡贸易,二是受政府控制的‘互市’贸易。这种情况直到鸦片战争前,基本上没有改变。”[2]中国古代的贸易形式,除了官营贸易外还有很重要的一种,史称“贡赐贸易”或“朝贡贸易”。当时的这种进贡与赏赐满足了双方的需要:进贡者谋求政治上的依托与援助,并获得物质利益;赏赐者将这种贸易看成一种政治需求大于经济利益的手段,把其作为安抚边境、结好各地方政权的基本国策。[3] 这种贡赐贸易方式是君主与臣属、宗主国与附属国之间政治关系的经济体现,是一种特殊的国际贸易关系。

公元714年,唐政府在广州设置中国历史上第一个管理外贸机构——广州市舶使院,也称“广州结好使”。广州市舶使的设置,一方面

[1] [英]亨利·皮朗:《中世纪经济社会史》,乐文译,上海人民出版社1964年版,第83页。

[2] 田吕五:《中国历史体系新论》,山东大学出版社1995年版,第136页。

[3] 王尚达:《唐代中原与西域之间的贡赐贸易管窥》,载《社科纵横》1994年第2期。

表明唐朝政府对外贸事业加强管理,另一方面又表明唐政府鼓励和欢迎外国商船来中国进行贸易的友好态度。唐中叶以后,为了保持对外开放贸易政策的连续性,公元834年唐文宗又在《太和八年疾愈德音》中颁布诏令:“南海蕃舶,本以慕化而来,固在接以仁恩,使其感悦……况朕方勤俭,岂爱遐深。深虑远人未安,率税犹重,思有矜恤,以示绥怀。其岭南、福建及扬州蕃客,宣委节度、观察使常加存问。除舶脚、收市、进奉外,任其来往流通,自为交易,不得重加率税。”[1]唐文宗在这个诏令中,重申在外商交纳了“舶脚”(关税)和“收市”(向外商先购买官廷所需物品)以及履行“进奉”(缴奉贡品)之后,即可“任其来往通流,自为交易”“并任蕃商列肆而市”“不得重加率税”。但更强调地方官吏要对外商“常加存问”,以示“矜恤”和“绥怀”之意。郑和下西洋在中国历史上已被作为对外贸易的典型事例而广为传诵,但这一壮举的真正目的在于实现明成祖的“天下观”。明成祖在国内要做一个“盛世名王”,在国际上他要以一个大国雄主的姿态展示给世人。[2] 所以明史《郑和传》中就有一句话说:“成祖疑惠帝亡海外,欲踪迹之,且欲耀兵异域,示中国富强,永乐三年六月命和及其侪王景弘等通使西洋。”[3]1409年3月明成祖交给郑和带给“四方海外诸番王及头目”的敕书说:“朕奉天命,君主天下,一体上帝之心施恩布德。凡覆载之内,日月所照、霜露所濡之处,其人民老少,皆欲使之遂其生业,不至市所。今特遣郑和赍敕,普谕朕意:尔等祇顺天道,恪遵朕言,循礼安分,毋得违越,不可欺寡,不可凌弱,庶几共享太平之福。若有摅诚来朝,咸锡皆赏。故此敕谕,悉使闻知。”[4]起码从名义上说,郑和下西洋的目的仍以政治上的“招徕附远”为核心。即使在中国历史上,诸如此类的“招徕附远”是出于政治目的考虑,但其实也不乏有关国家贸易管制的成分。

首先,虽然进行贡赐贸易的国家间往往存在依附关系,但是客观上当

---

〔1〕《全唐文》卷七十五《太和八年疾愈德音》。

〔2〕毛佩琦:《毛佩琦正说永乐大帝朱棣》,花山文艺出版社2006年版,第126页。

〔3〕(清)张廷玉等:《明史》卷三百四,列传第一百九十二,宦官一,郑和,中华书局1997年版。

〔4〕《郑和家谱·敕谕海外诸番条》,转引自:郑鹤声、郑一钧编:《郑和下西洋资料汇编》[中(下)],齐鲁书社1983年版,第851页。

时政治的互信交往,直接推动了贸易的繁盛。西汉时期张骞三次出使西域开关,打开了中国与西方的第一条贸易通道(西北丝绸之路),直达地中海各国。而郑和下西洋持续28年之久,每到一地都与当地进行了频繁的贸易往来,这时期的海上丝绸之路,达到了鼎盛阶段,促进了中国与东南亚、南亚、西亚以及东非的贸易网络的形成,对当时亚非多边贸易是一个很大的促进。中国与东南亚、南亚、西亚以及东非等贸易交往繁盛的景象持续了一个世纪,直到西方葡萄牙东来,在1511年占据了马六甲,这种繁盛的贸易交往才中断。

其次,作为国家贸易的朝贡贸易,也促进了国内贸易管制法律制度与措施的发展与进步。中国唐代实行的是管理较严的朝贡贸易,但中国政府不仅给外国人提供诸多方便,还给予他们国民待遇,这与同时期其他国家盛行对外国人的差别待遇,甚至是敌视待遇制度之间有很大的差异。此外,在中国历史上极具特色的"鸿胪馆""市舶使""市舶司"制度,《唐律疏议》中世界上最早规定外国人地位的冲突规范的产生,都说明当时的政府在积极行使着外贸管制权,形成了众多的外贸管制措施。

最后,由于朝贡贸易毕竟是发生在两个国家官方间的贸易,国家间往往通过文书确认进行贡赐贸易的时间、方式、贸易品的种类等具体贸易内容,同时也通过国内法律加以明确和细化。用现代法的理念进行理解,这实质上就是用"国际法"的方式确认双方的行为准则,然后在"国内法"中进行规定,完成国际法国内化的过程。

(二)西方历史上的外贸管制权附随时期

应该说,自从有了国家,便有了对外贸易,当然也就有了国家对贸易的管制。然而在附随时期,外贸管制权所强调的经济性、专门性并没有直接体现出来。西方社会历史上的外贸管制权附随时期是一个漫长的时期,15世纪之前,大多数国家是处于这样一个阶段的。

早在罗马时代,古代雅典城邦国家对其谷物的出口就曾加以限制和禁止。借用比利时根特大学历史系教授亨利·皮朗(Henri Pirenne,1862~1935年)《中世纪欧洲经济社会史》中的一段结论来说明:"支配罗马帝国整个经济立法的那种管制的性质,并没有随着罗马帝国的衰亡而消失,甚至在中世纪农业时期,从国王与封建当局对度量衡、货币铸造、赋税与市场所握有的控制权上,也看得出罗马帝国经济立法中的那种管制性质。"[1]这种管制性质曾作为一种王权的象征或作为推动国内经济改革的手段出现,如禁止谷物出口就是作为雅典执政官梭伦进行农业改革的一部分出现的。[2]

作为中世纪文明特征的原始"国际主义"在当时各个国家中表现得非常明显,即使政府进行贸易管制,也不会有意地区分内外。例如,当时的集市对所有的商人都开放,如同所有的港口对所有的船舶开放一样。集市被授予一定特权:如集市的土地不受侵犯,赶集人受到地方诸侯的保护,集市警卫队维持秩序,经其盖章的契约具有特殊的法律拘束力。赶集的商人在集市外犯罪和欠债,他人不得在集市上对其进行报复性处分,不能在其赶集时没收其土地。当时的教会禁止在集市期间进行诉讼和法律处分,禁止取息和放款。[3] 没有任何国家对本国贸易施以优惠,以保护他们与国外进行的竞争。像提岁尔人为抵制意大利进口货的竞争而征收酒税的事例,可以说是少数的例外。[4] 收取过境税是当时进行贸易管理的最为普遍的手段,但最初也仅仅是为满足诸侯个人的财政需要或作为其权力的象征,对当时的人来说,没有如同现代的"保护性关税"这种经济措施的概念。战争时期没收敌方财物、禁止与敌国进行交易等,仅仅是实现武力征服的辅助性手段。例如,13 世纪和 14 世纪,英格兰的国王们在和法兰德斯作战时,禁止羊毛输往该地,以引起该地的产业危机,但延续时间很短,一旦和平恢复,一切又归于正常。现代贸易战的观点,如侵占夺取对方市场,挤垮竞争对手的产业这类想法在当时是不存在的。[5]

在早期欧洲的贸易中,以城市为中心的贸易是很重要的一个特点。英国的伦敦、诺里奇、布里斯托尔,法国的巴黎、里昂,德国的科隆等,其中最值得一提的是意大利的威尼斯,都是曾经的国际贸易中心。欧洲早期

---

〔1〕 [英]亨利·皮朗:《中世纪欧洲经济社会史》,乐文译,上海人民出版社 1964 年版,第 162 页。
〔2〕 顾准:《希腊城邦制度—古希腊史笔记》,中阳社科出版社 1982 年版,第 121 页。
〔3〕 [德]马克斯·韦伯:《世界经济通史》,姚曾广译,上海译文出版社 1981 年版,第 294 页。
〔4〕 同上书,第 90 页。
〔5〕 [英]亨利·皮朗:《中世纪欧洲经济社会史》,乐文译,上海人民出版社 1964 年版,第 84 页。

的城市以及城市联盟的发展过程，不但是统一市场形成的过程，也是调整国际贸易的“跨国”法律体系发展的过程。在贸易和法律的共同作用下，当时在欧洲北部形成了著名的“汉萨同盟”，南部则形成了热那亚、威尼斯、佛罗伦萨等“城市共和国”。以“汉萨同盟”为例，它是德意志北部城市之间形成的商业、政治联盟。汉萨（Hanse）一词，德文意为“公所”或者“会馆”。它出现之前，德意志地区曾经存在过两个自由市同盟——莱茵同盟和士瓦本同盟。莱茵河流域的城市和士瓦本地区的城市通过结盟的方式来防卫地方贵族对商队的掠夺和强盗的抢劫。这种城市联盟很快发展为一种互利手段，成员城市间通过协定相互放弃征收水路和陆路的通行税，并通过协调的方式解决彼此争端。这样在 13 世纪汉萨同盟逐渐形成，并于 1370 年战胜丹麦，订立《斯特拉尔松德条约》，从而垄断了波罗的海地区贸易，并在西起伦敦，东至诺夫哥罗德的沿海地区建立商站，实力达到了顶峰。汉萨同盟以各城市间的贸易自由和贸易保护为基本宗旨，几乎统一了欧洲北方城市间的贸易交换规则和法律的适用。[1]

在外贸管制权发展的早期，无论是对外的跨国间进行的国际贸易活动，还是对外的贸易管制措施，其基本出发点仍然是对本国政治主权的维护，而非经济利益的追求。同时，这种权力行使不在于对经济贸易活动进行管理或限制，也不可能完全与一国的政治权力相区分，所出现的法律规范也多是隐含在其他性质的规范中。因此，这一发展时期的外贸管制权最重要的特征表现为对国家政治主权的附随。

二、外贸管制权的萌生时期

15 世纪到 20 世纪初，外贸管制权不论是在其产生的理论基础方面，还是在其赖以生存的社会环境方面，都得到了快速发展。其中，最为显著的特征就是有关的经济理论为外贸管制权的实践运用直接提供了有力的理论支撑，并在实践中形成了具有特殊内容与方式的对外贸易政策。可以说，外贸管制权的萌生时期，是伴随着一些重要的经济理论的发展而发展的。当然，外贸管制权的发展与特定时期的经济发展程度以及特定国家的贸易政策的发展是紧密相关的。伴随着重商主义与自由贸易经济理

---

〔1〕 德全英：《城市、市场和法律西方法律史中的“城市法”考察》，载《法律科学》2000 年第 2 期。

论在当时经济较发达国家的产生与发展,特别是国际地理大发现直接加速了国际贸易,外贸管制权也经历了从国内法的萌生到国际法的运用两个发展阶段。尽管产生于18世纪至19世纪的贸易保护主义思潮导致了外贸管制权在部分国家的国内回归,也加速了相关国内法制的建设进程,然而,需要说明的是,西方发达国家的外贸管制权正在茁壮成长的时期,中国却因为其衰落的政治、经济而在此领域内几乎毫无建树。

(一)重商主义经济理论的产生及运用

14世纪的英国是重商主义经济理论的发源地。重商主义经济理论认为,金钱是一国真正的财富;国内贸易买卖相抵,不能增加财富,只有国际贸易才能积累财富。一国所得必是另一国所失,主张用政府干预手段保证国际贸易出超和金银进口来积累财富。重商主义的代表人物是英国的托马斯·曼,其著作《英国来自对外贸易的财富》被称为是重商主义的圣经。该理论认识到货币在流动中可以升值,因此,主张币应当流动,鼓励商品出口。但贸易要顺差,实行奖出限入措施以保证货币流回本国,这一学说被马克思称为"贸易差额论"。1651年英国《航海法》是这一思想在法律上的集中体现。在英国,为了增加贸易顺差,重商主义的做法包括:通过征收高关税或颁发禁令限制进口;以退税、鼓励性补贴等方式鼓励出口;制定条约,利用有利的通商条约,使本国之货品及本国之商人在外国获得优于他国在该国的特权;建立殖民地,通过建立殖民地,给予母国商人及货物以特权,授予独占权。[1] 在法国,法王路易十四的财政顾问简·巴布蒂斯、柯尔伯特和马扎林也曾寻求贸易管制来积蓄国家的经济力量。他们的关税政策导致法国和荷兰的关税战以及英格兰的报复。在18世纪末长达15年的时间里,两国几乎停止了一切贸易往来。

当时的英国比其他任何地方都具有权力较大的统一的政府。1381年的法令曾要求把英国贸易划归由英国商船经营,由于遭到反对而无法实行。但这预示国家的一项新政策,即国家干预经济、对贸易进行管制的开端。[2] 1440年英国通过一项法令规定:外国商人运货到英国,必须将

---

〔1〕 赵捷谦:《国际贸易政策——理论与实际》,亚南出版社1984年版,第11页。

〔2〕 [英]亨利·皮郎:《中世纪欧洲经济社会史》,乐文译,上海人民出版社1964年版,第137页。

全部价款转换成英国货物;英国商人在海外经商,至少须将一部分售货所得用现金形式带回本国。这标志着重商主义经济政策在英国的确立。1651 年的《航海法》标志着重商主义在英国达到了全盛时期。

在西欧,整个 18 世纪,政府对国际贸易的管制成为实现对外关系和其经济政策的重要手段。在这一时期,国际贸易呈现出的主要特点是,对外贸易和军事征服相结合,带有明显的掠夺性质,并且其主要目的是进行原始资本积累,世界市场开始萌芽。重商主义是资本主义因素在封建制度内孕育成长的结果,它促进了商品经济在流通领域内的发展,也同时激发了国家对国际贸易主动而有意识的管制,使国家意识到外贸管制权是其一项重要的国家权力。为保证这种权力的实现,专门出现了相应的法律、法规。但这一发展时期的外贸管制权大多停留在国内法层面。

(二)自由主义经济理论的产生及运用

1776 年,亚当·斯密在他的《国富论》中提出了著名的"看不见的手"的理论,成为自由贸易经济理论的发端。19 世纪自由贸易理论最终成为当时英国的经济政策。17 世纪以后,西方世界进入资本主义社会,商品经济有了很大的发展,国际贸易交往也日益繁荣,为了调整其商务关系,西欧各国在接受罗马法和整理习惯法的基础上制定了民法典和商法典。法国在路易十四时期,颁布了《商事条例》和《海商条例》,后来又于 1804 年和 1807 年颁布了《法国民法典》和《法国商法典》。在大陆法系国家中,多数国家采取民商法分立的制度,少数国家采取民商合一的做法,把商法纳入民法典中。英国则通过国王法院的判例把商人习惯法等吸收到普通法中去,使其成为普通法的一部分。这样,商人习惯法被吸收到国内民商法之中,并逐渐失去作用,而各国民商法则同时适用于本国商人的涉外商务活动,成为调整涉外贸易活动的行为规范。

1860 年,英国与法国签订了柯布登条约,其中规定了对法国的葡萄酒等商品降低关税。该条约中第一次出现了体现自由贸易精神的无条件最惠国条款的内容,以此为开端,西欧大陆各国之间签订了许多含有无条件最惠国条款的条约。19 世纪后,生产的国际化大大促进了国际贸易的发展,而仍以各国民商法调整国际贸易问题,已不能适应实际需要了,因为各国民商法均是根据本国经济发展要求制定的,不是从国际贸易的需要出发,而各国的经济、政治情况各不相同,其民商法之间必然存在各种差异和分歧。为了促进国际贸易的发展,就必须制定统一的国际贸易法律规范。从19世纪末20世纪初起,有些国际组织就已开始编纂和制定统一的国际商事法律和惯例,其内容涉及贸易、运输、票据、海商、工业产权保护等方面,成为调整国际商事交易的重要的法律规范之一。

这一时期与外贸管制权相关的国内、国际性法律规范具有以下特点:一是由于生产力水平不高,商品经济尚不发达,经济交往也受到局限,因此,调整国际商业交往的法律规范往往数量少而且零散,在法的体系中不占重要地位。二是调整国际贸易活动的法律也主要是商人法及民商法,所涉及的领域较为单一和狭窄,基本上与其他国内立法合为一体,或散布于其他的法律部门之中。例如,调整涉外商务活动的国内法律规范包含在民商法中,属私法范畴。三是直到自由资本主义时期,资本主义国家在经济上实行放任主义政策,原则上不干涉经济活动,国际经济交往属于各国商人自己的事,贸易上自由竞争,法律上自由契约,除民商法等私法外,基本上没有为实施国家经济管理而颁布的公法或经济法,但不排除法律制度之外的政府措施对涉外经济活动的干预。

自由贸易政策的确立,一方面从形式上对国家的外贸管制权进行了回避、抵制与限制;另一方面却将外贸管制权的运用从国内法层面推向了国际法层面。也正是在这个时期,中国清政府与当时诸多的国际强国签订了大量的国际经济贸易条约,融入国际贸易管制的潮流中,并随之出现专门的对外贸易管制的国内性法律规范和专职的管理机构,如当时的洋务府及胎死腹中的《大清商律》中就有专门的对贸易进行管制的相关规定。

(三)贸易保护主义经济理论的产生及运用

随着自由竞争向垄断过渡,自由贸易又逐渐为保护贸易所代替,保护贸易在内容和手段上进一步发展,发达国家为了保护国内市场的垄断价格和夺取国外市场,实施严厉的贸易保护政策。此时,以美国第一任财政部长汉密尔顿和德国的李斯特为代表的贸易保护主义理论应运而生。但其理论依据及具体做法却与重商主义并无大的区别。亚历山大·汉密尔顿的代表作是1791年的《关于制造业的报告》。该报告在杰弗逊和汉密尔顿之间引发了一场关于国家商业政策的大辩论,实际是自由贸易和贸易保护主义之间的一场大辩论。汉密尔顿主张在对外贸易中多出少进,以保护国内的幼稚工业,增加财政收入。在这种思想指导下,美国建立了

1789 年的关税制度,并于 1816 年正式将保护主义确定为关税法的基本精神。此后,美国的关税逐年增高,高关税壁垒政策贯穿了整个 19 世纪的美国。

在德国,贸易保护主义的代表人物是弗里德里希·李斯特。他早年主张自由贸易,后来受到美国高关税政策的鼓舞,特别是为了保护幼稚工业而对制造业实行高关税的影响,转向主张坚决的贸易保护主义。其代表作是 1841 年《政治经济学的国民体系》,提出德国应通过国家干预以保护德国的幼稚工业——制造业。李斯特批评古典贸易理论"没有考虑到各个国家的性质以及他们各自的特有利益和情况"。"两个同样具有高度文化的国家,要在彼此自由竞争下共同有利,只有当两者在工业发展上处于大体上相等的地位时才能实现。""在自由竞争下,一个一无保护的国家要想成为一个新兴工业化国家已经没有可能。""保护制度是使落后国家在文化上取得与那个优势国家同等地位的唯一方法。"[1] 德国在俾斯麦时代由于银根紧缩实行高关税政策,与法国、奥地利、俄国进行了关税战争,1879 年的关税法导致一系列进口产品上大幅度提高了关税,部分原因出于当时经济上的拮据,部分原因则是受到李斯特著作的影响。它标志着德国自由贸易政策的后退,这种做法随后得到法国和其他欧洲国家的响应,只有英国仍旧保持着自由贸易。

贸易保护主义促进了当时落后国家,如美国、德国的迅速发展。在美国,贸易保护主义帮助年轻的合众国迅速摆脱了殖民强国——英国的控制与掠夺,保护美国工业免受来自欧洲大陆的竞争而顺利发展。关税的保护作用成为欧洲强国之间相互争斗并掠夺殖民地的有力工具。

1929 年爆发世界性经济危机,使世界经济贸易环境恶化,许多国家采取了以邻为壑的政策,试图通过国际贸易转嫁危机,世界各国的贸易壁垒得到强化。美国的凯恩斯,以其代表作 1936 年的《就业、利息和货币理论》倡导了新重商主义理论或超贸易保护理论。该理论盛行于第一次世界大战和第二次世界大战之间。在 1929 ~ 1933 年大危机之前,凯恩斯也是一个自由贸易主义者,他曾矢口否认保护贸易政策会有利于国内的经

---

〔1〕[德]弗里德里希·李斯特:《政治经济学的国民体系》,陈万煦、蔡受百译,商务印书馆 1961 年版,第 47 页。

济繁荣与就业。他写道:“若保护主义者认为保护政策可以医救失业,则保护主义之谬误,可说是到了最荒唐、最赤裸裸的地步。”[1]大危机以后,凯恩斯改变立场,批评自己以前师承而且拿来教人的自由放任学说理论基础不够充分,缺乏远大的目光,没有看到重商主义保护政策的重大意义,于是转而推崇重商主义,认为重商主义的保护贸易政策确实能够保证经济繁荣,扩大就业。

超贸易保护主义产生于大危机和两次世界大战期间,它既是资本主义发展到垄断时期,固有矛盾总爆发的产物,也是资本主义各国经济发展不平衡的产物。与以前的保护主义相比,超贸易保护主义具有以下特点:首先,保护措施激增且形式呈多样化,不再限于关税和贸易条约,还有数量限制、许可制度、配额限制、外汇管理限制等,而且这些措施在短期内急剧增加。其次,保护措施的暂时性,由于这些措施主要是为了进行战争或遏止经济衰退,因此,这些保护措施的最初目的在很大程度上是临时的短期行为,一俟战争结束或经济形势好转,即将被取消。再次,保护对象扩大,不只限于对一国幼稚工业的保护,还扩及农业、濒于萎缩的行业或垄断性行业。最后,保护措施的公开性、有害性。20 世纪 30 年代及战时的保护措施,是政府赤裸裸地干预经济、控制经济的产物。由其歧视性带来的灾难性后果不仅毒化了国际贸易秩序,而且恶化了国家之间的政治关系。在此阶段,外贸管制权更多地成为国家行政权的一个重要组成,因为要强调其实践运用中的实用性和灵活性,同时又缺少必要的法律约束,外贸管制权的行使也往往成为备受诟病的行政肆意行为。不可否认的是,正是这些具有实验性、临时性、开创性的外贸管制措施的大量出现,不但给一些国家政府提供了行使外贸管制权的经验,同时这种社会现象发展到一定的程度也促使相关法律制度的出现,促进了法学理论的研究。

三、外贸管制权的发展时期

19 世纪 30 年代以后,随着西方国家社会经济的飞速发展,在国际贸易领域内出现了一些新的现象与特点。各国的国内经济立法成为其法律体系中一个非常重要的组成部分,并逐渐成为一门区别于传统的行政法、民商法之外的独立法律部门;同时,各国对涉外贸易的各种管理活动逐步

---

[1] [美]凯恩斯:《就业利息和货币通论》,徐毓楠译,商务印书馆 1963 年版,第 284 页。

趋于法制化，而有关的国内立法也渐渐与国际性规范相结合。特别是一些专门针对国际贸易领域所形成的全球性国际组织，及其所伴随的整套的国际条约体系，直接将外贸管制权提升到一个新的法治层面，成为外贸管制权在国际、国内法制中得以确立的标志。

（一）外贸管制权发展时期的社会环境变化

进入资本主义社会后，社会生产力有了很大的发展，特别是一些主要资本主义国家都先后完成了产业革命，工场手工业被大机器生产所取代，形成由社会分工和协作联系起来的大规模社会生产，各部门、各地区、各企业间的相互联系和依赖日益扩大和加强，逐步形成统一市场乃至世界市场。到19世纪末，资本主义企业通过资本积累和集中，逐步形成了对行业、产品和市场的垄断，并随之出现了激烈到白热化程度的竞争。这种垄断经济所表现出的巨大利益落差和由此导致的严重的社会问题，使这一阶段的国内和国际经济方面发生了很大变化。在国际贸易环节主要表现在以下3个方面：

（1）资本输出与跨国公司的产生和发展，使国际贸易成为经济全球化进程中最具有典型意义的环节。资本输出表明垄断资本已经走出“本国帝国主义”的狭窄范围，导致垄断资本的国际化。垄断资本家或企业家开始输出过剩资本，在国外投资设厂，以占据国外市场，获取高额利润，这样就形成了早期的跨国企业。这时，传统上表证国际经济关系外化的有形商品贸易渐渐扩展到无形贸易，如技术贸易与服务贸易在全球贸易总量中的比重逐年增加；与此同时，更多的国家和商人意识到资本流动本身的增值效果，过去隐身于贸易背后的国际投资、国际融资乃至国际税收分配问题更多地表现出它们的基础性作用，也因此使特定国家的对外贸易管制成为牵一发而动全身的活动，成为更加复杂化的国际性问题。

战后国际经济关系的一个重要特色是跨国公司得到迅速的发展。1973年世界上大约有1万家跨国公司，其附属公司达3万家之多。而到2000年，世界跨国公司总数就发展到6万家，其在国外拥有的附属公司达80多万家。跨国公司在国际间进行投资、贸易与金融活动，对国际经济关系有着重要的影响。为了发挥跨国公司的积极作用，限制和避免其消极影响，就必须对跨国公司的活动进行法律管制，包括国家的管制和国际管制。20世纪70年代后，许多国家相继颁布了一些直接调整跨国公司活动的法律,如外资法、外汇管制法、反托拉斯法、涉外税法等涉外经济法。同时,由于跨国公司跨国活动的特点,单个国家法律不能有效地对其予以管制,就必须采取国际措施。1974 年联合国成立了跨国公司委员会,并着重拟订《跨国公司行为守则》。联合国贸易发展组织也起草了技术转让行动守则,管制限制性商业惯例的原则和规则等。它们对于管制跨国公司的活动发挥着重要作用。

(2)国家对经济的干预日益深入,传统的自由主义贸易理念与政策显然不能与社会相适应,对外贸易管制成为各国经济干预政策的首要环节。进入垄断经济阶段后,资本主义本身所固有的矛盾已达到不可调和、不可克服的地步,周期性的经济危机造成社会剧烈的混乱和动荡,而市场经济本身的自动调节机制,已经不再灵验,甚至无济于事,因而需要国家出面对社会经济进行各种干预、调节和组织活动。这样,组织和管理社会经济就成为国家的一项重要的职能。国家对经济的干预和管制,必然要运用法律手段,经济法就应运而生,以管理和管制国内经济和对外经济活动。当时主要的经济发达国家纷纷通过立法形式明确地对本国的经济活动进行全面的干预与宏观的调控,进出口贸易当然也成为其中不可缺少的组成部分,如根据美国联邦宪法的规定,拥有外贸管制权的是国会,但根据 1934 年《贸易法》的安排,国会把贸易政策决策权留给相关的行政机构来实施。在当时的资本主义扩张运动中,一些经济落后国家也被迫开始注重经济法制的建设,如中华民国政府在 1930 年就通过了《海商法》,明确地对进出口贸易中的运输等问题进行规制。

(3)国家间政治经济矛盾的加剧和尖锐化,导致国际贸易冲突与战争频繁发生。由于生产和资本的国际化,各国生产商与贸易商在国际上也相互竞争,为争夺原料产地、销售市场、投资场所而激烈争斗,并组成国际卡特尔、国际托拉斯等国际垄断同盟,从经济上瓜分世界。垄断资本的国际竞争,受到各国的相应支持。各国为解决国内因资本主义固有矛盾造成的经济困难不断地进行经济干预,竞相采取各种刺激出口和限制进口的措施,这又影响和损害了他国利益,使国家间经济矛盾加剧和尖锐化,并阻碍了国际贸易的有序发展和总量增长。因此,仅仅靠国内的贸易管制法不但不能解决国际贸易中的矛盾和冲突,还在一定的程度上加剧了国家之间的利益冲突,因而必须要求采取国际法律措施,从国际社会与法律治理的角度谋求解决办法。战后,新中国等十多个社会主义国家相继诞生,扩大了社会主义的阵营。在20世纪六七十年代,随着民族解放运动的发展,许多殖民地、半殖民地受压迫的弱小民族取得独立,形成第三世界。这些新独立国家的兴起要求建立国际经济新秩序,重新建立反映其利益与主张的国际社会格局。它们运用集体力量,以谋求本国经济的发展,争取在建立新的国际经济秩序进程中维护本国的利益。这样,"东西关系""南北关系""南南关系""北北关系"相互交织,形成国际经济贸易关系的复杂结构。

(二)外贸管制权发展时期的法律制度变化

自19世纪末资本主义进入垄断阶段以后,原来的私法自治原则已不能作为调整国际贸易的唯一手段,国家必须通过一些强制性规范来直接管理贸易活动。例如,为了保护竞争,限制垄断,美国率先制定了反托拉斯法,如1890年的《谢尔曼法》、1914年的《克莱顿法》和《联邦贸易委员会法》。此后德国也颁布了许多经济法。在第一次世界大战至第二次世界大战期间,由于爆发了世界性的经济危机,为解决矛盾,国家更是直接干预经济,经济立法出现了高潮,如德国制定了《强制卡特尔法》等,日本颁布了《出口组合法》《外汇管理法》等一系列经济法规。这些为数众多的经济法对社会经济直接进行干预,其中必然会涉及对外贸易问题。所调整的法律关系主体范围扩大了,法律调整的不再限于不同国家商人间的关系,还包括不同国家的个人和法人、国家间的经济关系。相关法律制度的性质也从传统的私法转向公法。部分经济法律如外汇法、关税法、出口卡特尔法,是专门调整涉外经济贸易关系的,由此,各国国内的专门的涉外经济贸易管制法便随之产生了。

在国际上,国际垄断同盟的产生,也需要通过一定的国际性规范来维护或巩固其既得利益。这些国际协议在某种程度上也是国家政权对经济实行干预的国际性反映。国家所有的商品或企业可能由政府亲自参加国际卡特尔,这就出现了多边国际卡特尔专项商品协定,如1902年的《布鲁塞尔砂糖协定》,就是欧洲生产国间针对当时用奖励金实行倾销的政策,为禁止关于生产与出口的补助金等订立的。第一次世界大战后,为调整某种商品的生产限额及出口配额等问题,商品生产国之间或生产国与消费国之间又签订了一系列的多边专项商品协定,如1931年及1937年的

《国际砂糖协定》、1931 年的《国际锡协定》、1933 年的《国际小麦协定》、1934 年的《国际橡胶协定》等。两次世界大战后，由于金本位崩溃、世界性经济危机的发生，各国进一步通过经济法干预经济，如实行关税壁垒、外贸统制、外汇管制等措施，加剧了资本主义各国之间经济关系的矛盾，以往的通商航海条约已不能达到解决这一矛盾的目的，因而各国间就不得不缔结短期支付协定或贸易协定、关税特惠协定等来进行调整。国际性规范的大量产生与运用，表明外贸管制制度已成为国际社会的法律现象，具有了国际化、一体化的发展趋势。

（三）普遍性国际组织的产生标志着外贸管制权的确立

第二次世界大战后，国际形势发生了许多新的变化，各国在经济上的相互合作与相互依赖日趋加强，调整国际经济交易的法律数量急剧增加且内容日趋丰富和完善。值此之际，外贸管制制度已然成为商人、社会组织、国家、国际组织共同关注的热点与焦点，相关的法律制度不断统一化和规范化。而量的积累到达一定的程度，就会引发质的变化。对现实存在的繁杂的规范性文件进行整理，对影响其变化的背后的社会条件予以分析与梳理，对这种规范所指向的权利分配机制进行思考，已然迫在眉睫。正是由于外在的社会推动与内在的法学理性的反思，使外贸管制权渐渐浮出水面，成为法理学研究中不可回避的事实。

战后形形色色的区域性或专业性国际经济条约及其相应组织不断出现，在区域性组织中既有发达国家间的条约和组织，如欧洲经济共同体（现为欧洲联盟）、经济合作与发展组织等，也有发展中国家间的条约与组织，如东南亚国家联盟、西非国家经济共同体、安第斯条约组织，还有发达国家与发展中国家间的条约与组织，如北美自由贸易区协定等，专业性的国际组织如石油输出国组织等。这些区域性或专业性组织在促进国际贸易和国际经济法的发展方面，具有重要作用。

基础性国际经济条约与普遍性国际经济组织的产生反映着国际贸易问题的复杂化与基础化。战后，资本主义世界亟待解决战争遗留的一系列经济问题，如促进欧洲经济复兴以及与美元有关的安全保障问题，特别是要预防再次发生经济危机等。经验表明，单靠一两个国家解决不了这些问题，还必须采取多边方法，从国际立场出发，确立国际经济的法律秩序。因此，基础性的国际多边条约有了很大的发展。例如，《联合国宪章》对发展国际经济、确保会员国通商自由及公平待遇做了规定。尔后,1944年7月布雷顿森林会议签订了《国际货币基金协定》和《国际复兴开发银行协定》,1947年签订了《关税及贸易总协定》。这三项协定及其组织,具有全球性影响,对于促进国际货币金融关系的相对稳定和自由化,促进国际贸易的发展具有重要作用,构成国际经济体制的三大支柱。以这三项协定为标志,国际社会进入了用多边条约调整国家间经济关系的新阶段。与这些条约共生的是拥有广泛成员国的国际经济组织的建立,如国际货币基金组织、世界银行集团、世界贸易组织、联合国贸易与发展会议。正是这些国际组织,在发挥着国际造法功能的同时,也维系着国际社会秩序的稳定,给国际贸易的不断发展提供着争议解决与信息沟通的平台。

第三世界国家争取建立国际经济新秩序的斗争是时代的主流,并使国际贸易法律制度从本质上进入新的发展阶段。在国际社会层面,为了改造旧有的国际经济秩序,改变发展中国家在经济上处于从属地位的现状,第三世界国家在20世纪六七十年代促使联合国先后通过了一系列宣言、决议,如1962年的《关于自然资源永久主权宣言》、1974年的《关于建立新的国际经济秩序宣言》及《发展中国家经济合作行动纲领》、1974年12月的《各国经济权利义务宪章》等。这些文件将传统的贸易权问题提升到了国家主权的范畴,反映了新的法律观念和法理原则,给国际贸易法律制度的发展铺垫了公平、合理的基础。在国内社会层面,许多发展中国家为了维护本国经济主权和利益,发展本国经济,调整和发展对外经济关系,制定了各种涉外经济立法,如外资法、外贸法、外汇管理法、涉外税法等。这些国内法规范大多以移植借鉴发达国家的相关法制经验为基础,形式上促进了各国贸易管制立法的统一,又充分立足各国实践与利益,与争取建立国际经济新秩序所形成的国际法规范相互联系、相互配合,力求在国际经济关系中贯彻平等互利的原则,为建立新的国际经济秩序发挥了重要的作用。

可见,由于国际经济关系的发展,国际经济贸易活动的主体范围也逐渐扩大,国家、国际经济组织、法人、自然人以及其他各类社会主体纷纷在国际贸易舞台上各显其能;各种国际经济协议与活动广泛涉及贸易、投资、金融、货币、税收等领域,贸易法走向了综合化;在适用法律范围方面,也突破了所谓公法和私法、国际法与国内法的界限。正是上述法律的变化,表明在这个时期,外贸管制权无论在国内法还是在国际法层面齐头并进,取得了极大的发展,而大量旨在推行自由贸易的国际条约进一步将外贸管制权法律制度发展到了一个新的阶段,乃至在“二战”后形成了整个国际经济法律体制。[1]

第三节　外贸管制权的当代法学概念形成

一、外贸管制权概念形成的主要社会条件

(一)经济全球化突现外贸管制权的现实重要性

外贸管制权赖以产生并发展的经济基础就是跨越国境的经济交往活动。目前正在深入进行着的经济全球化,不论是对各国经济法制的推动,还是对国家权力的治理范围,均产生了巨大的作用。

1. 经济全球化为外贸管制权的发展提供了根本动力

第一,在经济全球化进程中,国家内部和国际社会都出现了不同程度的治理危机。随着经济全球化进程的推动,国家间的经济联系日益紧密,国内政策(例如竞争政策)的“溢出效应”越来越大。[2] 经济全球化的纵深发展,越来越触及各国微观主体的利益。各国原有的体制、政治领导能力、政策体系、价值观念和文化等都面临着全球化的冲击,并且都不得不试图通过国内改革来适应越来越全球化的世界。与此同时,世界经济一体化已经逐步走向以各国经济贸易政策的协调和趋同为重要特征的政策一体化。显然,在参与经济全球化的博弈中,世界各国都面临着越来越窘迫的双层博弈的困境:在国内社会层面,应努力创造法制环境以适应经济全球化的挑战;在国际社会层面,应努力协调发展中国家要求建立更加公正合理的国际经济新秩序与发达国家要求更自由的贸易和更一体化的全球经济规则之间的矛盾。

---

〔1〕 第二次世界大战后,在联合国的努力下,经济主权成为各国主权内容的一项重要内容,而《国际复兴开发银行协定》《国际货币基金协定》与《关税与贸易总协定》的签订标志着全球经济法律一体化的形成。

〔2〕 [美]安妮·克鲁格编:《作为国际组织的 WTO》,黄理平、彭利平、刘军等译,上海人民出版社 2002 年版,第 58 页。

第二,经济全球化趋势加剧了民族化、集团化之间的矛盾和冲突。在经济全球化过程中,西方发达国家所主导和推动的全球化,表现出实力国家分享游戏规则的制定权、大力推行经济文化殖民主义和政治霸权主义、倡导西方资本主义发展模式和价值观的主要特征。这种欲使经济全球化变为"西方化"或"美国化"的做法,遭到了大多数发展中国家的抵制和反对;同时,全球化的加强对民族国家的经济、军事、政治和文化以及国家主权都带来了严峻的挑战。越来越多的国家认识到,必须进一步强化国家权力,才能在经济全球化进程中不迷失方向;各个国家和民族的特殊性和独立性比以往任何时候都表现得更加强烈。此外,在经济全球化加速推进的同时,集团化也在迅速发展。特别是 20 世纪 90 年代以后,以欧盟、北美自由贸易区等为典型代表的区域贸易集团如雨后春笋般涌现。区域贸易集团固有的歧视性、排他性、封闭性与 WTO 多边贸易体制的非歧视性、包容性和开放性必然产生矛盾和冲突。

经济全球化的核心要素就是市场的全球化,而市场的全球化必然要求市场规律超越各国家主权的地域限制发挥作用。当经济全球化与本国利益的冲突集中体现在国际经济交往中时,外贸管制权的确立与完善就尤显突出。

2. 经济全球化拓展了外贸管制权的管制范围

全球化的轴心和基础是经济全球化,从经济全球化的产生和发展开始,随后波及社会各个领域,于是产生了各式各样的全球化,如文化全球化、科技全球化等。贸易交往只是国家综合利益的一个集中反映,各国行使其外贸管制权,实际上不仅仅基于对本国经济利益的保护,而且更可能是基于其他的因素。可以说,这种将贸易本身复杂化的做法古已有之,至今不衰。[1] 同时,各种经济形式的综合化和高度依存,也使一些复合性的贸易形式不断出现,而且成为跨国经济交往的主要类型。以 WTO 为例,传统 GATT 调整的是国际货物贸易的法律关系,而现行 WTO 意义上的贸易,不但包括国际货物贸易,而且涵盖国际服务贸易。同时,WTO 已

---

〔1〕 2009 年 2 月,中国政府针对法国佳士得拍卖行拍卖中国古文物兽首,国家文物局还发布了《关于被盗或非法出口文物有关问题的通知》和《关于审核佳士得拍卖行申报进出境的文物相关事宜的通知》。

将自己的管辖领域扩大到与贸易有关的知识产权保护与消除投资措施领域,达成了《与贸易有关的知识产权协议》和《与贸易有关的投资措施协议》。不仅如此,2001 年 11 月在多哈召开的 WTO 第四次部长会议议定,由下一届部长会议决定是否发动投资和竞争议题的谈判。此外,WTO 还对电子商务、技术转让、人力资源建设、外债及金融等问题展开了进一步的研究。当然,经济全球化只是为 WTO 内部各领域法律规则的整合提供现实的基础,这也就意味着各国行使其外贸管制权的领域范围日益扩展,因而外贸管制权成为各国经济管制权中最为重要的核心的一部分。

3. 经济全球化加速了外贸管制权在国际法和国内法中的融合

国际经济组织是经济全球化的产物,同时它又进一步推动经济全球化的进程。以世界贸易组织为例,它最早顺应经济全球化的需要,要求各国实行经济自由化,包括货物贸易、服务贸易和投资贸易等领域,而经济自由化的必然后果是各国国内的经济关系和国际经济关系的相互融合或一体化。在货物贸易方面,关税减让、非关税壁垒的逐步限制和取消,使成员方的市场更加开放,使国内市场和国际市场更加紧密联系在一起,世界已经成为一个统一的大市场,成员方要想独立于世界市场发展本国经济是不切实际的。在无形贸易领域,《与贸易有关的投资措施协议》禁止成员方采取某些要求措施,《服务贸易总协定》也要求逐步实现服务的跨国流动自由化,尤其是金融服务贸易自由化,使国内金融市场和国际金融市场融为一体。社会化生产的关联性更是使加工、贸易、技术的运用与转让、投资等环节合为一体,产品在不同国家生产,在一国组装,再向世界其他国家销售,商品的国别属性成为一个很难判断的问题。经济自由化和全球化本身表明,各国经济领域的关系已经融为一体了,国家间经济关系和国内经济关系也交融到一起。与此相适应,各国的经济措施也要与国际规则相协调。显然,人为地将经济全球化形成的一体化的国际经济关系分割成国家间的经济关系和国内经济关系,并将其作为划分法律部门的依据,是与经济全球化这一客观社会基础的要求不相适应的。

国家主权是传统的国际法的基本构成要件,也是最重要的构成要素。任何时代、任何情况下,国家主权都是最重要的国家要素,经济全球化背景下也不例外,但其主权行使的范围以及参与国际事务的主体发生了一些新变化。例如,经济全球化导致单个国家无法单独地对某些经济活动进行有效的管理，必须通过国际合作、借助于国际性组织的协调管理。国际经济组织所涉事务越广泛，对国家政策的约束就越大，成员方在调整这些事务上的主权就会越受到限制和削弱。国内法一般以法律在实施中的强制力范围在一国领土内为依据，但外贸管制权所具有的天然的涉外性，必然会影响到其他国家，也必须受到国际法的限制。如何在二者之间找到恰当的连接成为确定外贸管制权这一法律概念必须要解决的问题。

4. 经济全球化改变了外贸管制权的利益重心与行使方式

在经济全球化进程中，一些具有强大的社会影响力的社会主体出现了。这些社会主体冲破了传统社会的二元结构，成为国家与公民之间的第三社会组织体。它们对外贸管制相关的法律制度也产生了巨大的社会影响。首先是跨国公司对国际贸易法律规则的制定产生了影响。跨国公司为实施全球经济扩张战略，在其全球生产、销售、管理等各个环节均制定了统一的内部规则和标准。同一个跨国公司在其全球范围内的分支机构建立的同一产品的质量标准、操作流程、知识产权保护模式、员工守则以及其在对外签约时广泛采用的标准合同，影响着国际贸易管制立法中的一些技术性较强的规则。这些规则虽然不具有法律拘束力，但是其实际效果和执行力度是有目共睹的，甚至可能成为一国所认可的一种贸易技术壁垒。在跨国公司推动下成立的非政府组织，诸如国际标准化组织（ISO）、国际会计准则委员会（IASC）等，对国际经济法律规则的创设、推广方面更是发挥着不可替代的作用，其职能是制定和批准国际会计标准和准则。尽管其标准在法律上并不具有约束力和强制执行力，各公司名义上仍然可以按照各国的会计准则自主聘请会计师事务所编制各种财务报表和审计报告，但是在实际上，如果公司财务报表不符合所谓的“公认会计原则”（GAAP），那么其面临国际贸易救济措施时，如在反倾销、反补贴的评估中，就会遇到困难。而大量的公益性的非政府组织的出现，将传统贸易管制法的价值重心移位——从经济利益转向社会公益。譬如在国际环境保护非政府组织的有力推动下，一些多国公司迅速行动起来，建立了旨在为保护国际生态环境协调服务的私人网络组织，其中最为知名的就是国际社会环保鉴定和标签联盟，它包含了 7 个国际环境网络，赢得了社会公众的广泛支持，其制定的认证和签证规则业已成为在全球范围内被广泛接受的国际标准。

社会主体的多元化，要求外贸管制权在行使中必须要平衡社会利益冲突，兼顾不同社会价值。体现外贸管制权的制度规范也呈现出新的特点，除了传统的国家法、国际法之外，也包括由私人组织制定的事实上在全球通行的行业标准和行为准则，称为"软法律"，它们共同构成了外贸管制法律体系。做一个不是很恰当的比喻：在外贸管制法律体系中，如果说国际条约为核心形式的国际法是美声唱法的话，各国的国内法就是民族唱法，而上述的"软法"则可能是最具有社会基础的流行唱法。

（二）WTO 规则成为外贸管制权的主要制度依据

从法律层面来说，经济全球化过程实际上也是世界各国利益在整体磨合中达成能够最大限度地体现各国之间协调意志并且可以弥补市场缺陷的原则、规则、机构和程序的国际性的制度安排的过程，它同时也是一种现实状态。经济全球化推动全球范围的法制变革，从而形成法律一体化和趋同化趋势，但是法律全球化并未在经济全球化的浪潮中应运而生。正如法国社会学家图海纳所言："全球经济本身就是一种统治力量。但是我们不能把这种统治力量说成是一个统治阶级，因为它并不掌握在某种类型的具体的活动家手中；不过，在全球化经济与分裂的文化之间的不对称的和不平等的社会关系中，它是位居俯视一切的制高点的；我们所处的这个社会是一个什么样的社会，就是由它来界定的。"[1] WTO 法律体系正是由一系列多边贸易协定组成的多边国际经济条约群，它是经济全球化历史背景下的产物，其发展又有力地促进了外贸管制权在性质、体系等方面的发展。WTO 法影响了整个国际经济秩序，成为迄今为止最为系统、最为完整的对各国的外贸管制权进行规范的国际法律规范。它对外贸管制权的主要规范作用表现为以下 3 个方面。

1. 确定了外贸管制权的基本性质，使之成为国家经济主权原则的内容与拓展

国际法中的主权是国家的最重要属性，是国家在国际法上所固有的独立处理对内对外事务的权力。主权是国家最主要、最基本的权力，是国家所固有的。主权原则是现代国际法所确立的重要原则，其要求各国在

---

〔1〕［法］阿兰·图海纳：《我们能否共同生存？》，狄玉明、李平沤译，商务印书馆 2003 年版，第 40 页。

相互关系中要尊重对方的主权，尊重对方的国际人格，不得有任何形式的侵犯。主权原则作为国际法的基石与核心，它在国际经济领域表现为国家对其自然资源的永久主权，也即国家的经济主权。国家的经济主权是国家主权不可分割的部分，是新的国际经济秩序的基础。在 WTO 多边贸易体制下，通过对各成员方的外贸管制权的规范，实际上使国家经济主权原则得以强调，并使其贯彻于国际经济活动的各个领域，这也就促使了国家主权原则的内容更趋丰富。

由于世界经济的一体化，国家之间的相互依存加强，为保障世界经济协调并持续地发展，国家主权因此受到更多的制约。一国在其主权行使时，不仅要接受日益增多的国际义务，而且要主动地考虑到不妨碍他国主权的行使。为了在主权林立的国际社会里更大限度地实现国家利益，主权国家通过把其部分主权让渡给号称"经济的联合国"的国际经济组织——WTO，从而实现更高层次和更大范围的国家主权。

2. 确定了外贸管制权的行使原则——非歧视原则

非歧视原则是 GATT/WTO 及其法律制度中的一项首要的基本原则，也是现代国际贸易关系中最基本的准则。它是国际法上国家主权平等原则在国际贸易关系中的延伸。在《关税及贸易总协定》（以下简称 GATT）之前，虽然有关国家间的友好通商航海条约中载有"非歧视贸易原则"的规定，但它毕竟是一种双边贸易关系的准则。GATT 确立的非歧视原则的重要意义在于，它使过去的双边贸易关系准则转变为指导多边贸易关系的一般性准则。GATT/WTO 多边贸易体制的非歧视原则与最惠国待遇原则和国民待遇原则三者是"一体两翼"的关系：非歧视原则的实质内容就是最惠国待遇原则和国民待遇原则。国民待遇通常与最惠国待遇孪生配对，成为国际贸易中平等与不歧视原则缺一不可的两翼。[1] 最惠国待遇原则和国民待遇原则虽然早已有之，但在 WTO 体制下最惠国待遇和国民待遇更具有确定性、多边性、制度化、原则和例外相结合等诸多特性。

乌拉圭回合之后的 WTO 进一步扩展了非歧视原则的适用范围。不仅在涉及货物贸易的保障措施协定、装运前检验协定和贸易的技术壁垒

---

〔1〕 赵维田：《世贸组织（WTO）的法律制度》，吉林人民出版社 2000 年版，第 139 页。

协定等文件中含有非歧视原则的规定，还将非歧视原则拓展在与货物贸易相关领域的协议，如与《贸易有关的投资措施协议》《与贸易有关的知识产权协议》中。特别值得注意的是，非歧视原则还是《服务贸易总协定》的基本原则之一，而服务贸易是目前国际经济领域内增长速度最快的。由于WTO的成员方众多，所有WTO的成员方均将非歧视原则作为其对WTO的基本承诺义务来履行，这就在事实上形成了以非歧视原则作为各国行使其外贸管制权的基本准则。

3. 明确了行使外贸管制权的程序规则

WTO通过贸易政策审议机制实现了对国家外贸管制权的宏观监控与协调。它专门设立了贸易政策审议机构，要求所有成员方就其贸易政策定期地向其作出报告，定期地对不同档次的国家每隔2年、4年、6年或更长的时间进行贸易政策评估。通过贸易政策审议机制，能够保障WTO的基本原则和各项规则更加切实有效地得以执行；通过审议报告的公布，督促有关成员方遵行有关协定，同时也能够了解和监督其他国家的执行情况，以多边贸易协定形式对各国外贸管制权的国内行使确立了一个基本的程序上的监管规则。

更重要的是，WTO最独特的贡献是建立了争端解决机制。也就是说，WTO创制了一套完备的司法制度，从而为WTO规则的强制实施提供了保障。WTO《关于争端解决规则和程序的谅解》将专家组断案作为该谅解的灵魂，不仅使之成为完备的司法制度，并且突破了传统国际法对国际性法院审判制度中"不得强迫当事国接受审判"的禁锢，赋予专家组以强制性管辖或审判权，并设立上诉机关作出终审判决。为了更加强化这套司法制度，它还引用了传统国际法的"报复"手段后盾。GATT第23条中原本就暗示"在情势已严重到足以有理由采取行动时"可采取报复，"准许一个或几个（不执行专家组裁决的）缔约方中止履行减让或本协定其他义务"。WTO谅解协议更加强化了这种报复手段，允许交叉报复，即所有的中止履行减让义务或其他义务的报复行动，不限于引起争端的协议或部门，如用中止服务贸易领域的义务来报复货物贸易领域的争端。这使各国的外贸管制权在国际法中获得了相关的救济程序支持。

（三）法治理念要求外贸管制权具有高度的合理性

"法治"理念是近代社会政治、法律、文化理念的一大成果，也是一大进步。对于法治的解释,中外学者明显不同。国外学者特别是西方学者主要从宪政的角度界定法治,大多数学者将宪政与法治紧密地联系在一起,认为“宪政应该是这样一种思想,正如它希望通过法治来约束个人并向个人授予权利一样,它也希望通过法治来约束政府并向政府授权”。[1]或者“宪政意指法律化的政治秩序”。[2] 国内学者则主要从规则治理视角解读法治,这与中国古代和近代历史上长期实施的人治有关,也与受经典思想家的影响有关。当法治理念成为一个社会普遍性的、首要的价值观时,又会对现实生活中法律制度的创制与实现表现出反作用力。

1. 法治理念中的规则治理和权威治理,要求外贸管制权必须有法可依、有法必依

法治首先强调宪法的权威至上,法律的权威至上,任何与宪法、法律的规定相抵触的行为应归于无效,权力应服从于法律的治理。国家政治生活中的最高准则是宪法,以宪法为母法所建立起来的一整套法律体系,是一套严格的规则体系,是整个社会的正式的治理规则。因而,当外贸管制权在国家权力体系中的地位日益重要时,也必须要求外贸管制权从属于这套规则与权威治理模式。此时,作为国家权力的外贸管制权的形式合理性,就会成为一个重要的社会问题。它是否有宪法或法律上的制度依据?国家具体职能机构行使此权力的界限何在?如何对国家的外贸管制权进行制度上的权力制约?而解决上述问题,就需要通过宪法的形式为国家的外贸管制权设定根本的规则:提供合法性的来源,规定行使的依据、标准和程序,明确其界限与责任。这将决定着社会对外贸管制权这一法律现象怎样认知、如何评价、是否包含特殊的情感要素。因此,加快外贸管制权相关立法的建设进程,将已然形成的、隐含于社会生活中的、体现社会内在秩序的外贸管制规则合法化、形式化,是法治理念的基本要求。

2. 法治理念要求外贸管制权必须以人为本,体现出对人权的尊重,体现多数人的共同利益

当人人生而平等成为法治理念的逻辑前提时,能否对社会基本人权

---

〔1〕[美]斯蒂·M. 格里芬:《美国宪政:从理论到政治生活》,载《法学译丛》1992 年第 3 期。
〔2〕转引自张文显、信春鹰:《民主 + 宪政 = 理想的政制》,载《比较法研究》1990 年第 1 期。

进行保护,就成为衡量法律制度或国家权力是否具有实质合理性的基本标准。对公民基本权利的确认和保护是法律的首要目的和终极的价值追求,特别是国家,作为公共利益或社会利益的维护者,作为整个社会系统结构的中枢,承担着将差别利益和冲突群体整合为社会共同体的功能。只有国家在实质上体现了社会的根本利益与需求时,国家权力的存在和行使才具有了实质合理性。这些都要求作为国家意志反映的法律制度在最深层的根源上要反映多数人的意志与利益。外贸管制制度应该是各国法律体系中不可或缺的重要组成部分,无论是在其具体规则的构建过程中,还是在实施环节,都必须充分地体现出其广泛的社会基础性,在强调国家利益至上的同时,要保证国家利益与社会利益的协调,要保证民众意志表达途径的畅通,保证法律的价值追求应该与特定社会的意识与观念相适应。

新中国成立后,特别是在汲取了改革开放前的经验教训后,已充分认识到依法治国的重要性,并提出了建立法治国家的政治目标。而 WTO 规则是世界经济一体化过程中所形成的主要法律成果,中国融入全球经济一体化后接受 WTO 规则就成为必然的现实。为保证国内法制与 WTO 规则的统一,出现了大量的相关新的立法及旧法的修订与废止活动。这种频繁的立法活动会引起种种法律问题,如各种具体法律规范是否内恰一致?国内法律规定是否与遵守国际义务相冲突?而解决这些问题的最佳方式,便是将国内法律规则与国际规则一体化。上述种种,均对外贸管制权的国内法制构建提出了更高的形式价值与实质价值的具体要求。

二、法学视角下的外贸管制权概念界定

(一)外贸管制权的含义及性质

在事实上和法律规范的表述中,外贸管制权是一种明确存在的国家权力,如《中华人民共和国对外贸易法》第 3 条规定“国务院对外贸易主管部门依照本法主管全国对外贸易工作。”第 5 条规定:“中华人民共和国根据平等互利的原则,促进和发展同其他国家和地区的贸易关系,缔结或者参加关税同盟协定、自由贸易区协定等区域经济贸易协定,参加区域

经济组织”，[1]都表明中华人民共和国及其政府具有一定的外贸管制权。在不同的文本及语境下，“贸易政策”“贸易管理”“贸易管制”“贸易救济权”等相关的概念会被用来指代“外贸管制权”。但是，无论是在具体的法律规范中，还是相关理论所运用的词汇，往往各有所指，相互交叉，没有统一的、规范的、明确的概念。这反映了处于生成状态的“外贸管制权”具有深厚的社会基础，同时也表现出其复杂性和多样性的特点。而在法学理论研究中，对于“外贸管制权”准确的内涵也没能形成一个明确的、统一的认识，这也说明作为法律现象的“外贸管制权”实际上仍处于发展进程中的量的积累过程，对它所进行的专门的理论研究仍不够成熟。显然，“外贸管制权”在法学理论中的这一发展现状不能与其在现实社会生活中的作用与影响相适应。有社会需要的地方就应该有理论探索，这也是法学研究者的社会责任的反映。所以，在法理层面对“外贸管制权”进行准确的界定是有必要的，也是有基础的。

1.“外贸管制权”的含义分析

尽管目前在理论上对“外贸管制权”的含义没能形成统一而明确认识，但相关的理论研究从不同的角度对它进行了关注与阐述，这些方法与视角都对“外贸管制权”概念的形成与理解提供了可资借鉴的经验。

从经济学的角度来看，“外贸管制权”首先是一种在进出口贸易环节所形成的利益调节机制。在这个机制中，处于利益冲突状态的各方社会主体中，既有进口国与出口国之间的关系，也有进口商与出口商之间的关系，同时也包含了国家与商主体之间的关系。而处于不同经济理论或政策指导下的这一机制，反映了不同的利益重心，如自由主义理论中的外贸管制权首先体现出对商主体的利益的维护，而在贸易保护主义的支配下，“外贸管制权”则首要追求国家利益，特别是进口国的国家利益。经济学中对外贸管制权的研究，最大的贡献在于揭示了外贸管制权的首要价值标准。利益，是任何国家的任何时期、任何具体规范中的“外贸管制权”都必须首先关注的核心与重点；同时，由于经济学是社会经济现象的一种理性总结，经济学视角下对各种外贸管制措施的具体研究，也使得相应的

---

[1] 注：表明外贸管制权存在的法律规范还有很多，如《中华人民共和国海关法》《中华人民共和国加入世界贸易组织的议定书》《美利坚合众国宪法》等。

法律层面的制度反应更加丰富,如基于对倾销这一经济活动的关注,引发了反倾销法的加速发展。此外,经济学视角下的外贸管制,严格限定在了商品的国际流通领域,不但给相关法律规范的产生与运用设定了一个具体的空间,同时也给"外贸管制权"的概念与性质界定划定了较为成熟的视阈标准。

政治学学科中的贸易政策和管理外贸等概念,揭示了"外贸管制权"运行中的主导性主体是国家这一实质。无论是宏观政策的制定,还是作为一种具体的国家行为,外贸管制实际上是国家权力在进出口贸易环节的具体体现。同时,政治学视角下的外贸管制所具有的宏观性,也说明"外贸管制权"实现方式的多样化与复杂化:"外贸管制权"不只是以静态的形式体现在法律中,更是一个动态的包括了规则、机构及相关活动的完整机制;"外贸管制权"的规则体系中除了法律规范外,也包含大量的、灵活的非法律规范,如政策、经济措施等;"外贸管制权"不仅仅是国家对内的一种权力,也表现为国家对外的一种权力。

在行政管理学的视角下的外贸管理或外贸管制仅仅是指海关或外贸行政职能机关对进出口的行政管理。尽管将"外贸管制权"仅仅视为一种行政权的思路非常狭隘,但这种研究思路实际上是对当前外贸管制权实现中特定职能机构的性质进行了总结。譬如世界贸易组织所规范的主要是各成员方的贸易行政管理措施一样,由于目前大多数国家行使外贸管制权的主要职能机构是行政机构,所以强调"外贸管制权"的行政权属性有其合理的现实依据,也标明了"外贸管制权"实现环节的重点所在。

而在法学领域中所进行的关于"贸易救济权""对外贸易权""对外贸易管理的法律制度""经济主权"等问题的研究,是对存在于社会的对外贸易管制法律现象进行法学思考的结果,它们不但使对于"外贸管制权"的研究进入到了法学的视野,出现了以权利与义务为基本内容的逻辑体系,也在不同的侧面对"外贸管制权"的性质进行了深入的分析。

综合上述的理论与观点,在法学的视角下,本书所指的"外贸管制权"如果需要明确的语言表述的话,可以定义为:外贸管制权是指一国政府从国家的宏观经济利益、国内外政策需要以及为履行所缔结的国际条约的义务出发,通过颁布法律和法规对本国的对外贸易活动实现有效管理而形成的各种制度、机构以及进行相关活动的一种综合权力,是国家主权在对外贸易领域内的体现。[1]

2.“外贸管制权”的法律性质

简单的概念表述并不能完全涵盖“外贸管制权”所蕴涵的深刻的社会属性,正如弗里德曼所说:“没有任何法律可以得到如此精确的限定,以至于明确地包含了一切可能出现的情况。”要从法理上对“外贸管制权”进行准确的定义和理解,首先应明确“外贸管制权”所具有的特殊属性。

首先,“外贸管制权”是一种国家权力,具有权力效力的内向性。“外贸管制权”概念的明确取决于其现实社会条件的发展。从“外贸管制权”生成中的历史渊源来看,自从有了国家,有了对外贸易,就存在着政府对进出口贸易的管制。14～15 世纪欧洲国家的政教分离使近代国家得以兴起,传统的绝对主权观念促进了这个过程的快速发展,民族国家的扩张利益成为首要目标。国内统治权力的集中与扩张,首先使商法国内化,阻隔了过去自由贸易的正常运转,并且这个时期的贸易理论多以重商主义及民族保护主义为代表。自此以后,对外贸易管制成为主权国家之间有意识的一种贸易壁垒,而这时期恰好是“外贸管制权”的萌芽发展时期。19 世纪后国际经济全球化的发展,更使管制国际贸易的法律规范从私法层面上升到公法层面,从国内法层面上升到国际法层面,从个别职能化层面上升到综合基础性层面。因此,从事实上来看,主权国家即是跨国贸易存在的前提,当然也是“外贸管制权”的归属者。从这个意义上来讲,“外贸管制权”与商主体所拥有的以契约自由为核心的自由贸易权、自由交易权是有本质区分的,也是以上述权利作为其存在的前提和基础的。而依路径经验,无论是世贸规则还是美国宪法,都明确地将外贸管制权赋予了国家主体。

正是因为“外贸管制权”首先表现为一个主权国家的权力,所以“外贸管制权”也随之具有了主权的基本内涵,其拥有主体是享有对内最高权力、对外独立权力的民族国家,是国家权力内容中不可分割的一个部分。它也具有了两面性:在国内法范畴,它表现为一种国家权力,要通过具体的国家职能机构来实现;在国际法中表现为一种国家权利,是各国意志与

---

〔1〕 此处借用的是国际贸易学中对外贸管制的定义表述。参见杨逢珉:《中国对外贸易概论》,商务出版社 2009 年版,第 203 页。

利益调和的产物。正因为如此,在不同的语境下,“外贸管制权”可以解读为国内法层面的“对外贸管制的权力”或是“对外贸易管制权”和国际法层面的“对外贸管制的权力”或“国际贸易管制权”。但是,在现代政治经济格局中,也出现了一些不具有政治主权但仍具有一定的外贸管制权的法律主体,如 WTO 体制下的关税独立区、关税同盟等。[1] 同时,各国之间基于共同的利益需要,也会成立国际组织,履行国际条约,因而将自己的“外贸管制权”与他国的“外贸管制权”进行协调,充分地体现出“外贸管制权”对外性的一面。

其次,“外贸管制权”是一种纵向管理权,实现权力的具体措施基本上都具有强制性。外贸管制权产生于国家世俗权力不断加强的历史阶段,体现了作为政治文化力量集合体的国家的意志,因而天然地需要外在强制力的保证。从古至今,任何实现外贸管制权的具体措施,在国家暴力所至的范围内(也就是后来所指的法域),任何人不得违反或改变,否则,将受到行政处罚、经济制裁,乃至要承担刑事法律责任。保证外贸管制权实现的相关法律规范最具有“命令”属性,如同霍布斯所言:“法律,普遍说来都不是建议,而是命令”。[2] 外贸管制权是一种公权力,外贸管制法应属于公法范畴,只能在公法的概念与逻辑体系下予以解释。国际贸易管制就其实质而言体现了国家和国际经济组织对进出口贸易活动的直接干预,通常表现为国家或国际经济组织与进出口商(或跨国服务和服务提供者)之间的直接或间接的纵向管理关系。管理者与被管理者之间的关系是管制与服从、约束与遵守的关系;调整这种关系的法律规范或依据不是双方当事人达成的协议,而是强制性的国家立法或国际条约。大多数对外贸易管制措施是国家或国际经济组织为了特定的政治和经济目的而采取的一种保护性措施。一般来说,一国对外国产品实施进口限制多出于保护本国生产商的利益、改善本国的国际收支状况等经济目的,而对本国产品实施出口管制则多出于外交政策和国家安全等方面的目的。

再次,“外贸管制权”是一种法定的权力,具有规范性。在近现代国

---

〔1〕 如中华人民共和国唯一主权下的香港、澳门特别行政区;以台金马澎关税独立区而享有贸易管制权的台湾地区。

〔2〕 [英]霍布斯:《利维坦》,黎思复、黎延弼译,商务印书馆 1985 年版,第 206 页。

家发展治理的理念中,法治已经成为国家治理能力现代化的必然路径。从“权力治理”走向“规则治理”,是各国政府普遍的、自觉的追求。而在保证人民基本权利、限制国家权力的基本价值取向下,一切国家权力的正当性基础是人民授权,授权的基本方式为宪法及相关法律的规定。在此大背景下,对“外贸管制权”进行必要的法律规制势在必行。从实证主义法学的角度而言,一切权利均应表现为法定权利,“在有法律之前就不能有什么法律权利”。[1] 因此,“外贸管制权”也必须是具有特定的规范性基础的法律权力。对外贸易管制的法律依据通常是各国的国内立法和国际条约,从法律规范的约束性来看,表现出了多层次性和多边性的特点。一国有关对外贸易管制的国内立法多为公法性质的法律,如海关法、对外贸易法、外汇管制法等,也包括国家基于紧急特殊情况而颁布的临时法规;有关国际贸易管制的国际条约是协调、规范各缔约国对外贸易管制法律的国际条约,既包括实体性的市场准入管制权力,也应包括程序性的贸易救济权力。

最后,“外贸管制权”是一种原始的权利,是一种综合性的权利体系。权利是一个具有极为复杂的社会内容的概念。在法理上表现出权利内容社会性的首先是根据权利的存在形态将其区分为应有权利、习惯权利、法定权利与现实权利。“应有权利是权利的初始形态,它是特定社会的人们基于一定的物质生活条件和文化传统而产生出来的权利需要和权利要求,是主体认为或被承认应当享有的权利。”[2]应有权利和习惯权利作为法律之外的权利存在形态,更多地体现了权利本身的社会基础。而从“外贸管制权”的生成历史可以发现,在它表现于法律无法规范之前,在法律对它进行专门的宣告之前,“外贸管制权”已然存在了。而法的本体论中所关注的法定权利,是通过法律明确规定的,通过立法纲领、法律原则加以宣布的,以规范与观念形态存在的权利。从“外贸管制权”生成中的法律规范文本渊源中,我们也可以得出,它不但是一种法定权利,更是在国内、国际社会被不断实践的一种现实权利。正是因为“外贸管制权”生成

---

〔1〕[奥]凯尔森:《法与国家的一般理论》,沈宗灵译,中国大百科全书出版社 1996 年版,第 91 页。

〔2〕张文显:《法理学》,高等教育出版社 2003 年版,第 113 页。

于社会,并被法律明确宣告并予以规范和保证,所以从权利产生的因果关系上来看,它是一种原有的第一性权利,而不是目前法学研究中所重点强调的第二性的补救权贸易救济权。

(二)外贸管制权的主要内容

从上面对"外贸管制权"的定义及性质分析可以看出,作为一种国家所享有的具有公法性的法定权,外贸管制权所包含的内容是具有不同层次、不同性质、不同功能的综合性权力。

1. 外贸管制立法权

外贸管制立法权,是指特定的主权国家或某些特别的国际法主体,根据某一历史时期所确定的外贸政策,通过一定的程序或方式制定法律、法规的权力,从而对涉外经济贸易活动进行管理与限制。在西方的三权分立体制下,外贸管制立法权也属于国家立法权的一种,行使这种权力必须由专门的立法机关或授权机关来进行。它是外贸管制权中最为基础的一项权力,甚至是其他外贸管制权力类型合理与合法性的基础。从组织法的角度,外贸管制立法权也是相应的权力机关合理与合法性的前提。

由于立法机关的不同,外贸管制立法也存在不同的效力位阶。以中国现有的立法来看,主要包括以下几个位阶的外贸管制法:一是相关的宪法规范,如《宪法》第 89 条规定:"国务院行使下列职权:……(六)领导和管理经济工作和城乡建设……(九)管理对外事务,同外国缔结条约和协定……"二是一般性法律规范,如《对外贸易法》《海关法》等;三是有关的行政法规,如《反倾销与反补贴条例》《货物进出口管理条例》《技术进出口管理条例》以及大量的对外贸易管理方面的其他法规,这些法律规范与《对外贸易法》共同构成了我国对外贸易管理法律制度的完整法律体系;四是地方性法规,如 1981 年 11 月全国人大常委会通过《关于授权广东省、福建省人大及其常委会制定所属经济特区的各项单行经济法规的决议》;五是相关的司法解释,如最高人民法院《关于审理反倾销行政案件应用法律若干问题的规定》;六是中华人民共和国对外缔结的相关国际条约,如《服务贸易总协定》、双边的贸易通商条约等;七是一些其他的法律形式,如国际经济惯例等。

2. 外贸管制行政执法权

外贸管制行政执法权,是指根据法律的规定,为实现一国的外贸管制权而由承担外贸管制职能的行政机关依法采取具体措施对进出口贸易进行管理的权力。这是目前各国外贸管制权中最受重视、发展最为成熟的一项权力。由于各国在采取具体的外贸管制措施时都普遍由某一行政机关来实施,以至于一定程度上误导了许多人,认为外贸管制权就是外贸管制行政执法权。

外贸管制行政执法权最能直接体现外贸管制权的基本特征。作为特定的一种执行权力,总是与相应的责任并生的。目前我国主要行使外贸管制行政执法权的机关有:商务部、海关总署以及其他相关的经济主管机关。

3. 外贸管制司法权

外贸管制司法权,是指国家司法机关对外贸管制活动产生纠纷时查明事实、适用法律的权力,是法治理念下对公民及法人权利进行保障与救济的必要制度设计。外贸管制权是一种国家公权力,其行使如果对公民权利造成侵害,司法审查与裁判就会体现出公权力之间的一种相互制约。在 WTO 的相关文件中,也将保证司法审查作为其成员方的一项基本义务。[1] 作为外贸管制权中的一个重要组成部分,外贸管制司法权同样表现为两个层面:以国家机关与国际贸易商为参与主体的国内司法权、以国家或者是具有外贸管制权的特殊国际法主体为参与主体的国际司法权。

值得注意的是,谈及外贸管制司法权,许多人想当然地将 WTO 的贸易救济权作为其中的一类。但是,从 WTO 相关规则来看,贸易救济权仅是其成员国通过行政措施来对本国经济利益进行救济的一种权力,是一种应承担开放市场的义务而相应获得的权力。从实践来看,无论是反倾销、反补贴或是保障措施都是一种行政救济,是外贸管制行政权,而不是外贸管制司法权。

4. 经济贸易外交权

经济贸易外交权,是指主权国家或具有外贸管制权的一些特殊国际法主体,与其他国际法主体缔结经济贸易条约,建立正式经济贸易国际关系的权力,是一国外交权在经济贸易领域内的体现。与其他外贸管制权的内容不同的是,经济贸易外交权仅仅具有对外性,其效力也仅会体现于

---

〔1〕 WTO 的一揽子协议中包括《关于争端解决规则与程序的谅解》协议,简称为 DSU。

国际法层面。可以说,经济贸易外交权是现代国际经济贸易秩序规则形成的基础。

(三)外贸管制权的主要实施方式

正是因为外贸管制权的内容是由多个方面构成的,因此具体实施外贸管制权的方式也包罗万象,不可能一一列举。根据不同的标准,外贸管制权的实施方式也可分为不同的种类。

1. 根据实施外贸管制权所依据的法律效力层次不同,可以分为国际法层面的实施与国内法层面的实施。国际法层面的实施包括:宣称及保证本国的经济主权、与其他国际法主体进行贸易谈判与磋商、缔结国际经济贸易条约、参加国际经济组织、参与国际司法活动、设立境外机构、采取国际贸易管制措施等。

国内法层面的实施包括:制定各种涉外经济贸易法律、法规的立法措施,采取各种具体的外贸管制行政措施,针对涉外经济贸易纠纷进行裁判,审查与执行国内司法措施等。

2. 根据实施外贸管制权的具体手段不同,可以区分为关税措施、非关税措施、法律措施。关税是一国政府为管理对外贸易,由海关对所有进出关境的货物课征的一种税收。对外国商品进口课征的关税称为进口关税,对本国商品出口课征的关税称为出口关税。征收关税的目的在于增加国家的财政收入,同时也用来保护国内经济免受外国商品竞争的损害。对进口商品课征高额关税,可以有效地阻挡外国商品的进入。第二次世界大战以前,关税是各国政府防止他国商品输入、保护本国工农业的主要手段。从 1947 年起,GATT 成员就削减关税问题共进行了 8 轮谈判,大大提高了对关税的整体约束性。尽管如此,关税制度仍旧是各国管理贸易的主要措施之一。

非关税措施是对各国普遍采用的除关税以外的其他一切直接或间接限制外国商品进口、鼓励本国商品出口的各种行政措施的一种统称,其形式多样,如许可证制度、配额制度、外汇管理制度、商品检验制度、原产地规则等。GATT 的达成极大地缩减了关税措施的管制作用。20 世纪 60 年代以后,发展中国家为保护和发展民族经济所采取的合理保护措施与发达国家为争夺世界市场而采取的某些侵略扩张性保护措施之间的矛盾日益尖锐,各种非关税措施基于其灵活简便、行动迅速、针对性强的特点应运而生。非关税措施的巨大现实作用,以致使人质疑其正当性。[1]

法律措施是指各国利用本国独立立法权,以法律的形式增加对外贸易的成本,从而形成根本性的制度壁垒,如利用劳动保障法提高用工成本,通过环保法设立贸易壁垒等。目前最为突出的是各国的经济管制法,往往会直接影响到进出口贸易。

3. 根据外贸管制权所直接针对的贸易形式不同,可以分为货物贸易管制、服务贸易管制、技术贸易管制以及其他特殊形式的管制。我国《对外贸易法》所调整的对外贸易关系就包括货物进出口管理关系、技术进出口管理关系以及国际服务贸易管理关系。《对外贸易法》第 19 条规定:"国家对限制进口或者出口的货物,实行配额、许可证等方式管理;对限制进口或者出口的技术,实行许可证管理。实行配额、许可证管理的货物、技术,应当按照国务院规定经国务院对外贸易主管部门或者经其会同国务院其他有关部门许可,方可进口或者出口。国家对部分进口货物实行关税配额管理。"也就是说,我国对货物贸易和技术贸易就采取了不同管理方式。

此外,《对外贸易法》附则对一些特殊贸易形式作出了特别规定。一是边境贸易的管理。《对外贸易法》第 68 条规定:"国家对边境地区与接壤国家边境地区之间的贸易以及边民互市贸易,采取灵活措施,给予优惠和便利……"二是单独关税区的对外贸易管理,我国《对外贸易法》不适用于单独关税区。单独关税区又称单独关境、独立关税区、单独关税领土等,它是指一个国家中的某一部分在贸易上保持单独税率或特别贸易规范的领土,在中国主要是涉及香港、澳门特区,台湾地区的贸易管制问题。三是特定贸易的管理,如《对外贸易法》第 67 条规定:"与军品、裂变和聚变物质或者衍生此类物质的物质有关的对外贸易管理以及文化产品的进出口管理,法律、行政法规另有规定的,依照其规定。"

4. 根据实施外贸管制权的具体环节不同,可以区分并包括实施原则的确立、实施机构的规范、实施手段的明确等内容。我国《对外贸易法》总则首先明确了对外贸易管制的基本原则,它是对外贸易法律主体的基

---

〔1〕 非关税措施由于采用其的国家越来越多,严重地阻碍了多边自由贸易体制的发展,常被称为"非关税壁垒"。

本行为规则和指导,是制定其他对外贸易法律规范的基础。这些基本原则主要包括:国家实行统一的对外贸易制度原则;维护公平、自由的对外贸易秩序原则;国家鼓励发展对外贸易原则;平等互利原则;依国际条约或互惠、对等原则给予对方最惠国待遇、国民待遇等其他待遇的原则;对等采取歧视性措施的原则。

对外贸易管制的主管机构的明确,也是外贸管制权实施中的一个组织前提。我国对外贸易管理权属于国务院,国务院授权商务部统一领导和管理全国的对外贸易以及其他对外经济工作。我国的对外贸易管理分为两级管理,即中央和地方。商务部是我国对外贸易的中央行政领导机关,各省、自治区、直辖市、计划单列市的对外贸易主管部门是商务部授权负责管理本地区内外经贸事务的地方经贸行政管理机关(如各地商务局等)。地方外经贸主管机关受商务部和同级人民政府的双重领导。

实施手段的规范更是直接关系到外贸管制权的现实运用与实现。从各国实践来看,可以采取的外贸管制措施数不胜数,如在我国的《对外贸易法》中,规定对贸易经营者的管理措施,具体包括贸易经营者资格管理、经营范围的管理、政府专营管理等。在加入世界贸易组织后,2004 年《对外贸易法》修改了 1994 年《对外贸易法》的有关规定。首先,扩大了对外贸易经营者的范围。根据《中国加入世界贸易组织议定书》第 5 条贸易权的规定,如果外国自然人能够在中国从事对外贸易活动,中国的自然人也应当能够从事对外贸易经营活动。特别是在中国的技术贸易领域和国际服务贸易领域、边境贸易领域,自然人从事对外贸易经营活动已经大量存在。因此,2004 年《对外贸易法》第 8 条将对外贸易经营者扩大到自然人,将对外贸易经营者定义为"依法办理工商登记或者其他执业手续,从事对外贸易经营活动的法人、其他组织或者个人"。其次,将货物贸易和技术贸易的经营权放开。根据《中国加入世界贸易组织议定书》第 5 条第 1 款,中国必须在加入 WTO 后的 3 年内(即 2004 年 12 月 11 日前),取消对外贸易经营许可制度,为履行该承诺,2004 年《对外贸易法》第 9 条规定,从事货物进出口或者技术进出口的对外贸易经营者,应当向国务院对外贸易主管部门或者其委托的机构办理备案登记;但是,法律、行政法规和国务院对外贸易主管部门规定不需要备案登记的除外。备案登记的具体办法由国务院对外贸易主管部门规定。对外贸易经营者未按照规定办理备案登记的,海关不予办理进出口货物的报关验放手续。2004 年 6 月 25 日,商务部发布了《对外贸易经营者备案登记办法》,对外贸易经营者应在本地区备案登记机关办理备案登记。再次,国际服务贸易的经营资格不受"入世"承诺约束,在某些国际服务贸易领域,我国仍可以实行经营许可制。2016 年全国人大常委会对《对外贸易法》作出修改,将第 10 条第 2 款修改为:"从事对外劳务合作的单位,应当具备相应的资质。具体办法由国务院规定。"最后,在国营贸易方面仍然可以授予专营权或者特许权。国营贸易是指国家授予对外贸易经营者在特定贸易领域从事贸易的专营权或者特许权,取得授权的国营贸易企业在授权的特定贸易领域内从事进出口贸易。《对外贸易法》第 11 条规定:"国家可以对部分货物的进出口实行国营贸易管理。实行国营贸易管理货物的进出口业务只能由经授权的企业经营;但是,国家允许部分数量的国营贸易管理货物的进出口业务由非授权企业经营的除外。实行国营贸易管理的货物和经授权经营企业的目录,由国务院对外贸易主管部门会同国务院其他有关部门确定、调整并公布。违反本条第一款规定,擅自进出口实行国营贸易管理的货物的,海关不予放行。"

保证公平竞争的贸易秩序是目前各国外贸管制权实施中重点强调的内容,也由此产生了一些相关的实施措施。例如,《对外贸易法》规定了下列内容:一是禁止限制竞争行为。在对外贸易经营活动中,不得违反有关反垄断的法律、行政法规的规定实施垄断行为。在对外贸易经营活动中实施垄断行为,危害市场公平竞争的,依照有关反垄断的法律、行政法规的规定处理。有上述违法行为并危害对外贸易秩序的,商务部可以采取必要的措施消除危害。二是禁止不正当竞争行为。在对外贸易经营活动中,不得实施以不正当的低价销售商品、串通投标、发布虚假广告、进行商业贿赂等不正当竞争行为。在对外贸易经营活动中实施不正当竞争行为的,依照有关反不正当竞争的法律、行政法规的规定处理。有上述违法行为,并危害对外贸易秩序的,商务部可以采取禁止进出口该经营者的有关货物、技术等措施消除危害。三是禁止妨害外贸管理制度的行为,如伪造、变造进出口货物原产地标记,伪造、变造或者买卖进出口货物原产地证书、进出口许可证、进出口配额证明或者其他进出口证明文件;骗取出口退税;走私;逃避法律、行政法规规定的认证、检验、检疫等。四是采取进出口货物收付汇管理措施，包括经常项目外汇业务、资本项目外汇业务、金融机构外汇业务、人民币汇率的生成机制、外汇市场的监督管理等。

对外贸易救济措施是目前各国在WTO体制下实施外贸管制权时最受关注的，它包含一系列的相关制度及措施，如贸易调查措施、反倾销措施、反补贴措施、保障措施、贸易预警措施、反规避措施、中止国际义务措施等。

此外，如何促进对外贸易的发展，也是一国外贸管制权实施中必须重视的问题。《对外贸易法》第九章规定：国家制定对外贸易发展战略，建立和完善对外贸易促进机制。其具体措施包括：国家根据对外贸易发展的需要，建立和完善为对外贸易服务的金融机构，设立对外贸易发展基金、风险基金；国家通过进出口信贷、出口信用保险、出口退税及其他促进对外贸易的方式，发展对外贸易；国家建立对外贸易公共信息服务体系，向对外贸易经营者和其他社会公众提供信息服务；国家采取措施鼓励对外贸易经营者开拓国际市场，采取对外投资、对外工程承包和对外劳务合作等多种形式，发展对外贸易；对外贸易经营者可以依法成立和参加有关协会、商会，而有关协会、商会应当对其成员提供与对外贸易有关的生产、营销、信息、培训等方面的服务，发挥协调和自律作用，依法提出有关对外贸易救济措施的申请，维护成员和行业的利益，向政府有关部门反映成员有关对外贸易的建议，开展对外贸易促进活动；中国国际贸易促进组织开展对外联系，举办展览，提供信息、咨询服务和其他对外贸易促进活动；国家扶持和促进中小企业开展对外贸易；国家扶持和促进民族自治地方和经济不发达地区发展对外贸易。

第三章 外贸管制权生成中的理论支援：学科交融

“在文化稀少之处，法律亦少；而在文化丰富之处，法律亦繁荣。文化越多，法律也越多；法律的变化与文化成正比”[1]

——英国法学家——布莱克

法律制度自身从来就不是一个能够自给自足的功能体系。作为社会文化的一个组成部分，法律科学与其他社会科学之间总是存在亲密无间的相互沟通与联系。尤其是某一法律观念的生成，可能首先是来源于其他学科，如法的价值观与社会伦理正义之间的关系即为显证，这样的例子不胜枚举。当某一社会观念呈现为国家意志为核心的法律制度之前，往往是在其他学科中已经被反复论证、发展得相对成熟的核心理论，这样才能保证其权威性与稳定性。当我们把法律理解为以“法律意识为核心、包括法律制度和设施在内的社会文化现象”时，[2]不仅可以打破视法律制度为一种自给自足或自我评价的东西的观念，而且还可以进一步地采用其他人文社会科学的方法，站在其他社会科学丰富成果的高度上去认识法律制度问题，这势必会扩大法学研究的视野，同时也是法律生成观的一种方法论的体现。外贸管制权作为法律制度的生成过程表明，它与经济学、社会学、法哲学之间的关系是密不可分的。特别是近现代以来，这两个社会科学领域内所积累的学术成果，在给外贸管制权法律制度的形成发展提供了充沛的理论养分的同时，其本身的学术分歧也直接导致了对外贸管制权的不同价值判断。而特定时期所形成的外贸管制制度，则是

---

〔1〕［美］布莱克：《法律的运作行为》，唐越、苏力译，中国政法大学出版社1994年版，第75页。

〔2〕关于法律文化的概念目前尚未形成统一，此处借鉴的是日本学者对法律文化的定义。参见何勤华：《日本法律文化研究的历史与现状》，载《中外法学》1989年第5期。

对存在于法学以外的不同价值观与方法论的一种制度取舍。

第一节　外贸管制权生成中的宏观理论：市场经济学

一、市场经济理论的基本内涵

（一）关于“市场经济”的理论解读

1. 市场经济理论的兴起

市场经济理论是外贸管制权生成中所依赖的社会经济条件的宏观理论总结。“市场经济”已是目前许多领域内的一个基本词汇，但这一概念的流行是从19世纪末，以A. 马歇尔、M. 瓦尔拉、V. 帕累托为代表的古典经济学开始的。他们以社会资源的稀缺为前提，将重点放在资源的有效配置机制上，通过对市场配置资源的内在机制所进行的高度数理化的研究，认为在完全竞争条件下，市场可以通过供求关系的自发调节形成均衡价格，使资源配置达到最优化；由于市场的内在资源配置机制的基础性与自发性，使市场被看成整个社会经济运行的中枢。

关于市场经济的理论分析成果非常丰富。马克思在《资本论》手稿中认为人类社会的发展必须经历从自然经济到商品经济再到产品经济的三阶段历程。显然，市场经济属于商品经济。市场经济是一种商品交换的经济，在市场上，商品交换的双方只能交换属于自己的产品。同样，合作也必须明确各自所拥有的资源。而在市场上，商品是个天生的“平等派”，交换双方“只有通过双方共同一致的意志行为，才能让渡自己的商品，占有别人的商品。可见，他们必须彼此承认对方是私有者”。这种交换关系是一种“具有契约形式的（不管这种契约是不是用法律固定下来）关系”，关系双方“只须默默地彼此当作被让渡物的私有者，从而彼此当作独立的人相对立”。[1] 这里“私有”意味“产权”，“契约”意味“平等”，“独立”意味“自由”，这是市场得以存在、交换得以进行的前提。市场之所以能存在和发展，必然有保护这种“产权”“平等”和“自由”的制度做基础，市场上形成的这些制度普遍化时，市场经济便产生了。市场是商品生产和交换的产物，但只有市场上商品交换的规则成为社会普遍行为规则

---

〔1〕 马克思：《资本论》（第1卷），人民出版社1975年版，第102页、105页。

时,商品经济才进入它的高级形式——市场经济。市场经济与市场自然有关,有市场经济必有市场存在,但市场并不等于市场经济。与市场有几千年的历史相比,市场经济只有一百多年的历史,便是最好的说明。但在马克思、恩格斯的相关论述中,他们并没有使用市场经济的概念来表述他们称为商品经济或货币经济的经济形态,更没有回答市场经济的概念和含义,而是重点从商品关系分析入手研究价值规律,揭示人类社会发展规律,并没有具体地探索市场在商品经济中的机制和功能。列宁两次使用过市场经济一词来和计划经济对比。在第一次是作为计划经济的对立面使用的,认为"只要存在市场经济……世界上任何法律也无力消灭不平等的剥削。只有实行巨大的社会计划经济制度……才能消灭剥削。"[1]而第二次则明确指出引入市场经济和计划经济并不矛盾,"新经济政策不是要改变统一的国家经济计划,不是要超出这个计划的范围,而是要改变实现这个计划的办法。"[2]邓小平在谈话中也通常会把"市场经济""市场调节"和"市场"作为同义语,把"计划经济""计划调节"和"计划"作为同义语。

马克思主义的经典作家虽然没有给出市场经济的明确概念和含义,但却给出了分析任何一种经济形式的方法论工具。马克思指出:商品使"生产者的关系,取得了劳动产品的社会关系形式","资本不是一种物,而是一种以物为媒介的人与人之间的社会关系"。[3] 在马克思的理论里,人与人之间的关系是经济形式的本质,分析市场经济的本质同样要从人与人之间的关系入手,而不是仅抓住机制和功能这些表象。列宁曾经指出:"凡是资产阶级经济学家看到物与物之间的关系的地方(商品交换商品),马克思都揭示了人与人之间的关系。"[4]恩格斯把体现交换平等、

---

〔1〕 列宁:《土地问题和争取自由的斗争》,载《列宁全集》(第13卷),中共中央马克思恩格斯列宁斯大林著作编译局编译,人民出版社1987年第2版,第124页。

〔2〕 列宁:《致格·马·克尔日扎诺夫斯基》,载《列宁全集》(第52卷),中共中央马克思恩格斯列宁斯大林著作编译局编译,人民出版社1988年版,第40页。

〔3〕 马克思、恩格斯:《资本论》,载《马克思恩格斯全集》(第23卷),中共中央马克思恩格斯列宁斯大林著作编译局编译,人民出版社1972年版,第834页。

〔4〕 《列宁选集》(第2卷),中共中央马克思恩格斯列宁斯大林著作编译局编译,人民出版社1972年版,第444页。

自由等契约原则的罗马法称为“商品生产者社会的第一个世界性法律”。[1] 纵观近代西方文明史,不难发现,西方文明的兴起也正是伴随着这一制度而形成。正因如此,西方学者把市场经济常常称为市场制度,而这种制度的本质在马克思看来实际就是人与人之间的关系。

关于什么是市场经济,我国学者的看法也不尽相同。有学者从整个人类社会历史发展的高度,对市场经济的内涵做了全面系统的论述,认为市场经济是与计划经济相对的一种经济模式,最主要的特点是强调市场作为配置资源的基础手段。[2] 也有学者从市场经济发展历程和客观现实相结合的角度进行了深入剖析,认为市场经济是“以维护产权,促进平等和保护自由的市场制度为基础,以自由选择、自愿交换、自愿合作为前提,以分散决策、自发形成、自由竞争为特点,以市场机制导向社会资源配置的经济形态”。[3] 市场经济的本质并不在于“市场”和它的“机制”与“功能”,而是与“私有”“契约”“独立”相对应的“产权”“平等”“自由”等具有鲜明价值判断特性的行为规范性质的制度,是建立一种通向文明的人与人之间关系的主张和追求。

2. 对市场经济特点的理论归纳

尽管对于市场经济有不同的理解,但学术理论中还是对于市场经济的特征达成了一定的共识。首先,市场经济是一种资源配置方式。所谓资源配置,是指将包括物质资源和人力资源在内的经济资源按比例地分配在各种产品和劳务的生产上,以满足人们各种不同的需要。资源配置一般要达到两个目标:一是通过资源配置而形成的社会供给的比例与社会需求的比例相适应,避免供给与需求的脱节,也就是资源配置的合理性。二是要讲求经济效益,节约资源,做到人尽其才、物尽其用、地尽其力,也就是资源利用的充分性。达到上述两个目标,就说明资源配置是优化的。其次,市场经济是发达的商品经济。市场经济,是同商品经济密切联系在一起的经济范畴。市场经济以商品经济的充分发展为前提,是在产品、劳动力和物质生产要素逐步商品化的基础上形成、发展起来的。社

[1] 《马克思恩格斯选集》(第4卷),人民出版社1972年版,第248页。
[2] 吴敬琏:《中国:政府在市场经济转型中的作用》,载《河北学刊》2004年第4期。
[3] 熊德平:《社会主义市场经济与所有制关系探索》,载《扬州大学学报》(人文社会科学版)2002年第1期。

会化大生产的直接后果是商品经济取代了自然经济在社会经济生活中占统治地位。市场经济作为商品经济发展的高级阶段，本质上是以社会化大生产为基础、以营利为主要目的的交易型竞争经济，在这个意义上可以说市场经济是发达的商品经济。最后，市场经济是法制经济，它体现为市场经济是一种自主经济，商品生产者必须是独立的市场主体；市场经济是平等的经济，它只承认等价交换，不承认任何超市场的特权。以商品生产为主要内容的经济竞争和以商品交换为主要内容的市场交易，是其不可或缺的两个基本点。就经济竞争而言，市场经济是竞争型经济，只要存在着市场，就必然存在竞争。为了各自价值的实现，市场主体之间必然激烈竞争，优胜劣汰。因而在市场经济活动中，机会和风险是并存的。这一机制促使企业不断提高自身素质和经营规模，以在竞争中立于不败之地。而建立完善的市场经济法制，保证公平有序的竞争秩序，就成为国家的一项基本职能。

(二)关于市场经济理论的社会实践

1. 社会主义国家的市场经济建设实践

从历史上来看，市场经济与资本主义相伴而生，相伴而长，最初以资本主义市场经济的形式存在于世上，但它并不是资本主义的专利，而是人类共有的一种文明成果。长期以来，无论是马克思主义者，还是西方资产阶级政治家和学者，都把市场经济看成是资本主义特有的经济形式，强调市场经济只能与私有财产制度相联系，认为市场经济与社会主义是根本对立的，从而否定市场经济在社会主义制度下存在与发展的可能性。我国经济体制改革的目标选择了社会主义市场经济，是对这一传统观念的突破。西方市场经济发展过程中形成的市场经济概念，是资本主义制度背景下，商品经济自发的产物，是一个从商品交换到市场交换规则形成再到市场经济的自发过程。在这一过程中市场和与之相适应的市场制度是同步形成的。所以，其概念只须强调市场的机制和功能，无须也不愿强调其内在本质属性。而我国市场经济的建设和发展，实质上是在社会主义制度背景下，从排斥商品和市场的计划经济开始的转型过程，这一过程中市场经济的存在和发展必然要受到计划经济的抵制，使之配置资源机制难以发挥功能。

早在 19 世纪 80 年代开始，关于社会主义国家能否进行市场经济建设的论战,首先以一种特定的形式在中国知识界出现,并随之反映在国家宏观方针政策的决策过程中。这一论战发生在国家推动经济改革时期。当时计划经济体制失败后,迫切需要改革旧体制,创造新的市场制度,制度创新构成了这一时代的主要内容。关于此问题的讨论,最好的解答来自我国改革开放的总设计师邓小平。他明确表示:计划和市场都是方法。也就是说,在他看来,计划和市场都是资源配置方式,而不是基本经济制度。因此,不应把计划经济等同于社会主义经济,也不应把市场经济等同于资本主义经济。他说:"为什么一谈市场就说是资本主义,只有计划才是社会主义呢?计划和市场都是方法嘛。只要对发展生产力有好处,就可以利用。它为社会主义服务,就是社会主义的;为资本主义服务,就是资本主义的。"[1]"不要以为,一说计划经济就是社会主义,一说市场经济就是资本主义,不是那么回事,两者都是手段,市场也可以为社会主义服务。"[2]最终此理论体现在1993年我国《宪法修正案》中,1993年正式确认国家实行社会主义市场经济。同时,也在这一思想的指导下,我国完成了从计划经济到社会主义市场经济的转变,经济建设取得了巨大成就。

2. 西方发达国家对市场经济的判断标准及实践

在西方发达国家,尽管对于市场经济理论的学科归属及态度不尽相同,但关于市场经济却更为注重其在具体经济领域内的运用性,具有明确的判断标准及与其相适应的后果。特别是在对外贸易领域,市场地位问题成为一个极具代表性的焦点。从美国、欧盟、加拿大的相关反倾销法规也可以看出它们各自不同的市场经济标准。

(1)美国商务部所指的"非市场经济国家"是指不按市场成本和价格规律进行运作的国家。它对市场经济有6个法定要求:[3]一是货币的可兑换程度;二是劳资双方进行工资谈判的自由程度;三是设立合资企业或外资企业的自由程度;四是政府对生产方式的所有和控制程度;五是政府对资源分配、企业的产出和价格决策的控制程度,要求该产业的产品数量和价格决策没有政府介入,所有重要的产品投入都是以市场价格支付的;

---

〔1〕《邓小平文选》(第3卷),人民出版社1993年版,第203页。

〔2〕同上,第367页。

〔3〕美国1988年的《综合贸易和竞争法》第1677(18)条的规定。

六是商务部认为合适的其他判断因素。此外，美国商务部还特别关心出口国的出口管理：其一是在法律上，政府是否对该企业的出口活动进行控制，包括对各个企业的经营和出口许可有关的限制规定；任何对企业减少控制的立法；政府其他任何减少对企业控制的措施。其二是在事实上，政府是否对该企业的出口活动进行控制，商务部通常要考虑以下因素：出口价格是否由政府确定或须政府同意；出口商是否有权协商合同条款并签订合同或其他协议；出口商在选择管理层时是否不受政府限制而有自主权；出口商在分配利润和弥补亏损上是否有独立的决定权。

(2)1979 年，欧共体理事会的 1681/79 号条例标志着“非市场经济”作为一个法律概念被正式确立。[1] 该条例的意义在于：首次将“非市场经济”概念法律化。虽然没有直接界定“非市场经济”的概念，却在附件中列举了非市场经济国家的名单，这在以后成为欧盟的一种实践惯例。欧盟在 1998 年颁布 905.98 号法令，允许中国应诉企业在反倾销调查中申请市场经济地位，同时规定了 5 条判定市场经济地位的标准：一是市场供求决定价格、成本、投入等；二是企业有符合国际财会标准的基础会计账簿；三是企业生产成本与金融状况，不受前非市场经济体制的歪曲，企业有向国外转移利润或资本的自由，有决定出口价格和出口数量的自由，有开展商业活动的自由；四是确保破产法及财产法适用于企业；五是汇率变化由市场供求决定。

(3)加拿大在对非市场经济问题的调查中，明确包括 5 个方面：一是政府部门在制定经济政策、管理经济活动中发挥的作用是否干扰市场经济正常运行，这包括政府定价的比重、结构、产品分布和报价程序的影响判断；国内产品及服务的定价机制；产品生产和提供服务的计划管理和市场限制的情况；国内及国际贸易管理的情况；政府机构和职能进一步改革的情况等。二是政府部门对企业在生产、销售、采购、融资等方面是如何管理或管制的。三是在国际贸易方面，政府决定外贸企业可进行对外贸易的条件、程序；政府对进出口产品配额、价格的指导和管制等。四是国

---

[1] 该条例第 3 条(2)款 c 项规定：“进口来自于非市场经济国家的产品，其正常价值应以适当的和非不合理的方式并根据以下标准之一予以确定：同类产品在第三个市场经济国家的国内价格或出口价格；同类产品在第三个市场经济国家的结构价格；若上述标准不能提供为同类产品在欧共体的实际价格充分的基础，有必要调整时再加上合理的利润。”

有企业的市场化程度，包括企业所有制形式，国有企业改制的时间与完成方式；政府控制的国有企业中，要素价格包括原材料、能源、劳动力成本以及产品数量、价格是如何确定的；企业的资金管理、业绩管理、利润分配、劳资关系以及贷款的获取方式等情况。五是利率在不同企业、不同产业和内外贸不同部门中是否有差异，汇率对出口商而言是否由市场形成，企业换汇及存汇方式是否有自主权等。

借鉴美国、欧盟、加拿大反倾销对市场经济标准的规定，在对市场经济国家的认定问题上，西方国家认为有5个方面特别重要，可概括出5条带共性的标准：

第一，政府作用问题。欧美等国关心的问题有：政府对自然资源、资本和人力资本资源的占有、分配与控制，政府对国民经济运行的控制和管理权限，政府对生产（谁来生产、生产什么、生产多少，为谁生产）的控制（涉及企业的产权制度、利润分配与破产机制），政府对国际和国内贸易的控制，政府对中介组织的控制（如商会和行会）等。这些问题用一句话来讲，是政府作用问题，或更准确地讲，是市场经济中的政府作用及政府与企业的关系问题。归根结底，这涉及资源是由政府配置还是由市场配置，资源的使用和定价是由市场决定还是由政府决定，政府是否尊重和保护经济主体在经营方面的自主权利，是否对企业有不公平的对待。笔者将这一条概括为“政府行为规范化”。

第二，企业权利与行为问题。美国商务部关心企业的产出数量和价格决策有没有政府介入，企业有没有自主的经营和出口权，有没有选择管理层、分配利润和在弥补亏损上独立的决定权，有没有协商合同条款并签订合同的自主权，尤其关心出口企业这些权利。欧盟同样关心企业决定出口价格和出口数量的权利，关心企业有没有符合国际财会标准的基础会计账簿，关心企业是否有融资和向国外转移利润的权利，有没有开展商业活动的自由权。加拿大政府有关机构除关心上述方面外，还关心企业所有制形式及国有企业改制情况等。概括地讲，这一条主要是讲企业权利和企业行为。它们关心企业在生产经营活动中，行为是市场化的还是行政化的，可以概括为“经济主体自由化”。

第三，投入要素的成本与价格问题。美国商务部关心一国政府对资源分配的控制程度，关心产品投入是否以市场价格支付；欧盟关心市场能否决定投入要素的价格,关心企业成本的真实性;加拿大政府有关机构关心国有企业要素价格包括原材料、能源、劳动力成本以及产品数量、价格是如何确定的。总之,欧美等对企业投入方面的生产要素如原材料价格、劳动力工资等是否是市场价格,都是很关心的,这完全是可以理解的。因为投入品价格关系到产出品成本,直接影响产品价格,这与反倾销是直接相关的。因此,任何进口国对出口国的产品都会特别关注其成本的真实性和其价格形成的规则。这可归纳为"生产要素市场化"。

第四,贸易环境问题。欧美等国关心贸易活动包括国际贸易和国内贸易中,交易活动是自由的还是被压制的,市场基础设施和市场立法及司法是否健全,市场中介是否具有独立性,起什么样的作用,贸易政策中的企业定价是否是自主的,政府如何管理出口和出口企业的,企业是否有商业活动的自由。总之,关心贸易环境与条件,即"贸易环境公平化"。

第五,金融参数问题。欧美等国特别关注反倾销的被调查国利率和汇率是否由市场形成,本币是否可兑换或可兑换程度,利率在不同企业、内贸部门、外贸部门、不同产业中是否有差异,企业金融状况是否不受前非市场经济体制的歪曲,企业是否有向国外转移利润或资本的自由,企业换汇及存汇方式是否有自主权。概括地讲,它们关心利率和汇率这两大金融参数的形成和适用范围中的公平性,进而涉及这些参数形成基础即金融体制的合理性问题,这里将其归纳为"金融参数合理化"。

可以看到,欧美等对市场经济标准的规定,虽然带有维护发达国家利益的明显痕迹,但往往是根据对外贸易领域中影响公平贸易因素而制定的,具有很强的针对性。美国与欧盟以及加拿大提出的市场经济标准有一定的区别,美国直接提出国家的市场经济标准问题,而欧盟和加拿大主要是讲企业和行业的市场经济标准问题。但可以看到,这种区别只是表面上的,就其内容而言,涉及的问题是相同和相近的,实质上是一样的。这些标准构成了一个体系,不是单独使用的。欧美等不是只根据某一条来下判断,而是将围绕所有这些标准的调查结果加总起来,判断企业或产业是否达到市场经济的临界水平,得出和认定该国或该行业、企业是否已经具有市场经济条件的结论。当然,在具体处理反倾销案件时,与哪一国家打官司还是要针对当事国的标准来进行抗辩,这才是务实的做法。

二、外贸管制权生成中的先导理论:国际贸易学

(一)国际贸易理论的产生

国际贸易是以国际分工为基础的。国际分工是世界上各国之间的劳动分工,它是社会分工发展到一定阶段,国民经济内部分工超越国家界限发展的结果,是国际贸易和世界市场的基础。在国际分工发展较快的时期,国际贸易一般发展较快;相反,在国际分工发展缓慢的时期,国际贸易就可能处于停滞状态。马克思和恩格斯在《资本论》等著作中,从历史唯物主义的高度对以英国为中心的国际分工做了考察与研究,提出从社会生产方式演变中分析国际分工和发展的现象,揭示了资本主义国际分工的二重性和它的内在实质。马克思认为,国际分工要放到一定的历史条件下进行研究,以明确它们的性质;资本主义国际分工来源于社会分工的发展。工业发达国家通过殖民统治,强迫殖民地生产工业国需要的原料,销售工业国生产的消费品,进行不平等贸易,发动商业战争是国际分工产生的原因与动力。[1]

国际贸易学是研究国际间商品与劳务交换过程中的运行机制及其发展规律的科学。作为一门学科,国际贸易学是一种部门经济学,是经济学科中一个不可缺少的组成部分。它的研究对象既包括国际贸易的基本理论,也包括国际贸易政策以及国际贸易发展的具体历史过程和现实情况。基于其研究对象的特定化,国际贸易学责无旁贷地成为外贸管制权生成中的先导理论。

(二)西方主要的国际贸易理论

目前主要的国际贸易理论都是在市场经济理论体系下产生的,是以国际分工为基本的社会基础条件,以国际贸易的动机和伦理价值为研究出发点的。不同时期的国际贸易理论不仅给国际贸易活动提供了解释的依据,同时也给相关外贸管制制度的制定提供了理论支持。根据发展时代的不同,可将国际贸易理论划分为三个阶段。

1. 西方古典经济学派的国际贸易理论

古典学派贸易政策理论产生于1500～1778年,以突破重商主义为主

---

〔1〕 马克思:《资本论》(节选本),中共中央马克思恩格斯列宁斯大林著作编译局编译,人民出版社2016年版,第138～144页。

要标志,流行于西欧各国。18～19世纪,以英国为代表的新兴工业资产阶级国家,强烈要求废除重商主义时代制定的一些外贸政策和措施。其主要原因是:产业革命的发展,需要进口原料;产业革命形成的具有国际竞争能力的工业制品,需要有宽松环境和条件向国外销售。此时以亚当·斯密为代表的自由贸易理论产生,并从抽象角度对国际贸易理论做了一般性探讨。

亚当·斯密是国际分工与自由贸易理论的创始人,是英国最早提出自由贸易理论的经济学家。他在代表作《国富论》中,提出了国际分工与自由贸易的理论。亚当·斯密的分工理论又叫地域分工说,或绝对成本理论,是其自由贸易政策(非干预政策)的理论基础。其基本理论进路是,自由贸易会引起国际分工,国际分工的基础是有利的自然禀赋,或后天的有利生产条件。它们都可以使一国在生产上和对外贸易方面处于比其他国家有利的地位。如果各国都按照各自的有利的生产条件进行分工和交换,将会使各国的资源、劳动力和资本得到最有效的利用,将会大大地提高劳动生产率和增加物质财富。政府不应干预国家的经济生活,也不应干预国家与国家间的贸易关系。亚当·斯密明确提出,贸易有利于国家。绝对优势则是这种结论的必要前提条件。如果两国都专门生产自己享有绝对优势的商品,然后通过贸易获得另一种商品,那么两种商品的世界产量都会增加。如果外国产品比自己国内生产的便宜,那么最好是输出本国在有利生产条件下生产的产品去交换外国的产品。每个国家都有其适宜于生产某些特定的产品的绝对有利的生产条件,去进行专业化生产,然后彼此进行交换,则对所有交换国家都是有利的。亚当·斯密的自由贸易主张对国防工业是例外,他希望政府承担3项工作:巩固国防,防御外来的侵略;建立司法组织;创建公共工程制度。

大卫·李嘉图(1772～1823年)以亚当·斯密的分工原则和自由贸易理论为基础,于1817年出版了名著《政治经济学及赋税原理》,建立了他的国际贸易理论,即比较成本说。李嘉图在国内交易分析的基础上强调以劳动价值理论为理论基础。他认为,商品价值在一般有效的自由竞争地区,与所投入的劳动量成正比例,因为劳动力、资本可以充分自由流动,所以,国内生产分工和交换必然依据绝对利益原则。两国间或更多国间的商品交易,由于生产要素不能充分流动,其相对价值则没有共同法则可以依据,劳动费用并不绝对支配交换条件。所以,应该以比较生产成本来决定交换条件,每一个国家不一定要生产各种商品,而应集中生产那些利益较大或不利较小的商品,然后通过国际贸易,在资本和劳动力不变的情况下,生产总量将增加,如此形成的国际分工对贸易各国都有利,形成了他的"比较成本说"。举例说明李嘉图的理论:假定,美国和法国就小麦和葡萄酒进行贸易,法国生产两种产品所需要劳动量都少于美国。根据"绝对成本说",法国在两种商品的生产中都享有绝对优势,那么这两国间不可能进行国际分工。按"比较成本说",则认为美国在生产葡萄酒方面也享有相对优势,因为美国在生产葡萄酒方面所需的劳动量只相当于法国的2倍,而生产小麦所需的劳动量却相当于法国的4倍。所谓相对优势是指生产一种商品比生产另一种商品的有利条件。如果美国多生产葡萄酒,并向法国出口,法国多生产小麦,并向美国出口,各国都去生产自己享有相对优势的产品,然后互相交换,按照李嘉图的理论,美、法两国都可能从贸易中获利。"比较成本说"认为:只要美国的同类的两种商品劣势程度不同,或者法国的两种商品优势的程度存在差异,即法国生产优势程度大的商品,美国生产劣势程度较小的商品,两国生产总量将会增加,通过贸易,双方均得其利,俗称:有利取重,无利取轻。李嘉图的"比较成本说"被称做国际贸易的一般理论。它是建立在劳动价值基础上的,它揭示了一个客观规律:不论这个国家处于什么发展阶段,经济力量是强是弱,都能确定各自相对优势,即使是处于劣势的也能找到劣势中的优势。根据"比较成本说",可以得出以下启示:各国应该实行自由贸易政策,以保证参加国际分工和贸易所能得到的利益。但是,从"比较成本说"的假定中,我们也可看到李嘉图的理论存在片面性:国际经济是静态的,只提出国际分工的一个依据,未能揭示出国际分工形成和发展的主要原因,未能揭示出国际商品交换所依据的规律,即价值规律的国际内容。

2. 当代国际贸易理论的发展

到了20世纪初,瑞典的两位经济学家进一步发展了相对优势理论,回答了产生相对优势的原因。他们的学说是以不同国家的生产要素为基础而建立起来的,可称为当代国际贸易学说。

伯蒂尔·俄林(1899~1979年),瑞典籍经济学家,主要著作为《域际和国际贸易》,获1977年诺贝尔经济学奖金。伊莱·赫克歇尔(1879~

1952 年），也是当代著名的经济学家，他于 1919 年发表了著名论文《对外贸易对收入分配的影响》，提出了“要素禀赋论”的基本论点。他是俄林的老师，俄林的许多观点是师承赫克歇尔的，所以，学术界把他们两人并列，合称为赫—俄理论。

该理论集中阐述的是生产要素的多少与相对优势的关系。赫—俄理论认为：一个国家的相对优势来源于它享有的最丰厚的生产要素，即相对优势取决于一国最突出的生产要素。俄林认为：从商品价格差异到生产成本差异，再到生产要素价格差异，最后产生生产要素禀赋差异，可以从中发现国际贸易发生的原因，其中生产要素禀赋具有最重要的地位。根据要素禀赋论，劳动力丰富的国家出口劳动密集型商品，而进口资本密集型商品；相反，资本丰富的国家出口资本密集型商品，进口劳动密集型商品。例如，中国是一个劳动力充裕的国家，美国是一个资本充裕的国家。现在生产两种产品大米和钢，大米是劳动密集型的产品，钢是资本密集型的产品。按资源配置的状况，美国资本相对充裕，而劳动力相对不足，因此美国生产钢，而中国则劳动力相对充裕资本不足，所以中国生产大米，然后进行相互交换。这样比各自独立生产大米和钢更合算，于是国际贸易就成立了。

赫—俄理论的前提是，不同的商品具有不同生产要素的密集程度；不同的国家掌握的各种生产要素或丰富或贫乏；市场处在完全的竞争状态，生产要素也保持机动；生产技术的收益未必完全按照生产规模而成比例地增减。赫克歇尔首先提出“价格均等化”的论点；俄林则提出商品贸易可以部分代替要素流动。美国经济学家萨缪尔森于 1941 年发表的《实际工资和保护主义》和 1948 年发表的《国际贸易与要素价格均等化》也论证了自由贸易将导致要素价格均等化。

从学术的角度来看，赫—俄理论把中心点放在生产要素上，认定它是形成相对优势的原因。它用一种“动态”的观点来看待相对优势，认识到资源的流动也能引起生产要素的变化，强调生产的另一个长处是所谓生产要素含义较宽，能包罗一切资源或特长。但赫—俄理论也存在明显的不足，如放弃劳动价值论；认定生产要素是“天赐”的；如果某些国家坚持执行由生产要素决定的战略，到头来经济却难以迅速发展，只能处于二流三流状态；从实际情况来看，从事贸易的国家间的生产要素价格根本谈不上“均等”。

里昂惕夫是美国哈佛大学行政管理学院经济学教授,1973 年获诺贝尔经济学奖金。他通过对美国 200 种产业的考察与研究,得出了与赫—俄理论相反的结论,因此,他的理论被称为里昂惕夫反论,有人也译做“里昂惕夫之谜”。里昂惕夫根据 1947 年美国 200 种出口产品和进口替代货物的生产数据(进口替代货物:美国可以制造,同时又从国外进口的货物如汽车),按照赫—俄理论,美国出口的应是资本密集型产品,进口的是劳动密集型产品。但研究结果表明:美国进口替代货物的资本密集程度比其出口商品高 30%。关于此“谜”的解释再次引发了国际贸易理论的争议,同时,也从“里昂惕夫之谜”出发,对赫—俄理论本身进行了扬弃。“里昂惕夫之谜”说明传统的资源赋予学说不能真正解释国际贸易的商品结构和流向的真正原因。

对里昂惕夫反论的解释刺激了许多有关的学说。美国经济学家基辛提出劳动熟练说,他对 14 个国家在 1962 年的进出口商品构成进行分析,得出劳动熟练程度不同是国际贸易产生的重要原因之一。资本较丰富的国家倾向于出口熟练劳动密集型商品;资本缺乏的国家倾向于出口非熟练劳动密集型商品。美经济学家凯南于 20 世纪 60 年代创立了人力资本学说。凯南认为:劳动是不同质的,并表现为劳动效率的差异;劳动效率的差异又主要由劳动的熟练程度决定;而劳动熟练程度的高低,又取决于对劳动者进行培训、教育和其他有关开支,即取决于智力开发的投资。人的智力之所以称为资本,因为通过教育和训练所获得的智能可持续使用很长时期,并大大提高劳动生产率,从而取得大于投资的收益。由波斯纳首创技术差距说,也叫技术间隔说,把国家间的贸易与技术差距的存在联系起来,认为正是一个国家的技术优势,使它在获得出口市场方面占优势,当一个国家创新某种产品成功后,在国外掌握该项技术前,它产生了技术领先差距,可出口技术领先产品。技术差距说认为,技术作为一种要素或资源,各国由于技术革新的进展不一致,必然存在一定的技术差距。技术差距说完全可以与赫—俄原理相衔接。由于技术差距说没有解释为什么某些国家是技术领先者而另一些国家是技术追随者,也未能说明技术差距说的内容,因此,显得过于粗糙。

“里昂惕夫之谜”是西方传统国际贸易理论发展的界碑;他的投入—

产出分析法对美国贸易结构的计算分析，开辟了用统计数据全面检验贸易理论的道路；“里昂惕夫之谜”推动了战后国际贸易理论的新发展。

以上是自由贸易理论的第二时期，即国际贸易纯理论的新发展时期。

3. 新的国际贸易理论不断出现

产品周期学是战后解释制成品贸易的著名理论，它由美国销售学家弗农提出，经威尔斯等人不断完善。产品周期学以美国为例，将产品生命周期划分为四个阶段：第一阶段是美国对某种新产品的出口垄断时期；第二阶段是其他发达国家开始生产这种新产品；第三阶段是外国产品在出口市场上进行竞争的时期；第四阶段是美国开始进口竞争时期。在产品周期中，由于技术的传递和扩散，各国在国际贸易中的地位也随之发生变化，新产品在生产国之间进出口的消长现象好像波浪一样，一浪接一浪向前传递和推进。产品周期理论解释贸易模式的优点在于突出了“动”字，能说明随着时间变化贸易模式的变化。

1961 年，著名瑞典经济学家林德从需求方面探讨国际贸易产生的原因，提出偏好相似说。偏好是指人们对同类商品的偏爱与否。由于偏好不同，也会对国际贸易有影响。假如，中国与美国在小麦和大米上有相同的生产能力，但中国人喜爱吃大米，美国人喜爱吃面食，双方在没有贸易的情况下，中国人不得不多种大米，因而大米成本价格较高；美国人不得不多种小麦，因而小麦成本价格也较高。国际贸易能使美国增加成本低的大米生产向中国出口换取小麦，中国也不必将旱地改种大米，而是生产小麦，与美国交换，通过贸易两国的生产、消费水平都会大大提高。偏好相似说的基本论点可概括为两点：一是产品的出口可能性决定于它的国内需求；二是两个国家需求结构越相似，贸易量也越大。

产业内贸易说（也称差异化产品理论），是当前国际贸易理论最热门的课题之一，是集战后国际贸易理论之大成者。它着重于产业内贸易的探讨，即一国同时出口和进口同一产业的产品，国际间进行同产业的产品异样化竞争。产业内贸易说的发展经历了经验性研究和理论性研究两个阶段。由于产业内贸易说指的是同一产业部门内部的差异产品的交换及其中间产品的交流，例如，美国、日本既是小轿车的出口国，又是小轿车的进口国。因此，很难用比较优势、要素禀赋理论解释但可用技术差距论、偏好相似说等解释产业内贸易现象。产业内贸易形成的原因与产品差异、经济发展水平有关。

日本经济学家小岛清提出的协议分工原理是有关一体化的比较重要的理论。小岛清认为，要实现各国规模经济，就必须进行协议性产业分工。自由贸易往往会导致各国为维护本国利益而采取某些扭曲价格的竞争方式，这会使两国利益受损。协议分工的条件是：在一定的一体化组织内部，成员国通过协议以放弃一些利益为代价能够换取更大的利益。有关国家只有满足资本、劳动力禀赋相似、工业化水平接近等条件，才有可能达成有关协议。

西方国际贸易新理论为国际贸易理论宝库增添了新的内容。这些理论贯穿比较优势的思想，兼容传统国际贸易理论的正确结论，并有新的发展，其理论研究越来越细，同时也使研究方法得以改进，特别是数量分析方法的广泛使用，增加了贸易理论的科学性与实践性。但这些理论也存在不足，甚至包含了一些错误，比如，缺乏系统性，没有涉及国际生产关系，因而不能说明发达国家与发展中国家之间不平等、不合理的国际经济关系等。

三、外贸管制权生成中的最大争议：自由主义贸易政策与保护主义贸易政策

（一）自由主义与保护主义的贸易政策之争

1. 贸易政策的含义

贸易政策是一国为了实现一定的目标在一定时期内对本国的进出口实行的政策，它是由一国的经济发展水平和对外关系所决定的。特定时期一国的国际贸易政策，会集中地反映出此时期国际贸易理论的影响力，也是一国外贸管制权实施中的总指导思想与具体制度依据。一国贸易政策的构成既包括对外贸易总政策，即进口总政策和出口总政策，也包括进出口商品政策，在现代社会则逐步扩展到服务贸易政策、技术贸易政策；在具体实施中还包括对外贸易国别政策等。国际贸易政策对国际贸易发展历史与现实情况的具体描述和理论说明，主要研究国际贸易的历史及其在各个发展阶段上的规律性，分析与国际贸易密切相关的理论问题。从总体上可分为保护贸易政策和自由贸易政策。

2. 自由主义贸易政策

自由贸易政策是指国家对国际贸易活动采取不干预或尽可能不干预

的基本立场,对商品进出口不设置障碍,对进出口商不给予优惠和特权,也不对外贸活动进行管制和干涉,从而使商品能够自由地进出口和实行竞争的贸易政策。在历史上,自由贸易政策促进向英国这样的发达国家在经济和对外贸易领域内的迅速发展;同时,自由贸易理论也为自由贸易政策制造了舆论,成为自由贸易政策论证的有力武器。第二次世界大战后到20世纪70年代初,世界政治经济力量重新分化组合,国际分工进一步深化,推动生产国际化、资本国际化,跨国公司迅速兴起,迫切需要宽松的环境以推动商品和资本的流动。于是,这一时期发达国家的对外贸易政策先后出现了自由化倾向。这种倾向主要表现在大幅度削减关税和降低或撤销非关税壁垒措施。

3. 保护主义贸易政策

保护主义贸易政策是利用国家权力对外贸活动进行干预和管制,通过高额关税或非关税措施来限制外国商品进入,保护本国产业免遭外国产品竞争,采用各种优惠,鼓励本国商品出口,刺激本国工业发展的贸易政策。资产阶级贸易保护主义理论的第一个系统阐述者是德国历史学派的弗里德里希·李斯特,他提出的保护幼稚产业论成为18世纪德国贸易保护主义政策的依据。李斯特的贸易保护主义理论为落后国家提供了一条可供选择的经济贸易发展道路,如建立本国高度发达的工业是提高生产力的关键;经济发展不同阶段应选择不同的对外贸易政策等,这些观点对于发展中国家开展对外贸易至今仍具有一定的现实指导意义。

(二)自由主义贸易政策与保护主义贸易政策的历史演变

国际贸易本身应属于历史的范畴。决定一国贸易政策的演变的背后力量一定是一国的社会经济条件,比如英国转向自由贸易,可算是欧洲乃至世界历史上的一个转折点;可是英国为何要选择在当时转而实行自由贸易呢?须知,此前将近3个世纪中,英国实际上长期奉行的是重商主义体制,其本质特征就是贸易保护和国家干预。深入历史可知,问题的答案确实就在于马克思指出的"垄断"二字,即英国相对于其他国家所拥有的垄断性工业优势,才是其贸易政策发生转向的根本原因。[1] 纵观"二战"后西方发达国家的贸易政策的演变,基本上是遵循了这样一个规律:在资

〔1〕 梅俊杰:《从马克思的论断看自由贸易的历史真相》,载《马克思主义研究》2009年第6期。

本主义生产方式准备期推行贸易保护；在资本主义自由竞争期推行自由贸易；在资本主义垄断期进一步推行超保护贸易政策；而在世界贸易自由化时期则在主流价值上推崇自由贸易，实质上通过法治化的管理贸易政策实施贸易保护主义。

在15～17世纪资本主义生产方式准备时期，为完成资本的原始积累，英、法等欧洲国家信奉重商主义的学说和政策，积极推行国家干预对外贸易的做法，采取严厉的贸易保护措施。早期重商主义者认为，只有货币才是财富，他们追求的目标是谋取对外贸易顺差，在国内积累货币财富，把贵重金属留在国内。因此，由政府直接垄断或管制对外贸易，采取一系列行政法律措施，严禁奢侈品进口和金银出口。重商主义晚期，工场手工业和航海运输业迅速发展，商业资产阶级认识到不应当对货币的流动过分加以限制，于是，由管制金银的进出口变为管制货物的进出口，试图用更多的出口来获取贸易顺差和金银进口。这样，他们除了提供原料进口优惠外，对其他进口货物则实行保护关税和种种限制措施，同时采用各种强有力的政策手段奖励出口。这一时期西欧各国普遍推行的是典型的贸易保护政策。

18世纪中叶到19世纪末，资本主义进入自由竞争时期。在资本主义的经济基础上建立了适合工业资产阶级利益的对外贸易政策。但由于各国工业发展水平不同，所采取的贸易政策也不完全相同。英国在产业革命后，工业迅速发展，“世界工厂”的地位确立并巩固，其产品具有强大的国际竞争力，但英国需要以工业制成品的出口换取原料和粮食的进口。为此，英国资产阶级迫切要求国内外政府放松对外贸活动的限制。经过长期的斗争之后，英国在19世纪的前期，逐步取得了自由贸易政策的胜利。当时的自由贸易政策是国家对进出口贸易不设立任何障碍，不进行干预，让商品在国内外市场自由竞争，所以是一种开放性的贸易政策。与英国形成鲜明对照的是，美国和西欧的一些国家如德国推行保护贸易政策。其基本原因在于这些国家工业发展水平不高，经济实力和商品竞争能力都无法与英国相抗衡，需要采取强有力的政策措施以保护本国的幼稚工业，避免遭受英国的商品竞争，因而逐步实行了一系列鼓励出口和限制进口的措施。这时的保护贸易政策就是国家广泛利用各种限制进口的措施，保护本国市场免受外国商品的竞争，并对本国商品给予优惠和补贴，以鼓励商品出口。

从19世纪末到第二次世界大战期间，资本主义处于垄断时期。在这一时期，垄断代替了自由竞争，成为一切社会经济生活的基础。此时，欧美许多国家完成了产业革命，工业得到迅速发展，世界市场的竞争开始变得激烈。尤其是1929～1933年的世界性经济危机，使市场矛盾进一步尖锐化。于是，各国为了垄断国内市场和争夺国外市场，纷纷实行超贸易保护政策。超贸易保护政策是一种侵略性的贸易保护政策，同自由竞争时期的保护贸易政策相比是有差异的：它不是防御性地保护国内幼稚工业，以增强其自由竞争能力，而是保护国内高度发达或出现衰落的垄断工业，以巩固国内外市场垄断；保护的对象不是一般的工业资产阶级，而是垄断资产阶级；保护的手法也趋于多样化，不仅仅是高关税，还有其他各种奖出限入的措施。

新贸易保护主义是相对于自由竞争时期的贸易保护主义而言的，它形成于20世纪70年代中期。其间，资本主义国家经历了两次经济危机，经济出现衰退，陷入滞胀的困境，就业压力增大，市场问题日趋严重。因此，以国内市场为主的产业垄断资产阶级和劳工团体纷纷要求政府采取保护贸易措施。此外，由于工业国家发展不平衡，美国的贸易逆差迅速上升，其主要工业产品如钢铁、汽车、电器等不仅受到日本、西欧等国家的激烈竞争，甚至面临一些新兴工业化国家以及其他出口国家的竞争威胁。在这种情况下，美国一方面迫使拥有巨额贸易顺差的国家开放市场，另一方面则加强对进口的限制。因此，美国成为新贸易保护主义的重要策源地。美国率先采取贸易保护主义的措施，引出了各国贸易政策的连锁反应，各国纷纷效仿，致使新贸易保护主义得以蔓延和扩展。

（三）自由主义贸易政策与保护主义贸易政策的争议困境

1. 贸易自由主义与贸易保护主义悖论

在贸易政策这一问题上，似乎始终存在理论与现实的背离。一方面，就理论分析而言，从亚当·斯密的绝对优势论，到大卫·李嘉图的比较优势论，再到作为传统主流理论的赫—俄理论；从保罗·克鲁格曼的产业间贸易理论，到弗农的产品生命周期理论，甚至到最新的杨小凯内生贸易理论，自由贸易都被视做最理想的、能够为世界各国带来福利增进的经济政策，也反映了自由贸易理论的一大特色——逻辑性。美国著名投资家索罗斯干脆将迷信自由市场经济和反对任何国家干预的意识形态称为市场原教旨主义。另一方面,反观世界各国的现实,不仅保护主义远未退出各国经济政策的历史舞台,而且对自由贸易的敌视也从未消失。从某种意义上来说,自由贸易仿佛成为一种理论思想,贸易保护反而是一种事实常态,而这种常态又有着客观的合理性,或有着合理的内核。[1] 早在 1817 年托马斯·马尔萨斯就预言,自由贸易的实行虽然会大幅增进欧洲的财富和福祉,但毫无疑问会使其中某些地区比目前更穷、人口更少,因为没有多少理由可以让人期待,某个国家居然会为了世界的财富而牺牲自己的财富。而后来的世界经济大萧条就印证了他的预言。即使在世界经济繁荣发展的 20 世纪 90 年代末,反对 WTO 推行贸易自由化的"西雅图之战"又再度引起了世人关注。自由贸易被认为是污染环境、损害人权、制造动荡甚至损害国家主权等一系列社会问题的重要原因。美国人民党帕特·布坎南甚至宣称,像家庭破碎,家庭友好关系的消失,梦想的破灭,怠工、故意破坏、犯罪等,这些都是自由贸易的隐藏成本。因此,贸易政策在经济政策中总是一个最易引起争议的政策,同时,它还是一个不会结束的辩论主题。

在贸易政策所依赖的西方经济学中,自由主义与国家干预这两大阵营的斗争构成了 20 世纪的主线,其间还伴随着自由主义与社会主义的论战。著名经济学家厉以宁说:"在西方经济学中,自由贸易与保护贸易之争由来已久,并且始终不曾停止过。"[2] 而其中关键性的论题涉及理论和政策等不同层面:如何处理国家与市场的关系,如何处理社会福利和保障制度与自由竞争的关系,如何处理计划、调节等经济手段与自由放任的关系,如何处理贸易保护与自由贸易的关系;等等。这些尖锐的论战承接了 19 世纪古典经济学所确定的相关概念,如自由市场、自由贸易、资本主义和社会主义等,它们之间的分歧与其说是理论性的,毋宁说是政治性的:应该选择以国家计划为主导的经济模式限制自由市场的运动,还是以自由市场瓦解国家干预,获取更大程度的自由。应该利用国家手段刺激经

〔1〕 胡世瑜、周洁琼:《贸易理论与贸易政策的悖论:来自公共选择角度的解释》,载《山东社会科学》2006 年第 8 期。

〔2〕 厉以宁:《开放经济与世界经济》,北京大学出版社 1991 年版,第 9 页。

济发展,还是听任市场进行自我调节。

在我国,自由贸易和贸易保护之争也一直是争论不休的论题,有的学者大声疾呼自由贸易,认为自由贸易是一种最佳的贸易制度,其最大的益处就在于自由竞争,自由竞争可以避免因保护而导致效率损失,亦即能实现最优效率的配置。自由贸易还有利于扩大市场,形成规模经济。在政治方面自由贸易不易受到各种利益集团的影响,从而增进一国的福利。他们强烈批评贸易保护,认为如果搞贸易保护,则我国的工业只能像温室中的花朵一样的脆弱;而实行自由贸易,敞开我国的国门,让洋货大举进来,我国工业将在与洋货竞争的大风大雨中茁壮成长。他们要求国家必须作出正确的选择:只有采取鼓励开放贸易政策和加速结构调整,才能及时利用世界经济瞬息万变的机会,使本国经济和贸易获得快速增长。

在实践中,贸易自由主义与贸易保护主义的争议已是我国对外贸易中的热点问题。西方国家经常宣扬他们实行自由贸易政策,而发展中国家则常讲西方国家对发展中国家的商品设置贸易壁垒来进行限制。例如,2005 年美国和欧盟就中国纺织品对他们的出口实施了限制。自 2008 年 9 月中旬金融危机爆发以来,2008 年第四季度至 2009 年第三季度,全球新发起反倾销调查 234 起,反补贴调查 23 起。贸易保护主义之风日盛,使原本就深陷危机的世界经济雪上加霜。与历史上保护主义泛滥的情形不同,此时贸易保护主义的矛头直指正在崛起的中国。美国奥巴马政府不顾中国政府和美国一些业者反对,于 2009 年 9 月 11 日,最终批准对中国进口的所有小轿车和轻型卡车轮胎采取特别保障措施;2009 年 10 月 7 日,美方又宣布对从中国进口的无缝钢管发起反倾销和反补贴(“双反”)调查;2009 年 11 月,美国国际贸易委员会决定对中国输美的氯化钡、熨衣板等产品启动反倾销日落复审,对四氢糠醇产品所适用的反倾销税进行快速日落复审;在 2009 年年底,又公布了对从中国进口的油井管征收反补贴税的裁决,由于该案件系反倾销、反补贴合并案,在反倾销方面,美国商务部和美国国际贸易委员会将分别于 2010 年 4 月和 5 月就对中国输美油井管征收反倾销税作出终裁;2010 年 1 月 5 日,美国商务部初步裁定对从中国进口的金属丝网托盘征收最高达 289% 的反倾销关税,这是2010年美国政府对华贸易限制的第一项裁决。[1] 自1980年至2016年,美国共对中国产品发起262起贸易救济调查,涉案金额累计282.2亿美元。[2] 根据美国际贸易委员会统计,截至2017年3月底,尚有正在执行的涉及中国产品的反倾销税令110个,反补贴税令43个,总计153个。在调查过程中,美方惯用替代国、分别税率、公共机构、外部基准等不公正做法,对中国产品裁定畸高税率,严重影响了中国企业对美出口。2016年,美国对中国产品发起20起贸易救济调查,涉案金额36.6亿美元。美方还发起21起"337调查"案,涉及钢铁产品、电动平衡车、便携式电子设备、电导体复合磁芯、集装桶、门禁系统、烘手机、手术缝合装路等多类产品。[3] 中、美两大国之间贸易摩擦和争端日益频繁。除美国外,中国另一大贸易伙伴欧盟也针对中国产品实施了种种带有保护主义色彩的贸易救济措施。2009年10月6日,欧盟部长理事会决定对中国输欧无缝钢管征收17.7%~39.2%的最终反倾销税。此外,欧盟委员会已建议把针对中国皮鞋及童鞋的反倾销措施至少延长15个月,继续征收税率为16.5%的反倾销税。欧盟委员会公布的数据显示,2009年上半年,欧盟发起两项新的反倾销调查,全部针对中国产品。

根据世界贸易组织统计,我国已连续21年成为遭遇反倾销调查最多的国家,连续10年成为遭遇反补贴调查最多的国家。近期,全球有1/3的调查针对中国。2016年,我国共遭遇来自27个国家(地区)发起的119起贸易救济调查案件,其中反倾销91起,反补贴19起,保障措施9起;涉案金额143.4亿美元。其中立案数量最多的国家为印度、美国,案件数量分别为21起、20起。与2015年全年相比,数量上升了36.8%(2015年为22个国家和地区87起案件),金额上升了76%(金额为81.5亿美元)。增加的贸易摩擦主要集中在钢铁领域。2016年我国共遭遇21个国家和地区发起的钢铁贸易救济调查案件49起,其中反倾销案件32起,反补贴案件10起,保障措施案件7起,涉案金额78.95亿美元,占2016年同期

---

〔1〕 刘敬东:《贸易保护还要走多远?》,载《人民日报》(海外版)2009年12月21日。

〔2〕 商务部发布《关于中美经贸关系的研究报告》,中华人民共和国商务部网站:http://mds.mofcom.gov.cn/article/zcfb/201705/20170502582144.shtml,最后访问时间:2017年12月5日。

〔3〕 同上。

全部贸易救济案件数量和金额的41.2%和55.1%,与2015年全年相比,数量上升了32.4%(2015年为15个国家和地区,37起案件),金额上升了63.1%(2015年金额为48.4亿美元)。其他贸易摩擦较多的领域主要是化工产品和轻工产品。此外,2016年以来,美国企业还对我国提起24起“337调查”申请,其中已发起调查22起,同比上升120%。2017年上半年,我国产品共遭遇来自15个国家和地区发起的37起贸易救济调查案件,其中反倾销28起、反补贴4起、保障措施5起;涉案金额总计53亿美元。尽管我国遭遇贸易救济调查案件数量和金额均有明显下降,但与过去5年同期相比,总体波动不大,仍然处于高位。[1]

国际上普遍认为,当前贸易保护主义突出表现在以下方面:一是滥用贸易救济措施;二是采取提高约束关税或对进口产品采取禁止或限制措施;三是对进口产品设置技术性贸易壁垒;四是出台扶持本国产业的补贴、资助措施;五是通过货币贬值等手段保持出口竞争力。据世界银行统计,自国际金融危机爆发以来,20国集团中有17国推出或拟推出的保护主义措施大约有78项,其中已有47项付诸实施。这些贸易保护措施主要包括提高关税、实施贸易禁令、出口补贴、滥用贸易救济措施以及多种形式的非关税贸易壁垒。但与历史上贸易保护主义盛行的时期相比,当前国际贸易保护主义大多打着“合法”的旗号,游走于WTO规则之中。[2] 以至于美国学者加里·赫夫鲍尔教授为此惊呼:“令人惊讶的是,在没有公然违背协定的情况下,WTO框架内提升保护主义的余地竟如此之大。”[3]

另外,也有学者注意到,作为我国主流意识来源的马克思理论著作中,对自由贸易却一贯持有严厉批判态度,认为“这是资本压榨劳动者的自由”,并且认为自由贸易信徒们的说教“是伪善的”。恩格斯曾写道,

---

〔1〕 中华人民共和国商务部调查局:《2016年贸易摩擦案件统计》,载http://gpj.mofcom.gov.cn/article/zt_mymcyd/subjectdd/201703/20170302536150.shtml,最后访问时间:2017年3月2日。

〔2〕 刘敬东:《贸易保护主义幽灵频现 WTO会崩溃吗?》,2010年1月20日08:00,载https://finance.qq.com/a/20100120/002328.htm。最后访问时间:2017年3月2日。

〔3〕《无力阻止贸易保护“崩溃论”缠上WTO》,2009年03月04日08:25,载http://world.huanqiu.com/rou/2009-03/39625.html。最后访问时间:2017年3月2日。

“英国厂商及其政治经济学代言人的当前任务就在于强使其他各国相信自由贸易的福音，从而使世界以英国为巨大的工业中心，而以其余各国为依附英国的农业省。”[1]马克思认为，“在现代社会条件下，到底什么是自由贸易呢？这就是资本的自由。排除一些仍然阻碍着资本前进的民族障碍，只不过是让资本能充分地自由活动罢了。”[2]

2. 悖论的产生原因分析

关于两种不同贸易理论或贸易政策之间为什么会产生无法调和的悖论，有很多学者从不同的角度进行了分析。

第一种观点认为悖论源自自由贸易理论的内在缺陷。自由贸易理论是建立在完全竞争的市场假设之上的，这与现实世界相去甚远。如今，相当一部分贸易需要用规模经济、学习曲线和动态创新来解释，而这些现象都与自由贸易是最好的政策这一结论的理想化假设不相容。一般认为，传统的自由贸易理论主要有以下几个明确或隐含的假定：[3]一是各国生产要素在本质上保持不变，在国内可以自由流动，但在国际间则根本不能流动；二是技术水平固定不变，可自由获取，国际市场上消费者主权占主导地位；三是规模收益不变，要素市场和产品市场都是完全竞争的，没有不确定性；四是政府在外贸中不起作用，因此，国际贸易在相互竞争的小生产者之间展开；五是各国贸易总是平衡的；六是各国的需求偏好相似且保持不变，各国经济发展水平相似。德国的诺贝尔特·冯克指出：“传统的外贸理论是建立在完全竞争这一假设之上的。而这种理论没有考虑到目前世界经济体制的一些根本特点。例如，跨国公司和市场垄断的存在，国内外市场的区别及信息的不畅通。而恰恰在一些领域里存在大量非关税壁垒，不完全竞争是其中的主要标志，在汽车工业、钢铁工业和半导体工业就是如此。”[4]不完全竞争前提下的国际贸易理论修正了古典与新古典的自由竞争贸易理论，明确提出国家干预贸易的必要性。

---

〔1〕［苏联］布留明：《现代英国资产阶级政治经济学批判》，三联书店1956年版，第161页。

〔2〕马克思、恩格斯：《关于自由贸易的演说》，载《马克思恩格斯全集》（第4卷），人民出版社1958年版，第456页。

〔3〕［美］迈克尔·P. 托达罗：《经济发展与第三世界》，中国经济出版社1992年版，第341页。

〔4〕［德］诺贝尔特·冯克：《新贸易保护主义的一种形式：贸易性投资措施》，载《国际商务》1995年第1期。

第二种观点是对自由贸易理论的实践提出质疑。这些质疑常常是政府进行贸易限制的重要理由：贸易会导致更经济的活动，引致更多的资源使用，造成环境污染；贸易会冲击本国同类产业，威胁到国内就业；贸易恶化发展中国家的劳工标准，造成更严重的人权侵害；等等。但这些观点多是公众的偏见，实践也反复证明，通过贸易保护来解决这些问题的做法是无效。[1] 事实上，奉行新贸易保护主义的大多是发达国家，如加拿大和美国，但它们的外贸量却是世界上最大的，如美国在 1994 年的进出口贸易额就高达 12,019 亿美元，居世界第一位。[2] 正如希克斯所说，"造成英格兰如此多的人在自由贸易方面丧失信心的主要问题是，旧的自由主义在巨大的失业面前无能为力，以及在积极的反失业计划中使用进口限制作为要素的可能性。人们当然不得不把这条思路同凯恩斯的名字联系在一起。就是这一点（几乎仅仅这一点）导致凯恩斯放弃自由贸易的信念。"[3]

第三种观点是国家利益说。国家有独立的利益需求，国家利益是至高无上的，因此，政府贸易政策的选择也必须从国家利益出发，以实现国民福利的最大化。"国际贸易在发展中国家的历史发展中扮演着重要的角色。"[4] 而贸易保护政策不仅能通过改善贸易条件带来更多的经济收益，也是实现政治、文化、军事等一系列非经济目标的必要工具。可以说，这一视角更加贴近贸易政策的现实约束，但它将政府目标过分简化为国民福利，忽略了政府的自身利益和其他现实约束，因而也缺乏说服力。

也有学者提出自由贸易理论与贸易政策之间并不存在必然联系。譬如，传统上有一种流传甚广的说法，认为英国之所以推行自由贸易，是因为已获得了自由贸易科学理论的启蒙，故而是思想观念上的文明开化带来了政策行为上的理性通达。有人就提出，欧洲 1850 年后的自由贸易可能是由意识形态推动的，而不是由经济或政治利益推动。从时间顺序上

---

〔1〕 王小军：《新贸易理论书评——新贸易理论与传统贸易理论之比较》，载《国际贸易问题》1996 年第 4 期。

〔2〕 储玉坤：《1994 年世界贸易发展迅猛的原因及其前景》，载《国际经贸探索》1995 年第 4 期。

〔3〕 [英]迈克尔·布利尼：《发展中国家的贸易自由化和贸易条件：关注的一个方面》，载《经济资料译丛》1995 年第 3 期。

〔4〕 [德]诺贝尔特·冯克：《新贸易保护主义的一种形式：贸易性投资措施》，载《国际商务》1995 年第 1 期。

来看,似乎是自由贸易论的成熟引导了英国贸易的自由化。然而,深入查究历史可见,自由贸易的实践进程根本不是紧跟自由贸易的理论步伐。按照斯密自己的定义,政治经济学目的在于富国裕民,是政治家或立法家的一门科学。既然如此,在贸易这样事关重大国家利益的领域里,一个学说难道单靠观点的原创性或者论证的逻辑性,而不切合当下的现实需要、不计政策建议的后果,便可以为人追捧吗?答案显然是否定的。当国家尚须采取贸易保护政策时,再好的自由贸易理论也不会被接纳奉行,反而会被当做危及国家利益的异端邪说而遭打压。

同时,有学者提出自由贸易理论和保护贸易理论并非截然对立,世界各国从来就没有进行过真正的自由贸易,正如学者所指出,"尽管经济学理论中长期存在自由贸易和保护贸易之争,但自由贸易理论哪怕在观念上也没有走向绝对自由,并不排斥必要的保护。"[1]保护贸易理论是对自由贸易理论的修正和完善,整个资本主义的国际贸易发展史就是一部贸易保护主义的历史。[2] 保护贸易理论与自由贸易理论一样,都提倡积极主动地参加对外贸易,保护贸易理论是以自由贸易理论批评者的身份出现的,是对自由贸易理论的补充和发展。这种发展主要表现为对传统贸易理论假定前提的修正。

第二节　外贸管制权生成中的经济学与法学沟通:法经济学

一、法经济学的兴起

法学家博登海默指出:"如果某人未接受经济学的训练,那么他就无法认识到法律问题与经济问题之间的紧密联系,而这种关系在许多法律领域里都存在。如果一个人只是个法律工匠,只知道审判程序的方法和精通实在法的专门规则,那么他的确不能成为第一流的法律工作者。一个法律工作者如果不研究经济学与社会学,那么他极易成为一个社会

---

〔1〕 陈飞翔:《论适度保护》,载《经济理论与经济管理》1995 年第 3 期。

〔2〕 刘东勋、翟志成、陈多长:《保护贸易理论是对自由贸易理论的修正和完善》,载《国际贸易问题》1998 年 9 期。

公敌。"[1]起源于20世纪60年代的现代法经济学目前已经成为国际社会科学学术界最具有影响力、覆盖范围最广、研究和接受人数最多的法学和经济学的交叉学科。法经济学不仅极大地推动了法学研究的实证化进程，而且对经济学的发展也提出了越来越高的要求，成为法学和经济学共同的研究前沿和热点。法经济学的出现，无疑使法学与经济学之间出现了一种相互沟通的方法路径。在法律经济学的整个初创时期，法经济学还不是一门相对独立的学科，法经济学运动融合在整个新自由主义经济学运动和"经济学帝国主义"扩张运动中。而近年来的法学研究中，法经济学似乎成为最具有代表性的分支，它给法学研究提供了数理化的科学方法论与工具袋，提供了一个新的视角。

法经济学是20世纪50年代在美国兴起的，其学科特征是运用经济学的基本理论和分析工具研究法学理论与法律问题。理查德·A.波斯纳认为，法经济学是一门用经济学阐述法律问题的学科，或者说是将经济学的理论和经验主义方法全面运用于法律制度分析的学科。具体地说，法律经济学采用经济学的理论与分析方法，研究特定社会的法律制度、法律关系以及不同法律规则的效率；[2]其研究的主要目的仅在于"使法律制度原则更清楚地显现出来，而不是改变法律制度"。[3] 它的研究目标就是揭示出法律背后的经济逻辑，以理性人为基本行为假设，以效率作为研究和评判法律规则的基本出发点，使用现代经济学的基本工具和方法对法律展开分析，最终达到提高法律有效性的目的。理性选择理论是现代主流经济学的基本行为假定，法经济学的发展实际上是理性选择理论的应用、深化和反思的过程。

法经济学理论体系的建立，以两大理论做基础：一个是经济学理论；另一个是法理学理论。正义的价值理论与效率原则是统一的，共同构成了法经济学的法理学基础。法经济学理论的核心在于，所有法律活动，包

---

〔1〕［美］E.博登海默：《法理学——法哲学与法律方法》，邓正来译，华夏出版社1987年版，第490页。

〔2〕转引自史晋川：《法经济学派》，原载N.麦考罗、S.G.曼德姆：《经济学和法律：从波斯纳到后现代主义》（英文版），普林斯顿大学出版社1997年版，第3页。

〔3〕［美］理查德·A.波斯纳：《法律的经济分析》，苏立译，中国大百科全书出版社1997年版，第25页。

括一切立法、司法以及整个法律制度事实上是在发挥着分配稀缺资源的作用。因此,所有法律活动都要以资源的有效配置和合理利用,即效率最大化为目的,所有的法律活动基于此论断都可以用经济学的方法来分析和指导。在西方国家,很多人曾经片面地认为法和法学所要解决的根本问题是公平或者正义这样的问题,而经济学所要解决的则是效益问题,即如何有效利用资源、增加社会财富的总量。经济学本质上是实证科学,注重数据分析。而法律是调整人们相互关系的行为规范,人的行为难以做定量分析,因此,人们以往极少运用经济学理论和方法去分析法律制度。但 20 世纪以来,尤其是第二次世界大战以后,法律在经济生活中的作用越来越大,人们开始认识到法律与经济有着不可分割的联系。对法律的经济分析在可能的条件下不仅是定性的,而且是定量的,从而使人们可以比较精确地了解各种行为之间经济效益的差异,进而有助于改革法律制度,最终有效地实现最大限度的经济效益。

二、法经济学的研究特点

具体地说,与传统的法学研究相比较,法经济学的研究主要具有如下特征[1]:

首先是方法论的个人主义。法律经济学是以方法论个人主义的假定作为其研究基础的。方法论个人主义的核心思想是:社会理论的研究必须建立在对个人意向和行为研究的基础之上,分析研究对象的基本单元是有理性的个人,并由此假定集体行为是其中个人选择的结果。因此,从法理学的角度来看,法律经济学实质上是研究理性选择行为模式的方法论个人主义法学,或者说,是一种以人的理性全面发展为前提的法学思潮。由于方法论个人主义同样也是古典经济学研究方法的重要基础,并且在"边际革命"兴起后的新古典主义经济学的发展过程中得到广泛的运用。因此,法律经济学在以方法论个人主义假定作为其研究基础时,同时也就不可避免地借用了与这一方法论相一致的经济学的基本概念和分析方法,如效用、效益、机会成本等概念,以及成本—收益分析、均衡分析、边际分析等分析方法。罗伯特·考特和托马斯·尤伦在阐述运用微观经济理论的工具来研究法律问题的理由时指出:"法律所创造的规则对不同

〔1〕 谢地、吕岩峰、杜莉:《法经济学》,科学出版社 2009 年版,第 17 页。

种类的行为产生隐含的费用，因而这些规则的后果可当做对这些隐含费用的反应加以分析"，据此，"我们认为诸如最大化、均衡和效益之类的经济概念是解释社会，尤其是解释理性的人们对法律规则的反应行为的基本范畴。"〔1〕

其次是激励分析的运用。激励分析是现代经济学理论研究经济主体行为的一种重要分析方法，尤其适用于研究分析经济主体的预期行为。在波斯纳看来，传统的英美法学研究主要是考察已经发生的事件及案例，是一种事后研究，而法律经济学主要从事的是一种事前研究，因此，它必须注重分析随法律制度及相关因素变化所产生的预期行为刺激。"对法律经济学家而言，过去只是一种'沉没了的'成本，他们将法律看成是一种影响未来行为的激励系统。"〔2〕例如，法律经济学在讨论由于合同条文的不明确所产生的合同履行过程中偶发性风险（损失）分摊问题时，之所以要确立一种规则：把损失分配给能以最低成本承担这种损失风险的一方，其目的就是要通过警告未来的签约双方，法院将利用这个规则来分配不履行合同的损失，从而利用这一法院确立的规则来促使未来的签约双方设计出对损失风险作出明确分配的合同，促进经济活动效益的改善。

最后是规范研究与实证研究的特色。规范研究和实证研究分别是经济理论中规范经济学和实证经济学的最基本的分析方法。规范经济学研究的主要问题是"为什么"，实证经济学研究的主要问题是"是什么"。在法律经济学的规范研究中，其最大的特点就是确立和突出法律的经济分析中的效益标准，即研究在一定社会制度中法律的制定和实施的效益问题。在一些法律经济学家看来，传统法学研究所强调和重视的是公平、正义，而这一类概念本身的含义往往是模糊不清的。同时，在非常多的情形下，经济学的分析都可以得出与法律分析相同的结论，所以，可以用经济效益去取代正义之类的传统法律概念，甚至可以将法律转为经济学。从具体的效率标准来看，法律经济学在规范研究中所运用的经济效益标准，主要的并不是"帕累托最优"，而是"卡尔多－希克斯补偿原则"意义上的

〔1〕［美］罗伯特·考特、托马斯·尤伦：《法和经济学》，张军等译，上海三联书店、上海人民出版社 1994 年版，第 13 页

〔2〕［美］理查德·A. 波斯纳：《法律的经济分析》（中文版译者序言），苏立译，中国大百科全书出版社 1997 年版，第 15 页。

效率标准。按照这一效益标准,在社会的资源配置过程中,如果那些从资源重新配置过程中获得利益的人,只要其所增加的利益足以补偿(并不要求实际实偿)在同一资源重新配置过程中受到损失的人的利益,那么,这种资源配置就是有效率的。法律经济学的规范研究所确立的这种经济效益标准,可以认为是支撑法律经济学理论大厦最重要的"顶梁柱",也是法律经济学展开实证分析必不可少的前提。

在法律经济学的研究中,实证研究最适合用来分析法律的效果问题。或者说,实证经济学的分析方法最适合于研究法律的"效果评估"问题,包括对法律的效能做定性的研究和定量的分析。法律经济学运用实证研究来分析预测各种可供选择的法律制度安排的效果,目的是更好地说明,法律的实际效果与人们对该项法律预期的效果是否一致,或是在多大程度上是一致的。实证研究在法律经济学中的运用,不仅促进了法律经济学研究的"模型化"和研究的"精确化",而且使法律效果这个在法学中处于十分重要地位的法律分析问题研究取得了极大的进展。

三、法经济学的主要源流

从非主流的角度来看,新自由主义经济学的发展在当时呈现出一种"一体两翼"的发展格局。所谓"一体"是指以科斯为代表的产权经济学理论及以交易费用理论为基础的新制度主义经济学;所谓"两翼"是指以詹姆士·布坎南为代表的公共选择理论和以加里·贝克尔为代表的非市场行为经济学研究。

1960 年科斯在《法经济学杂志》上发表《社会成本问题》一文。文中的核心思想被施蒂格勒概括为科斯定理。科斯及其定理奠定了现代法经济学肇始基础。《社会成本问题》一文在使法经济学从对显性市场行为转向对隐性市场行为的分析上具有重要的基础意义。科斯定理不仅深化了对显性市场行为的经济分析,而且展示了法律制度对资源配置的重要性,使分析和研究法律制度成为经济学家的分内之事。

现代法经济学与康芒斯的贡献有着直接渊源。他批评传统经济学把法律制度排除在研究之外的做法。康芒斯通过"交易"这一基本单位把法律、经济学和伦理学联结在了一起的,在其核心理论——集体行动理论、利益和谐理论和法制决定论中,康芒斯阐述了其法经济学思想。他对"财产"与"财产权利"的区分及对"交易"概念的一般化都深深影响了法经济学的奠基者罗纳德·科斯。康芒斯将法律制度看成是协调冲突的规则体系的观点，也对现代法经济学中的制度学派产生了深刻的影响。

波斯纳是现代西方法经济学的集大成者，是他把经济学的理论和方法全面渗入到法律和法学的每一个领域。波斯纳关于法律的经济分析的核心思想是"效益"，即以价值得以最大化的方式分配和使用资源；或者说，财富最大化就是法律的宗旨。在这个思想的指引下，波斯纳全面分析了几乎全部的法律领域。其著作《法律的经济分析》是一部类似于法经济学百科全书的经典作品，这部著作在 1973 年的出版，标志着法经济学完整理论体系的建立。

四、法经济学应用于外贸管制权研究的主要贡献

经济学之所以能扩散到包括法学在内的其他社会科学领域，所凭借的就是其研究方法的技术优势。文献表明，博弈论在经济研究领域的广泛运用，已经对法律经济学的研究产生了明显的影响。[1] 国内目前已经涌现出的优秀研究成果，主要集中在对具体法律问题的分析上。反托拉斯领域就是一个显著的例子。反托拉斯思想现在正被经济分析所占据。大量放松管制运动的思想火花源于经济分析，甚至管制中也体现了经济分析的烙印。例如，在环境领域中就取得了很大的突破，如二氧化硫排放许可证交易的出现，监管机构在监管程序市场机制的引入。在国际贸易环节，则多体现在市场管制法律制度的现实合理性的分析上，如关于反倾销措施、反补贴措施、保障措施的经济成本、绩效分析和博弈分析；[2] 并提出在国际贸易管制中，政府主要考虑的是整个经济增长的情况、进口竞争行业的利益，以及工人（就业者）的利益。从总体上来看，由于外贸管制活动，美国国内进口竞争产业生产商受益，而消费者利益受损。对贸易救济关税总体福利效应的一般均衡分析表明，贸易救济关税通常会给进口国造成净福利损失。在贸易管制损害进口国整体利益的情况下，它就已经成为保护国内

---

〔1〕［美］道格拉斯·G. 拜尔等：《法律的博弈分析》，严旭阳译，法律出版社 1999 年版，第 309 页。

〔2〕朱钟棣、鲍晓华：《反倾销措施对产业的关联影响——反倾销税价格效应的投入产出分析》，载《经济研究》2004 年第 1 期。

产业的工具，一种针对性强、方便有效的贸易保护主义措施。[1] 中国学者目前也多以法经济学的视角对外贸管制措施中的具体问题进行个案研究，如关于反倾销企业应诉决策的分析中指出：企业个体分散的最优应诉决策带来的收益之和离企业整体的最优应诉决策带来的总收益有一定的差距，具体表现为企业应诉不力，这除了应诉结果具有非排他性导致企业的"搭便车"行为的因素外，还与每个企业的出口规模、总体出口规模及其集中度密切相关；协商是提高应诉率的途径之一，它可以优化总体出口规模与集中度的匹配关系，减轻"搭便车"行为，但其作用的发挥受协商成本大小的限制。

五、法经济学应用于外贸管制权研究的主要缺陷

成本和收益的量化问题是法经济学在国内研究中的难点。不解决量化问题，法经济学对立法就没有实质上的指导作用。也就是说，不解决量化问题的法经济学虽然也有助于正确理解法律，但不能指导实践，其用处不大，因此，亟须解决。但量化问题的解决有非常大的难度。第一，有的法律目标如公平、安全等很难量化；第二，量化问题涉及多个学科，这对学者的知识结构提出更高的要求；第三，经常出现不同的人对同一研究对象的量化结果相差悬殊，因而导致无法适用；第四，量化问题的解决需要非常多的资源投入；第五，我国现成的资料缺乏，可利用的正确数据不多。正因如此，很少看到国内的法经济学成果中运用充分、正确、恰当的量化资料。这也是法经济学在我国目前只能处于初级阶段的主要原因。国际法领域的经济学研究更多地侧重于使用经济学工具分析各种具体法律问题，较少系统地总结经济学工具在法律分析中的学术规律，也较少在法理学层次上与法学进行沟通。

第三节　外贸管制权生成中的法学理论实践：实用主义法学

一、实用主义法学的兴起与源流

作为哲学概念的实用主义诞生于19世纪的美国，被认为是最具美国

[1] 黄建康、孙文远：《美国实施反倾销贸易政策的动因与绩效分析》，载《世界经济研究》2006年第6期。

精神的哲学。最早"实用主义"一词来自实用主义的奠基人美国人皮尔士(Charles S · Peirce),经詹姆士(William James)而发展成一个较为系统的理论,其后由杜威(John Deway)发扬光大,将之推广至政治、道德、教育等各个领域。实用主义法学直接源自实用主义哲学,是实用主义哲学思想在法律生活和法学理论上的反映。不同法学派别的许多学者都在一定程度上秉承着法律实用主义思想,如被庞德(Roscoe Pound)划入了社会学法学派而自己认为属于现实主义法学派的霍姆斯、社会学法学的创始人庞德等。尽管持有实用主义的法学学者众多,也对法学的研究与实践产生了重大的影响,但很难明确地说存在一个叫做"实用主义法学派"的理论体系。波斯纳甚至认为在哲学上实用主义同样未能形成一个"派别",他说:"实用主义,无论新旧都不构成一个学派。""要说出某人在什么时候跨越了实用主义与其他哲学传统之间的边界,不仅很难,而且由于实用主义的核心——如果还有这样一种核心的话——也太形式多样,以至于把实用主义当做单一的哲学或哲学流派并没有什么实际意义。"[1]

霍姆斯被称为是第一个将法学理论建立在法律实践观点上的人。一方面,霍姆斯将法律作为一种职业而使之去道德化,解除了法律神秘的外衣,完成了为法律"除魅"的工作。[2] 他提出了著名的"坏人"之"法律预测论";并且着重强调"法律的生命不是逻辑而是经验",在霍姆斯心中,"法律的最大正当性,乃在于其与人类最为深沉之天性契合无间"。[3]

卡多佐沿着霍姆斯的法律实用主义进路,将实用主义进一步带入司法过程,主张通过法律的形式正义追求实质正义。他认为,"司法过程的最高境界并不是发现法律,而是创造法律。"[4]故法官兼有法律解释者与立法者的双重角色,而且此过程中的法官活动必然是创造性的。法官应

---

〔1〕 [美]理查德 · A. 波斯纳:《法理学问题》,苏力译,中国政法大学出版社 2002 年版,第 37 页。

〔2〕 许章润:《法律之道即生存之道——霍姆斯〈法律之道〉问世百年与中译感言》,载《环球法律评论》2003 年春季号。

〔3〕 同上书。

〔4〕 [美]卡多佐:《司法过程的性质》,苏力译,商务印书馆 1998 年版,第 105 页。

当在尽力保持与往昔逻辑一致的形式下实现法律为社会当下服务之目的,即透过形式正义追求实质正义,法律被物化为实现实质正义之工具。卡多佐眼中的实质正义是与社会福利密切联系的,他说:“法律的终极原因是社会的福利”。[1]

庞德则认为,法律对人类自我扩张本性的约束,乃是通过将法律权利赋予主张各种利益的人来保障各种利益的,因而法律并不创造利益,法律只是发现那些亟须得到承认和保障的利益。但是他却又拒绝对各种利益的选取制定严格的标准。他指出,在一个时期,法律可能应当优先考虑一些利益,而在另一时期,法律则应当优先考虑其他一些利益。他更加强调对不同利益进行平衡和协调。[2] 他说:“我愿意把法律看成这样一种社会制度,即在通过政治组织的社会对人们的行为进行安排而满足人们的需要或实现人们的要求的情形下,它能以付出最小代价为条件而尽可能地满足社会需求——即产生于文明社会生活中的需求、需要和期望的社会制度”。[3]

波斯纳的实用主义、经济学和自由主义三位一体的法学进路中,包含了深厚的实用主义理论。[4] 波斯纳眼中的实用主义法学是实践的、工具性的、向前看的、能动的、经验的、怀疑的、反教义的、重视实验的。[5]

法律实用主义者在对法的研究与解释中所具有的特质包括:首先,法律之目的是社会的福利,如霍姆斯说法律之更为深远、更为一般的方面,乃是赋予其普遍福祉之内容;卡多佐强调法律的终极原因是社会的福利;庞德认为法律是一种以付出最小代价为条件而尽可能地满足社会需求的社会工程;罗蒂希望法律可以容许尽可能多的不同的个人目标得到实现,以增加人类的幸福;波斯纳希望法律更具有经验性,更现实,更符合真实的人们的真实需要。其次,法律的工具主义。他们抛弃了自然法学中对

---

[1] [美]卡多佐:《司法过程的性质》,苏力译,商务印书馆1998年版,第137页。

[2] [美]E.博登海默:《法理学——法律哲学与法律方法》,邓正来译,中国政法大学出版社2004年版,第156页。

[3] 同上书,第154~155页。

[4] 成凡:《波斯纳法理学的三位一体:实用主义·经济学·自由主义》,载《学术研究》2003年第2期。

[5] [美]波斯纳:《超越法律》,苏力译,中国政法大学出版社2001年版,第13页。

法律的本质主义思考,也抛弃了分析法学、概念法学以及纯粹法学对法律教条主义的理解,把法律看做特定历史条件下用以解决现实问题的工具。结合法律实用主义者所认为的法律之目的,则他们只是将法律作为"增进社会福利"之器物。最后,法律语境论。实用主义者反对将法看成是具有普遍意义的永恒的规律性东西,认为本质主义或基础主义不过是"古老的哲学家的梦想";[1]法律实用主义者认为法律不可能被创造成一个足以解释一切的理论体系。正如苏力教授所说,法律实用主义者的语境论进路将"法律制度和规则都视为在诸多相对稳定的制约条件下对于常规社会问题作出的一种比较经济且常规化的回应。"[2]

"每种文明形态都必须去发现最适合其目的和意图的法律,没有永恒的法律,同样也没有绝对普遍适用的法律。"[3]在论及自由贸易理论是否都是最佳理论,保护贸易理论是否绝对伤害国民福利等具有囚徒困境性质的问题时,抛开过多价值观的束缚,脱离概念及研究范式的约束,完全根据具体时间内的具体问题来专门分析,可能会是一种最为有效的方式。没有崇高的法律信仰所预设的价值取向,没有法律概念主义和形式主义的积弊;它的出发点不过是为了解决现实世界的现实问题,让大家可以多一点现实的利益。正是这样的一个现实发展进程,决定了外贸管制权不得不带上法律实用主义的烙印。而目前外贸管制权所依托的国际经济法也正是在这一思路的引导下,一步步从地它原本的国内法抑或国际法,经济法抑或行政法的传统秩序中出走,时至21世纪成为引领经济全球化和法律全球化的"主力军"。

二、实用主义法学对外贸管制权的生成影响

自20世纪80年代末期至今的十几年来,外贸管制权所依托的国际经济法学开始呈现出前所未有的理论研究热潮和学术争鸣现象。英国国际经济法学者夸尔希(Asif · Querish)在其1999年出版的《国际经济法》之中首先意识到并强调了国际经济法学术的语境变迁及其多元进路。夸尔希指出,"可以从多种多样的角度来洞察国际经济秩序:法律的、经济

---

〔1〕 苗金春:《语境与工具:解读实用主义法学进路》,山东人民出版社2004年版,第161页。

〔2〕 苏力:《语境论—— 一种法律制度研究的进路和方法》,载《中外法学》2000年第1期。

〔3〕 [美]博登海姆:《法理学——法哲学及其方法》,邓正来、姬敬武译,华夏出版社1987年版,第113页。

的、政治的、情境的、哲学的（如分配正义）、目标导向的（例如比较优势模型）、国家中心论的、个人的（如人权）、机构的、南北的、可持续发展的、新国际经济秩序的、女性主义的、文化的或者历史的。有一点是非常清楚的：国际经济秩序不可能仅仅从一个单一视角来理解，同样清楚的是，它需要从每个单独视角来更好地理解。”[1]

（一）自由主义法哲学观视角下外贸管制权

自由主义思想是西方文明的一个重要文化传统，它是一种把个人自由视为社会最高价值与终极目标追求的理论学说。自由主义思想有其悠久的历史，然而自由主义作为一种完整的理论学说则到了近代才得以建立，特别是资本主义初期，自由主义的思想成为反对封建主义，推行资本主义制度的理论武器。

英国是近代自由主义思想的发源地。随着英国资产阶级革命的胜利，自由主义的精神影响了欧洲及整个世界。在资本主义革命时期，英国的思想家霍布斯、洛克，荷兰哲学家斯宾诺莎等的自由主义思想为近代自由主义理论体系的形成奠定了哲学基础。在哈耶克的理论中，自由以及法与自由的关系构成了哈耶克哲学的核心部分。哈耶克认为，自发出现的市场经济秩序，是社会经济制度自发进化过程的最新进展，是迄今为止人类社会出现过的最有效率的一种经济结构体系。相对于其他经济秩序，尤其是集中性的计划经济秩序，市场经济秩序赋予了经济主体以拥有活动的私域，并相应拥有经济自由。因此，这种秩序能保证该群体更有效地发现和利用分散性的个人知识，从而具有效率优势。所以，市场经济本质上必定是一种赋予经济个体以自由的制度，市场经济活动的本质必定是一种发挥经济个体主动性，并在整体上显现出自发竞争态势的过程。在这里，哈耶克把市场经济秩序和自由主义制度联系起来。

法律与自由是不可分割的。一方面哪里没有法律，哪里就没有自由，从这个意义上说，法律是服从于自由的一个条件。法律的目的不是限制和取消自由，而是扩大和保护自由。另一方面，要正确地理解自由与法律二者之间的关系，还必须弄清法律的构成要素，“限制”“强制”“责任”等

---

〔1〕 See, Asif H · Qureshi, International Economic Law, London: Sweet & Maxwell, 1999, pp. 3 – 4.

概念以及他们与自由的关系。法律是自由的屏障,同时,限制是法律的要素之一。强制是对自由的侵犯,强制必须出于保护自由的目的。为了保障自由,道德责任和法律责任都是必需的。在哈耶克看来,法律与自由的关系是目的与手段的关系,自由是目的,法律是手段。

总之,新自由主义法学的共同特征是,把自由看做无论是从人性的内在要求,还是在社会进步的规律上,都是至上的理念,是全部价值中最高的甚至是终极的价值。自由主义的法学思想与经济自由主义有着内在的联系,自由主义的价值理念构成了社会经济运行的"神经系统"。现代经济是高度发达的市场经济,自由是市场经济有效率地运行的必要条件,只有市场机制自由地调节,分配社会资源,社会财富最大化的目标才有可能实现。在自由问题上,法学与经济学达到了统一。从这个意义上来看,自由主义既是法学的理论基础之一,同时又是市场经济的主要理论基础,从而也是法经济学存在和发展的理论依据。

著名的国际经济法学家彼德斯曼(Ernst - Ulrich Petersmann),开创了国际经济法的自由主义民主宪政理论。结合国际经济法尤其是 GATT 与 WTO 法的理论与实践、历史与现实,他认为,个人是知识和价值的最终源泉,只有通过个人在国内市场以及跨国市场上自由行使财产权利,才能够实现国际范围的有效的专业化和社会分工,最终促进各国国民财富的持续增长和世界经济的长久繁荣,这就需要各国国内的民主宪政法律规则。但是,在国际经济交往层面,各国历来都深受形形色色重商主义和贸易保护主义的思想和政策的影响,进而使对外经济事务领域内的公共权力不能受到有效宪政的制约,结果是维护了国内特定产业部门和特殊利益集团的利益,却损害了国民总体财富和利益。为此,需要借助于国际法律规则机制帮助解决国内层面自由贸易和宪政体制的失灵和失效问题。相关的国际组织和国际制度安排正好限制和约束了各国政府的外贸管制权,从而使之不被任意滥用。彼德斯曼认为,WTO 调整范围的不断扩展、法律规则的不断明确、监督机制尤其是争端解决机制的不断强化,表明国际经济法能够通过有效的机制来保障跨国私人财产权利和经济自由,能够有效地约束各国外贸管制权的滥用。必须把直接约束政府权力行为而间接保护私人权利利益的自由国际经济规则有效地转化为国内法上针对政府权力的私人权利,并通过国内法院诉讼机制直接予以保护。

这样,就可以把个人的跨国财产权利和经济自由提升到一项基本人权的地位,可以通过国际法的直接效力原则抵制国内法层面上固有的贸易保护主义和特殊利益集团问题。[1]

(二)国际调节观视角下的外贸管制权

早在1980年法国学者卡罗(D. Carreau)等人在《国际经济法》一书中提出:国际经济法是对国际经济贸易活动进行国际性管理和调整的法律,包括对来自国外的生产要素在一国领土上的机构设置进行调整和管理的法律以及对各种货物、服务和资本的国际交易进行调整和管理的法律。[2] 日本金泽良雄认为,国际经济法是从国际经济总体立场出发所形成的国际法秩序,即对国际社会中的经济活动通过国家间的双边、多边调整,加以一定制约的国际法规范——条约的总称。[3] 这些观点直指国际经济法的核心应该是对跨国经济活动的管理与调整。

而我国学者更是直接地提出了国际经济法的国际调节论。在这种观点下,市场作为社会经济的一个系统和体系,其中的各种经济要素的结构比例关系大致均衡和协调,并且是在不断的"不协调——协调——不协调"的矛盾运动中求得协调;经济的总体运行大致平稳和逐步发展,并且是在不断地跌宕起伏中求得稳定和发展。其中发挥调节作用的包括传统的市场价值规律的调节,也包括各主权国家的国家计划调节,但更为重要的是由于市场的唯利性、市场盲目性与滞后性等固有缺陷,单靠它难以实现充分和有效的调节;更为重要的是国际市场乃主要由各国的涉外市场共同构成,国际市场经济活动主体来自各国,他们分别受到各自国家的管理和调节。也就是说,国际市场仍然受到各国的国家调节。各国的国家调节措施和力度不同,妨碍国际市场上市场机制的统一调节作用,并直接阻碍着国际市场的形成和发展,如各国设置的关税和各种非关税壁垒即如此。因此,国际市场迫切需要有新的调节机制,借以协调或统一规制各

---

〔1〕关于彼德斯曼国际经济法视角的分析,主要参见E. U. 彼德斯曼:《国际经济法的宪法功能与宪法问题》,何志鹏、孙璐等译,高等教育出版社2004年版;王彦志:《国际经济法的宪政进路》,载《当代法学》2004年第4期。

〔2〕D. Carreau, P. Julliard, F. Flory, La Droit economique Intenationale [M]. 1980. pp. 3 – 22.

〔3〕[日]金泽良雄:《国际经济法序说》,转引自姚梅镇:《国际投资法》,武汉大学出版社1985年版,第19页。

国的国家调节，并弥补市场调节固有的不足。这种调节机制即为国际性调节，或称国际调节。这样一来，国际市场的调节机制便“三元化”了。[1] 1995 年在《关税与贸易总协定》基础上，诞生了新的全球性经济调节组织——世界贸易组织。它成为当代国际调节机制的中心和主力，标志着市场国际化和国际调节机制步入新的发展阶段。国际调节同市场调节、各国的国家调节之间互相配合、制约，相辅相成，共同构成国际市场调节机制体系。

国际调节同市场调节不同，它不是社会经济自身固有的由价值规律自发作用的机制，而是从外部施加的作用和影响，并且是人们有意识、有目的的自觉活动（不同于其他并非以直接影响社会经济结构和运行为目的的社会事件，更不同于各种自然现象对经济产生的影响）。至于国际调节与各国的国家调节相比，在调节主体、作用范围和方式等方面的区别十分明显。国际调节虽然也需要各国国家调节的配合，但前者往往是对后者的某种限制和约束。特别是当国际市场尚处于形成阶段，尤其如此。国际调节主体是国际性的。从主体构成成分来说，迄今主要是由两个及其以上国家构成，包括双边、多边、区域性、全球性等；国际调节主体的形态，基本上是由双边、多边发展为区域性和全球性，由纯契约型、契约型组织发展为法人型组织，如 20 世纪中期“二战”结束前后，联合国及国际货币基金组织、世界银行、关税与贸易总协定等国际组织机构的建立以及相关国际法律文件的制定，标志着国际调节机制和国际调节法律的正式建立和形成。国际调节应首先调节国家之间的经济关系，是因为各国政府对各自国家的经济（尤其是其涉外经济那部分）所实行的管理制度和措施，如不能恰当协调和处理，势必妨碍国际社会经济的结构和运行；它直接阻碍着国际市场（国际社会经济体系）的形成和发育。所以，国际调节的首要任务是约束和指导各国政府的经济调节管理行为，协调和处理各国之间的经济调节管理关系。国际调节需要相应的法律予以规制和保障。这种规范国际调节、调整国际经济调节关系的法律，即为国际经济法。

---

〔1〕 漆多俊：《市场调节机制与法律的同步演变》，载《经济法论丛》（第 1 卷），中国方正出版社 1999 年版，第 13～18 页。

（三）综合折中观视角下的外贸管制权

夸尔希是英国著名的国际经济法学者，他提出了追求、理解和从事国际经济法研究和实践的独特的多元综合折中视角。夸尔希认为，国际经济法的视角可以指称某种追求的理念、观察的角度或者努力的方法，无论如何理解，视角必须具有规范品格和分析意义。外贸管制权所寄生的国际经济法是一个内容纷繁复杂、图景极其广阔且论述多种多样的法律领域，因此，需要采取一种全球的、开放的、复杂的、折中的过程和进路来追求、理解和从事国际经济法，而不适合追求一种单一的、独特的、清晰的特定或唯一视角。夸尔希还强调，利益驱动了不同的视角，为了理解国际经济法及其法理视角，必须思考国际经济关系之中存在的不同利益及其承载主体。为此，需要寻找各种方法、途径、进路来识别、认定和澄清各种利益。在国际经济法的不同领域，法律的地位和作用也是存在差异的。尤其值得指出的是，由于国家、法律、制度本身存在的差异，由于国际经济法之中公正话语的差异，导致了国际经济法的法律分析本身存在各种不同视角，通过采取综合折中的灵活视角，可以包容和审视各种法律视角，可以更好地理解国际经济秩序和从事国际经济事务。国际经济法领域的公正话语也体现出法律视角的差异。这里的正义既包括实体维度即分配正义，也包括程序维度即正当程序。正义话语也要求区分集中总和意义上的国家间公正，也要考察分散个体意义上的国家内部以及个人之间的公正。国际经济法公正话语的核心在于遵循罗尔斯正义论中的“最大最小”原则，即只有当处于分配水平最底部的每个国家都得到适当的或者不只是适当的利益和好处之时，不平等才可以说是正当的。[1]

（四）法学体系视角下的外贸管制权

关于国际经济法的概念之争，最能反映出国际经济法对法学体系中的部门法地位界限的冲击。

早期学者大多认为国际经济法仅属于国际公法的范畴，所以其核心内容就是对各国的外贸管制权进行限制制约的法律部门。英国学者施瓦曾伯格认为，国际公法包括国际机构法、国际空间法、国际劳动法、国际经

〔1〕 这些视角的综述均依据夸尔希编著的论文集。See, Asif H · Qureshi, ed., Perspectives In International Economic Law, The Hague: Kluwer Law International, 2002.

济法四大分支。国际经济法属于国际公法的一个特别分支。其规范可划分为两大部分：一是与国家之间的经济活动有关的国际公法规范；二是与国际经济组织有关的国际公法规范。[1] 日本学者金泽良雄也认为："国际经济法是基于第一次的构成国际社会的国家（有时是国际组织）的合意所订立的条约的总和，故应理解为国际法。""国际经济法是对国际社会中经济活动所加的某种限制的国际法（条约的总和）。""国际经济法可以理解为从国际经济总体立场出发，依据条约对国际经济活动进行多边的统一乃至调整的法律规范。"[2] 德国学者伊格纳兹·赛德尔·霍享维德恩认为，国际经济法系指"国际公法上那些直接关系到国际法主体之间的经济交往的规则"，因此，它"仅是整个国际公法学科的一部分，但这是重要的部分"。[3] 中国学者史久墉持有同样见解，认为："国际经济法作为法律体系和法律学科，较为年轻。""国际经济法是国际公法的特殊部门，如同海洋法是国际公法的一个特殊部门。暂且简单地说，国际经济法可谓调整国家之间的经济领域关系的公法体系，其法律规则是通过国家之间协议制定的。"[4] 持同样观点的还有汪渲教授："国际经济法是调整国际经济关系的原则、规则和规章、制度的总和。国际经济法是国家之间的法律，是国际法的一个新分支。"[5]

我国学者近年来则多认同国际经济法应从广义上理解，不能以传统的公法与私法、国内法与国际法的标准进行衡量。陈安教授认为，"国际经济法是一门新兴的边缘性学科。""国际经济法是用来调整跨越国境经济交往的各种公、私主体之间经济关系的法律规范。""调整超越一国国境的经济法律关系的国际经济法，确实是一个涉及国际法与国内法、'公法'与'私法'，国际商法与各国涉外经济立法等多种法律规范的国际边

---

〔1〕［英］施瓦曾伯格：《国际经济法的范围及标准》，载《国际法季刊》1948 年第 2 卷第 2 期。

〔2〕［日］金泽良雄：《国际经济法序说》，转引自姚梅镇：《国际投资法》，武汉大学出版社 1985 年版，第 32 页。

〔3〕李泽锐：《关于国际经济法的理论分歧》，载《中国国际法年刊》，法律出版社 1995 年版，第 297 页。

〔4〕史久镛：《论国际经济法的概念和范围》，载《中国国际法年刊》，中国对外翻译出版公司 1983 年版，第 359、362 页。

〔5〕汪渲：《略论国际经济法》，载《中国国际法年刊》，中国对外翻译出版公司 1983 年版，第 395 页。

缘性结合体。它是根据迫切的现实需要'应运而兴'的综合性法律部门。"[1]高树异教授说:"国际经济法是调整国际的即跨国的、具有涉外因素的各种经济关系的原则、制度和规则(规范)的总和。""国际经济法的规范包括国际法的规范,即国际条约、国际惯例等,也包括一国国内的调整各种涉外经济关系的法律和法规……所以,国际经济法是一个独立的法律部门和法学体系。"[2]曹建明教授写道:"国际经济法是第二次世界大战后形成的一门新兴独立的学科,是调整国际经济关系的法律规范的总称,是调整自然人、法人、国家和国际组织相互之间各种经济法律关系的总和。"[3]

上述观点也得到国外许多学者的认同。德国学者哈姆斯认为,国际经济法与国际公法不同,是包括属于国际法范畴的世界经济法与属于国内法范围的外部国民经济法在内的一种新的法律体制。世界经济法是调整国家之间经济关系的法律规范。外部国民经济法是相对于内部国民经济法而言的,指调整一国私人与他国私人经济关系的法律规范。[4] 德国哥廷根大学教授艾尔勒认为,国际经济法是国际间组织经济之法,不仅包含国际法和国内法,而且包括公法和私法。国际间组织经济之法,是对一切跨越国境而展开的经济关系有组织地加以规制和调整的法律规范。[5]。

(五)国际法视角下的外贸管制权

美国的杰克逊(John H. Jackson)教授被喻为国际经济法学的三巨头之一。他以一种实用主义的宪法、政策和制度分析视角,对 WTO 组织体系及各国的外贸管制权进行了分析与阐述。其研究特别强调国际经济法的规则导向、政策考量和便利功能。对于各国的外贸管制权,杰克逊教授将它放置在国际法的视角下来分析。他没有抽象地探讨国际法的存在、性质和效力问题以及市场经济和自由贸易理论的哲理问题,而是把国际法的存在和效力、自由贸易促进人类福利的好处以及国际法能够促进自

[1] 陈安主编:《国际经济法学》,北京大学出版社 1994 年版,第 31、39 页。
[2] 高树异主编:《国际经济法总论》(第 2 版),吉林大学出版社 1989 年版,第 25 页。
[3] 曹建明主编:《国际经济法概论》,法律出版社 1998 年版,第 1 页。
[4] 姚梅镇主编:《国际经济法概论》,武汉大学出版社 1999 年版,第 14 页。
[5] [日]田中耕太郎:《世界法的理论》(第 3 卷),岩波書店,第 108 页。转引自林秀雄:《夫妻财产制之研究》,中国政法大学出版社 2001 年版,第 18 页。

由贸易直接作为一种事实、一种历史和一种背景。他强调世界贸易体制的“规则导向”，强调自由贸易和人类福利的世界主义和国际主义精神，但是，又并不急于倡导建立一种严格的、明确的、肯定的、刚性的国际公法秩序和机制。如何通过一种分散化的、多元性的互惠、交易、协调、调适的机制和过程来说服各国决策者支持自由贸易及其法律规则。这是一种管理相互依赖的政策过程和治理技术。这种实用主义的跨国法方法，尽管仍然可以看出经济更胜于法律、法律更胜于政治、私法更胜于公法、国际更胜于国内的基本思路，但在对 WTO 规则的认识上却超越了传统上简单的公法与私法、经济与法律、法律与政治、外交与贸易、国际与国内的区分，摒弃了传统的概念主义的法律分科模式。杰克逊的主权理论也明显体现出了实用主义政策导向的风格。他否定传统的绝对主义主权神话，甚至赞成废弃主权这个词汇，或者保留这个词汇而重新理解其含义，认为主权问题的关键在于就特定事务的治理权力究竟应该配置在国家或国际、民间或政府的问题，主权不过是一种事务性的和技术性的制度安排及政策过程。[1]

第四节　理性对待外贸管制权生成中的理论外援

一、对相关理论的评析

（一）对外贸管制权生成所依赖的经济理论评析

马克思指出：“但社会不是以法律为基础。那是法学家们的幻想。相反地，法律应该以社会为基础。法律应该是社会共同的，由一定的物质生活方式所产生的利益和需要的表现，而不是单个个人恣意的横行。”[2]对比国际贸易及其相关法律的发展历程，不难看出，贸易兴则贸易法兴，国际贸易的兴起是国际贸易法发展的基础。研究外贸管制权的理论与实务问题，必然不可脱离这一法律所产生的社会实践基础——对外贸易。对外贸易是指世界各国之间的货物和服务交换的活动，反映了世界各国在

---

〔1〕 关于杰克逊的国际经济法视角的分析，参见［美］约翰·H. 杰克逊：《GATT、WTO 法理与实践》，张玉卿等译，新华出版社 2002 年版。

〔2〕 马克思、恩格斯：《殖民主义者莱茵区域委员会的审判》，载《马克思恩格斯全集》（第 6 卷），人民出版社 1961 年版，第 191 ~ 192 页。

经济上的相互共存。从国家角度可称为对外贸易，从国际角度，可称为国际贸易。关于一国对国际贸易所采取的态度与措施，集中反映在特定历史时期一国的对外贸易政策上，也就是外贸管制权所依赖的经济理论学说中。

英国古典经济学创始人亚当·斯密的“降低成本优势”和英国古典经济学家大卫·李嘉图的“运用比较成本优势”学说首先解释了国际贸易的动因。虽然贸易的开始并不依赖于法律的支持，但法律却在国际贸易的发展演进过程中起源和完善，以外贸管制权为依据的国际贸易法，作为调整各国之间商品、技术、服务的交换关系以及与这种关系有关的各种法律制度与法律规范，其法律体系的发展与健全依赖于国际贸易活动的兴起与发展，贸易的兴旺促进了各国经济、文化、政治和宗教的交流，反过来使外贸管制权有了深刻的内涵和旺盛的生命力。

（二）对外贸管制权生成所依赖的哲学思潮的评价

彼德斯曼运用古典的自由主义的启蒙思想、个人主义的方法论、秩序自由主义的构成原则与调节原则、宪政民主与宪政经济学乃至国际宪政、政府规制与公共选择理论等古典的、个人主义的、自由主义的理论进路及其当代发展，阐释了国际经济法的自由主义宪政理论。杰克逊教授的实用主义思想进路，可以说从根源上揭示了整个国际经济法的发展动力，也是对美国学者霍姆斯、卡多佐所倡导的实用主义法学在国际经济法领域内的发展。尽管主流法律实用主义者拒绝任何极端意义的实用主义解读，尽管他们努力把法律的终极设定为“法律的最大正当性，乃在于其与人类最为深沉之天性契合无间”，[1]毕竟，“每个人都很自然地倾向将他自己的幸福排列在他人幸福之上”，[2]因此，如同实用主义哲学无力阻止人们对它“误读”一样，实用主义法学也无力阻止社会现实生活中人们对法律工具特性的过度使用：实用主义法学家为法律目的进行的种种设计，都会因具体的立法者和司法者所信奉的意识形态以及所追求的法律目的的不同而变得截然不同。波斯纳称自己的法理学是“没有基础的法理

〔1〕［美］霍姆斯：《法律之道》，许章润译，载《环球法律评论》北京2001年秋季号。

〔2〕亚当·斯密语，转引自［德］彼德斯曼：《国际经济法的宪法功能与宪法问题》，何志鹏、孙璐、王彦志译，高等教育出版社2004年版，第9页。

学”，并说“实用主义在实践层面上可能无所作为，因为实用主义是描述行动和将行动理论化的游戏，而不是实际采取行动的游戏……实用主义的最大价值似乎就在防止过早地结束问题的讨论，而不在于实际解决这些问题”。[1] 夸尔希的多元综合视角与其说提供了一个清晰的视角，不如说是体现了一种国际经济法研究和实践的方法论，这种方法论本质上是开放的、包容的和分析性的，这保证了国际经济关系中的国际话语不走向某种极端的主张。“而是在法律的确定性中寻求不确定，在不确定中寻求确定性。”[2]

上述国际经济法学的论述观点，尽管在一定的程度上表明了外贸管制权所依赖的思想基础，但也存在一些共同的缺陷。首先，由于他们的论述都是以 WTO 规则为对象，所以也当然地把外贸管制权纳入了国际法层面予以解释，而对外贸管制权在国内法层面的哲学基础论述不足。其次，各种视角下的哲学思路往往各有出发点与侧重面，要么以偏概全，不能全面说明外贸管制权的思想基础；要么走向极端，沦为折中论或怀疑论，反而增加了对外贸管制权解读的不确定性。

尽管外贸管制权在事实上古已有之，在法律规范中也有具体的反映，但是从理论上确定外贸管制权的成立，不但要证明其自身内在的形式合乎法律的逻辑理性，还必须证明它与其所依赖的外在条件之间存在必然的逻辑联系。只有内在价值与外在条件的统一，才能说明外贸管制权的存在具有一定的价值合理性、具有现实价值基础。作为一种新发展的法定权利类型，目前对外贸管制权的研究主要集中在国际经济法领域。而国际经济法学也仅是在第二次世界大战后才正式成长起来的一门新型法学学科，无论是基础理论的研究还是在具体规范的创设，均处于幼稚期，许多方面学科体系的内洽性明显不足。反映在对外贸管制权的研究上，则表现为多种不同理论的共存与斗争；而争议的焦点则集中于外贸管制权的存在基础问题，即外贸管制权生成中的外部理论问题。这也进一步说明了对外贸管制权的理论研究尚不成熟，必须对相关的学说与争议进行理性的分析与选择。

---

〔1〕［美］波斯纳：《超越法律》，苏力译，中国政法大学出版社 2001 年版，第 14～15 页。

〔2〕葛洪义、陈年冰：《法的普遍性、确定性、合理性辨析》，载《法学研究》1997 年第 5 期。

二、外贸管制权生成中必须肯定的事实

(一)市场经济体制是外贸管制权生成的经济基础

对外贸易政策的发展演变贯穿整个世界资本主义的发展时期,几乎所有贸易政策理论的前提预设就是实行市场经济模式。市场经济,是一种经济体系,在这种体系下,产品和服务的生产及销售完全由自由市场的自由价格机制所引导,而不是像计划经济一般由国家所引导。在市场经济里并没有一个中央协调的体制来指引其运作,但是在理论上,市场将会透过产品和服务的供给与需求产生复杂的相互作用,进而达成自我组织的效果。市场经济的支持者通常主张,人们所追求的私利其实是一个社会最好的利益。亚当·斯密说:"借由追求他个人的利益,往往也使他更为有效地促进了这个社会的利益,而超出他原先的意料之外。我从来没有听说过有多少好事是由那些佯装增进公共利益而干预贸易的人所达成的。"[1]无论是自由市场经济或是福利市场经济,都应将市场作为资源配置的最重要的手段。

实践也证明了现代社会的外贸管制权所依赖的经济体制的基础是市场经济。尽管有学者根据《关于建立世界贸易组织的协定》中的相关条款强调,尽管自由贸易制度和市场经济秩序之间在国内法层面上确实很接近,但 WTO 并不明确地要求其成员方采取自由贸易的政策,也不能从中将推导出市场经济政策性的结论。[2] 然而,不可否认的是,在 WTO 的某些规则中却明确规定适用的前提应是其成员方采取了市场经济体制,否则,将可能受到差别性的待遇,如《反倾销协议》;作为贸易待遇原则的国民待遇原则与最惠国待遇都是市场待遇,不以市场为导向的贸易往往

---

〔1〕 [英]亚当·斯密:《国富论》,谢宗林译,中央编译出版社 2008 年版,第 27 页。

〔2〕 《关于建立世界贸易组织的协定》在其起始即表明:"认识到在发展贸易和经济方面它们的关系应着眼于提高生活水平、保证充分就业和大幅度稳步提高实际收入和有效需求,扩大货物与服务的生产和贸易,在按照可行的发展目标考虑对世界资源的最佳利用时,寻求对环境的保护和维护,并根据它们各自需要和不同经济发展水平的情况,加强各种相应的措施。进一步认识到有必要作出积极努力,以确保发展中国家,尤其是最不发达国家在国际贸易的增长中获得与它们的经济发展需要相称的份额。希望通过大幅度消减关税和其他贸易壁垒以及在国际贸易关系上消除歧视待遇的互惠互利安排对以上目标作出贡献。"此条款通常被视为是世界贸易组织的宗旨条款。但全文中并没有关于市场经济的要求,也没有提出自由贸易的要求。

会受到限制或禁止,明显的例子就是《反补贴协议》。历史上计划经济国家一度被排除在 GATT 之外,即便个别国家被允许加入,所享有的权利及承担的义务也不同于其他市场经济国家,处于被歧视的地位。许多社会主义国家也积极建设具有社会主义特色的市场经济都是有力的例证。

（二）国际自由贸易是外贸管制权生成的主流发展趋势

为什么自由、平等成为市场经济社会的核心原则？许多人认为是人类理性的突然发现,马克思对此作出了分析。马克思认为,在市场经济条件下,商品的交换需要双方都是自由人,是独立的个体,不依附于对方和第三人。只有这样才能保障交易的正常进行。所以,意思自治受到了特别的强调。工人的劳动力是商品而不是工人个人,工人个人是自由的。不仅如此,交换过程也应当是平等的(古典经济学由于强调“主观价值”而对这一命题持不同意见),每个人都关注自己的利益,因为交换而发生联系。恩格斯从经验的角度,从更广泛的社会角度做了分析:国际贸易要求商品所有者的流动不受限制,也要求他所接受的法律在各地应当是大致相同的,即平等的。要求资本主义法律的相同,与资本、劳动力的流通有很大的关系。资本主义法律塑造出了现代意义上的人与人之间的关系。资本主义原则和资本主义生产方式必然强调独立、自由的法律制度。这是资本主义经济中隐含的原则,这就是经济基础和上层建筑的同构性。

虽然在国家进行贸易的历史上,大多国家是以自由贸易之名行保护主义之实;尽管自 20 世纪 70 年代以来的新贸易保护主义盛行,但在以 GATT 为主导的国际社会的不断努力下,自由贸易仍是国际贸易的主流趋势。1993 年 12 月,乌拉圭回合“一揽子”协议的达成、1995 年 WTO 的成立,确立了国际贸易的新规则和组织体系。与 GATT 相比,WTO 具有法人资格的永久性、管辖范围的广泛性、各成员体承担义务的一致性、协调机制的权威性等特点。目前 WTO 成员体的经济贸易占世界经济贸易的 95% 以上,通过 WTO 的协调管理,一个完整的包括货物、服务、与贸易有关的投资及知识产权等更具活力、更持久、更稳定的多边自由贸易体系正在形成和完善。上述各种新贸易保护主义的倾向,没有改变自由贸易的主流价值地位,在现代国际贸易体制下也没有哪个国家敢公然以贸易保护主义者自居,可以看出,自由贸易能带来世界福利的思想仍是一个主流思想,自由贸易仍是一个主要发展趋势。但也正是自由贸易思想的过度支配性，使自由贸易与保护贸易的矛盾和斗争变得更加复杂。

（三）完善我国外贸管制权制度必须坚持实践检验标准

任何一门学科一经建立，在拥有其赖以自立门户的所谓明确的研究对象、特殊的研究方法、固定的专业概念、专门的逻辑体系的同时，实际上也在为自身的发展画地为牢，设置了一座封闭的围城。要想在自身的研究中摆脱羁绊，寻求长远的发展，唯一的方法就是冲出围城。然而，围城之外要么是别人已经驾轻就熟的开阔大道，要么是复杂崎岖的丛林小道，或者干脆没有路可走。研究者又将面临何去何从、终极何方的困惑。人生如此，学术研究又何尝不是如此呢？所以，大多学术研究也只好小心谨慎地以某一特定的研究对象作为“指南针”，以特定的方法论作为衡量“刺猬”之间距离的度，在不同的学科之间游走。法学的研究，或许也不能逃脱这种命运吧。

21 世纪的经济全球化以及受其胁裹的法律趋同过程，对中国来讲，同时也应当是一个从被动地接受到主动地参与的转变过程。随着国家实力和国际格局的具体情势变化，这一转变过程的快慢及中国作为制度变迁者所持有的态度也会发生变化。以不变的价值观与方法论去应对、解决现实生活中千差万别的事端既不现实，也不理性。因此，以一种实用主义的态度，在经济全球化的开放与民族经济的保护之间，以及在不同文明的冲突之间，在对世界公平、正义的维护与国家和平发展的道路之间，摸着石头过河，走出一条有中国特色的道路，既是一种不得不为的现实要求，也是一种积极、宽容的理性选择。这就要求中国必须也只能从自己做起，在对待国际经济法律秩序的问题上，应务实地处理现有国际经济制度与实质正义之间的关系，不必过分张扬国际正义的诉求，避免将南北矛盾“简单化”和“教条化”，以免秩序因无法承受的正义之重而被压跨。同时，在制度之内，中国也应当采用法律实用主义者所主张的向前看的、能动的态度，一方面在国际经济法的生成和变迁中发挥中国的独特作用；另一方面，应尽可能利用国际经济法的现有制度积极维护国家利益，即要善于运用规则来达到目的。

中国“入世”以来，经济总量，特别是贸易量的大幅提升，打破了原有的国际经贸格局，不可避免地与一些国家产生碰撞和摩擦，我国对外贸易的稳定发展面临着贸易摩擦频发的巨大挑战。贸易摩擦与外贸发展相生相伴。经济越开放,贸易往来越多,贸易摩擦就越频繁。近年来我国遭遇的贸易摩擦居高不下,与我国当前的发展阶段、经济结构以及在全球经济分工中的地位有关,是我国经济贸易持续增长、综合国力不断增强过程中出现的正常现象。这种摩擦将是长期的而不是短期的;是必然的而不是偶然的。摩擦处理过程既是摩擦双方博弈的过程,也是双方相互了解、相互熟悉、相互适应和寻求双方利益重新平衡的过程。我们要积极应对挑战。自由贸易与保护贸易既是博弈的又是兼容的,如同任何事物从来就不可能纯粹一样,贸易政策也不可能绝对自由化。例如,非歧视性是关贸总协定与世贸组织所确定的国际贸易活动的根本准则,但非关税壁垒,如进口配额、进口禁止反倾销行动和自愿出口限制等,都是特别针对个别或有限的国家,它们都是具有一定的歧视性。又如,反补贴税和反倾销等都是根据关贸总协定中的免除条款等例外性原则采用的暂时性、短期保护措施,但现在都已形成为一种长期性定型的制度机制。

我国进出口总额约占我国 GDP 的 40% 以上,说明我国经济对国际市场的依存度已经相当高,在世界各大国中也很突出。这也当然要求中国必须要遵循国际发展趋势,与时俱进地充分发挥自己的外贸管制权,改革我国的贸易管理体制与政策。以宏观调控和间接管理为主的政府管理体制将得到强化,政府的直接管理仅局限在极少数产品的范围之内。外汇管理体制将进一步放开,最终将实现人民币的完全自由兑换和汇率的自由浮动。加入 WTO 后,中国外贸政策的总体变化是由贸易保护政策转向有管理的自由贸易政策,具体包括国际化,把国际规则和国际惯例内化为国内政策;自由化,按照 WTO 规则的要求,逐步取消不合规的保护贸易措施;公平化,遵守 WTO 非歧视原则,公平地制定和实施贸易政策;透明化,按照 WTO 透明度原则,公开地制定和实施贸易政策。

必须清醒地认识到,对中国来讲,完全的自由贸易和自由经济绝不是在一夕之间实现富国强民的良方;市场经济和政府干预功能的互补至关重要。1991 年 5 月 31 日世界银行行长巴伯 · B. 科纳布尔在《1991 年世界发展报告》的前言中写道:“当政府能对市场起到补充作用时,最有可能促进经济的发展和减少贫困,而当国家和市场作用相冲突时,经济发展就会遇到极大的障碍。”1997 年 5 月 30 日世界银行詹姆斯 · D. 沃尔芬森在《1997 年世界发展报告》的前言中提出:“政府的作用问题在发展中国家和发达国家的议程中同样具有重要的位置”“没有一个有效的政府，经济和社会的可持续发展都是不可能的”。市场经济和政府干预的互补模式各不相同、有待创新。中国在全球化的进程中，必须在开放的同时加强对民族产业的保护和支持，加强自主知识产权的研发和保护，提高国家综合竞争力水平，这一点已经为中国过去三十余年的成功经验所证明。以国家利益与社会利益为核心，在尊重国际规则的基础上，充分发挥市场调节作用和政府的宏观控制作用，动态地行使外贸管制权，才是一条不得不为、任重道远的必由之路。正如邓正来教授指出的：“不知道目的地，选择走哪条路或确定如何走某条路都是无甚意义的；然而，不知道目的地的性质，无论选择走哪条路还是确定如何走某条路，却都有可能把我们引向深渊。”[1]

---

〔1〕 邓正来：《中国法学向何处去》，载《河北法学》2008 年第 2 期。

第四章　外贸管制权生成中的法理基础：主权与法治

“价值问题虽然是一个困难的问题，它是法律科学所不能回避的。最草率的或最反复无常的关系调整或行为安排，在其背后总有对各种互相冲突和互相重叠的利益进行评价的某种标准。”

——美国社会法学创始人——罗·庞德〔1〕

正如学者伯纳德·施瓦茨所言“变化着的法律观点是对社会本身变化的直接反映。”〔2〕由于外贸管制权产生所依赖的经济体制应该是市场经济与自由贸易，而20世纪70年代开始的经济全球化，使国家之间的经济交往更加频繁，相互的经济依存程度更加紧密；同时，经济全球化也导致世界法制的一体化。法制一体化的形成，首先就以国际经济法作为开端。在这种大背景下，凸显了外贸管制权的重要意义，加速了外贸管制权法律意识与法律制度的形成与发展的进程，使之作为一种具有明确内涵的法定的国家权力，在整个法制体系中占据了一定的地位。然而，存在并不绝对意味着合理。法不但是现实客观条件的结果，更是人有意识地积极活动的产物。法作为一种客体是否满足了作为法创设者的主体的需要，是法的合理性的关键所在。当外贸管制权生成为一种法律制度时，也必然无法回避“合理与否”这一基本命题，它反映了外贸管制权的内在价值。关于外贸管制权赖以产生的外援理论只是解释了外贸管制权的生成具有一定的客观性基础，但并不能说明它同时也具有了主观性的需要或

〔1〕［美］罗·庞德：《通过法律的社会控制法律的任务》，沈宗灵译，商务印书馆1984年版，第55页。

〔2〕［美］伯纳德·施瓦茨：《美国法律史》，王军等译，中国政法大学出版社1996年版，第100页。

价值。因此,关于外贸管制权生成中的法理原则选择实际上即是外贸管制权的价值选择问题。

第一节 外贸管制权生成的双重法理基础

一、外贸管制权双重法理基础的产生依据

(一)外贸管制权的双重法理基础是其性质的必然要求

外贸管制权是指一国政府从国家的宏观经济利益、国内外政策需要以及为履行所缔结的国际条约的义务出发,通过颁布法律和法规对本国的对外贸易活动实现有效管理而形成的各种制度、机构以及相关活动的一种综合权利,是国家权力在对外贸易领域内的体现。所以从其诞生之日起,外贸管制权就具有两面性:国内法属性与国际法属性。外贸管制权首先表现为一个主权国家的权力,其次外贸管制权也随之具有了主权的基本内涵。其拥有主体是享有对内最高权力、对外独立权力的主权国家,是国家权力内容中不可分割的一个部分。它也具有了两面性,在国内法范畴表现为一种国家权力,要通过具体的国家职能机构来实现。但是在资产阶级革命胜利后,在法治具有普适性价值的今天,这种国家权力就必须受到法治理念支配与约束的权力,是一种有限的政府权力。外贸管制权在国际法范畴中表现为一种国家权利,是各国意志与利益调和的产物。正因如此,当近代国际法以主权作为其基本和首要的原则时,每个在国际经济秩序下生存的国家行使其外贸管制权,也要体现出对主权的臣服。因此,基于外贸管制权是一个法学视野中的新生事物,基于其两面性特征,从而对国际法与国内法的法制基础产生了巨大的冲击力,导致在国际法制度基础的主权发展与限制方面、在国内法法制基础的法制统一与创新方面,产生了诸多的争议。

(二)外贸管制权的双重法理基础是其制度依据的反映

对外贸易管制的法律依据通常是各国的国内立法和国际条约,从法律规范的约束性来看,表现出了国内立法的多层次性和国际立法的多边性的特点。一国有关对外贸易管制的国内立法多为公法性质的法律,如海关法、对外贸易法、外汇管制法等,也包括国家基于紧急特殊情况而颁布的临时法规。上述不同效力层次的法律渊源,必须在宪法的统一下才

能形成一个有机的整体。有关国际贸易管制的国际条约是协调、规范各缔约国对外贸易管制法律的国际条约。每个国家在缔结国际条约时会首先表现出对本国主权的行使与对他国主权的尊重；同时，基于不同的社会根基，在全球范围内并未形成绝对统一的外贸管制权规则，多边性是国际贸易管制法的一个特色。在中国当前的经济发展阶段，外贸依存度较高将会持续较久。这样，对外贸易的状态会对中国经济的安全运行产生重要的影响。健全可行的对外贸易法律制度会成为支持外贸顺利进行的基础之一。对外贸易法律制度应包括有关外贸活动的一切法律规范。在中国，《对外贸易法》是规范对外贸易的基本法和对外贸易法律制度的核心，同时，还必须发展健全相配套的综合法律制度。中国作为国际社会的一员，其外贸法律制度的基础法律依据必然包含两个方面：国际法律规则和中国国内法律体系。

（三）外贸管制权的双重法律基础是其生成的历史结果

外贸管制权在其形成的萌芽时期，便天然地具有国内与国际的双重属性。但由于当时社会没有主权观，更没有法治伦理，附随于政治权力的外贸管制权也就不涉及其内在价值的选择问题。欧洲中世纪尽管除了非歧视性费税以外并没有国家干预贸易的迹象，但是各地的习俗、沉重的课税及商人安全状况都在不同程度上阻碍贸易的繁荣发展，如船难法、着地法和赔偿报复制度，都在一定程度上直接或间接地影响着商人们的安全。通过公平的手段将商人吸引到自己的集市上来，成为当时政府的主要目的。因此，在其命令中逐渐地取消了一些陋习，有时通过双边订约、互相确认商人在本国的资格，来实现对商人的保护。应该承认，当时的政府对贸易的促进起到了积极的作用。这一时期的外贸管制权具有天然的合理性。

在外贸管制权的发展时期，民族国家开始兴起，主权观念先于法治观念产生。外贸管制权如同一只失去一翼的小鸟，只能依赖在国内秩序下生存。这一时期的外贸管制权回归到国内法中。而伴随着资产阶级革命胜利，全新的法治理念深入人心，外贸管制权又重新走向了国际化。特别是在 GATT 缔结后，国际贸易是全球化产生的推动力，而全球化的意识形态反过来又将推动国际贸易法的统一。著名的国际贸易法专家施米托夫 1957 年在赫尔辛基大学讲演时指出："我们正在开始重新发现商人法的国际性，国际法——国内法——国际法这个发展圈子已经完成，各地商人法发展的总趋势是摆脱国内法的限制，朝着国际贸易法这个普遍性和国际性的概念发展。”[1]

二、外贸管制权双重法理基础的意义

（一）外贸管制权的双重法理基础是其法制合理性的基础

关于外贸管制权作为法律制度的价值选择问题，其实质却是关于外贸管制权的合理性或正当性的讨论。基于外贸管制权天然的两面性，对其合理性的分析也只能从国内法与国际法两个层面进行。众说纷纭的西方法学流派对法的解读无非也都是围绕着“法是什么”及“法应该是什么”而展开的。因而，在总结法学史上的探索经验时，马克思主义法学告诫我们应该区分“实然”与“应然”。法的合理性问题涉及法的本质的一般认识与态度，它也涉及应然法与实然法的关系问题，反映了实然对应然的“追逐”。从而，当我们仔细梳理“法的合法性”这一概念的含义时，不可避免地要运用“实然”与“应然”的辩证并结合西方法学思想史上的观点，将该命题问题化，即从中探寻“法的合法性”问题成为真问题的原因。

关于法律合理性的内涵，诸多学者均有不同的论述，但其中最有影响力的是德国学者马克斯·韦伯。在他看来，合理性分为两种类型：一是形式合理性，即法的工具理性；二是实质合理性，也称法的价值合理性。前者具有事实的性质，是用于表述不同事实之间的因果关系的概念，强调手段的合适性和有效性；后者则对目的、意识和价值尤为关心。[2] 理性主义法律观认为，社会可以依据理性的设计而趋于合理化，法律则是理性化时代的最主要的规范基础。基于此，韦伯才将成文法律作为形式合理性社会的主要标志和条件。因此，强调专业知识群体和精英集团在法律形成中的作用，是符合启蒙时代以来法律发展的趋势的。

哈贝马斯关于法的合法性问题的阐述并不像韦伯的“合法性信仰”让人捉摸不定。也许正是因为哈贝马斯认识到了韦伯的经验主义的合法性概念陷入“历史解释的无标准性”的缺陷，才有了其关于合法性问题的重新认识。与其对民主的偏好相投，其也将合法性与政治秩序相联系，并

---

〔1〕［英］施米托夫：《国际贸易法文选》，赵秀文译，中国大百科全书出版社1996年版，第230页。
〔2〕［德］马克斯·韦伯：《经济与社会》，林荣远译，商务印书馆1998年版，第84页。

更进一步与他的社会危机理论相联系。[1] 他认为，只有政治制度才拥有或者才可能丧失合法性，只有它才需要合法性；合法性的意思是说，与一种政治制度联系在一起的、对自身被认为是正确的和合理的要求可以很好地论证；合法性就意味着某种政治制度的尊严性。[2] 关于这种尊严性，哈贝马斯认为我们只有从产生法律的过程和程序中去寻找。其运用沟通行动理论，认为这种合法性力量只能来自法律形成过程中的沟通理性，即经由自由沟通达成一致或共识的程序或过程。[3] 而亚里士多德的"法治公式"却表述得更为明确："法治应该包含两重意义，已成立的法律获得普遍的服从，而大家所服从的法律又应该本身是制定良好的法律。"[4] 韦伯与哈贝马斯关于法的合法性思考也没能逃脱这种法治理论框架的影响。从实用主义出发，周世中教授认为，合理性是指合理的特性，而非合乎理性，"法的合理性就是法满足人民群众的需要和法符合社会发展的客观规律及其自身发展规律的属性"。[5]

因此，当涉及外贸管制权的合法性问题时，就必须说明其具有法制逻辑上的正当性。但关于权力正当性的论证结构与逻辑却并没有一致性的范式，譬如关于权力合法性的依据，有学者是从法律到宪法的逻辑结构来证明其形式依据的。要从法律理论上说明权力的合法性最终来源于宪法，凯尔森的纯粹法学作出了比较突出的贡献。在规范等级体系的理论中，凯尔森就把宪法认定为法律及权力的合法性的最终依据。因为"国家权力不过是法律秩序的效力和实施"。[6] 也有学者采用了从宪法到宪法序言的论证逻辑，以正义、福利与自由的抽象价值名义作为宪法序言，从而证明了宪法规范及服从于宪法规范的其他法律规范的正当性与合法性。美国宪法序言的论证逻辑就是比较典型的例证。通常是以社会契约论奠定法律规范或国家权力的形式合法，以公共福利奠定其实质正当，

---

〔1〕［美］哈贝马斯：《合法性危机》，刘北成译，上海人民出版社2000年版，第34页。

〔2〕严存生：《法的合法性问题研究》，载《法律科学》2002年第3期。

〔3〕［美］哈贝马斯：《交往行动理论》，洪佩郁、蔺青译，重庆出版社1994年版，第55页。

〔4〕［古希腊］亚里士多德：《政治学》，商务印书馆1985年版，第199页。

〔5〕周世中：《法的合理性研究》，山东人民出版社2004年版，第23页。

〔6〕［奥］凯尔森：《法与国家的一般理论》，沈宗灵译，中国大百科全书出版社1996年版，第283页。

《关于建立世界贸易组织协定》也是采用了这种论证结构。中国宪法序言对宪法及相关法律的合法性与正当性的论证逻辑与众不同,它是通过历史来寻求合法性依据的,“通过历史的书写获得传统的支持”,[1]几乎成为我们民族的思维定式。但必须看到,无论采用了怎样的论证方法与逻辑结构,对任何法律制度或国家权力要求其具备法治价值下的正当性或合法性,已成为该法律或权力得到民众认同与尊重的前提,是其合理性的首要衡量标准,外贸管制权自然也不能脱离法治所要求的价值体系。

公民权利、社会权利向国家权力的转化是在一定条件下进行的。前提条件就是公民集合为人民,权利集合为主权。国家权力有限原则要求严格区分和划定人民主权与政府权力,区分人民主权与代议机构的权力。过去那种无条件地谈论人民利益、国家利益的同一性,把人民主权庸俗化为代议机构的权力,或者把人民主权混同于政府权力的做法,是不正确的。但国家权力受限,未必意味着国家主权会受限;恰恰是由于国家主权来源于人民,是一国立足于国际秩序的基石,所以,更要求国家一切行为或权力尊重主权,服从主权的权威。而近代国际法,就是在国家主权的基础上形成的一套国家意志妥协调和的规范体系。当外贸管制权发生了域外效力时,必然会受到主权的价值观的制约;当外贸管制权成为各国一种达成共识的规范体系时,也必然符合主权价值观的标准。

我们把对法的合法性理解当做一种工具来改造实然的社会。在法治建设中,首先,应解决的是对现有政治制度与法律的确认,其次,要对这种确认的事实借助理性工具加以完善并产生合法性信仰,最后,要给法的合法性信仰加上一个可开放发展的机制。就顺应合法性产生的社会经济背景的内容而言,我们应扩大知识与信息的传播,结合全球化与本土化因子构建合法性基础。[2]

(二)外贸管制权的双重法理基础促进了世界法律的一体化

法治原则与主权原则的出现,意味着法律在世界各国已形成了一些共同的价值观,而这种公共的价值体系势必将促进外贸管制权法律制度

---

[1] 葛兆光:《中国思想史》(第一卷):七世纪前中国的知识、思想与信仰世界),复旦大学出版社2001年版,第86~87页。

[2] 王云飞、丰霏、杭艳秀:《论法的合法性》,载《大连海事大学学报》(社会科学版)2006年第1期。

的统一与协调。世界贸易组织及其相关规定的出现,使许多人看到了这种希望。如果将这种希望无限放大,就有可能在世界范围内出现所谓的贸易宪法。如果贸易法果真实现了宪法化,那它可以说是国际社会产生的第一部宪法,其对国内"对口"立法(主要是经济立法与政策)的影响就可以相对地越过"主权之墙"的阻隔。那么,作为世界经济宪法的国际贸易法就会把各国国内经济立法变成区域性的普通经济立法,国际贸易法与国内经济法之间的关系就类似于美国宪法与各州的经济性立法之间的关系一样。主权消失而国际宪法产生,成为法律大同社会的一个理想图景。

法律大同社会的理想召唤着各国的法制改革。譬如当中国加入世贸组织后,相关法律的精神、价值、理念和功能等就得进行重新定位。在加入世贸组织的制度背景下,中国经济法的基本理念定位于规范市场和规范政府,既克服市场失灵,又克服政府失灵,而不是先前所强调的调控市场和克服市场失灵。政府与市场的关系本来应该在宪法制度中有明确的规定,但由于我国社会经济的转型性特征明显,宪法中没有对此作出规定,结果导致完全由经济法来对政府与市场的关系进行自我定位和把握。而我国的经济法发展史是一部从政府万能到政府全能的观念所主导的历史,目前仍未达到普遍接受"政府不能"观念的阶段。

国际贸易法在法治化之前只强调国家消极的一体化,即国家的不作为;而在法治化之后,国际贸易法同时还强调国家的积极作为;在国际社会中,一般可以说,凡是国际经济法(WTO 规则)所不禁止的,就是主权国家可以作出的;但在国内社会中,对于国家权力机关来说,凡是国内法未明确授权的,就是国家权力机关所不能作出的。相反,凡是法律所不禁止的,就是公民(法人)可以作出的。法律成为"政治国家"和"市民社会"之间的均衡器。[1]

---

〔1〕 岳向阳:《对加入 WTO 后我国经济法若干理论问题的思考》,载《政法学刊》2003 年第 4 期。

第二节　外贸管制权生成中的国际法合理性：主权原则

一、主权原则是外贸管制权生成中的国际法理基础

从国际法和国际关系的角度来看，定居的居民、确定的领土、一定的政权组织形式和国家主权是一个民族国家应当具备的四项基本要素。而最能反映现代民族国家最基本特征的是国家主权，民族国家因而又被称为主权国家。第一个提出主权原则的是法国人让·博丹(Jean Bodin)，他在1576年所著的《共和国六论》一书中提出，国家主权是一种永恒的、绝对的、至高无上的权力；荷兰国际法学者格劳秀斯在1625年发表的《战争与和平法》一书中首先提出了国与国关系中的主权概念，他指出国家主权的统一性、不可分性和独立性，一个主权国家不能接受另一国的法律约束，同时也试图寻求一种主权国家都同意的共同自然法，即国际法。1648年威斯特伐利亚会议正式承认国家主权原则是国际关系中应当遵守的准则。国家主权原则是所有各项国际法原则的核心，它在国际经济领域表现为国家对其自然资源的永久主权，也即国家的经济主权。国家的经济主权是国家主权不可分割的部分，是新的国际经济秩序的基础。

但是，全球化对传统国家主权构成了巨大的冲击和影响，国际法学界出现了各种有关国家主权的"新思潮"。如何认识全球化发展进程中国家主权问题就成为既有争议又必须搞清楚的课题。

（一）国家主权过时论及其评析

美国是"主权过时论"的积极倡导和推行者。美国著名的国际法学者和人权法权威路易斯·亨金认为"主权"一词被误引滥用，阻碍了国际公法的现代化和健康发展。他强调："对于国际关系说来，主权一词在很大程度上肯定是没有必要的，最好避免使用"，甚至鼓吹，"我们应该把主权一词作为旧时代的残余遗物摆放到历史的陈列架上去"，并提出"人权高于主权""经济一体化高于经济主权"之类的口号。[1]

---

〔1〕 陈安：《世纪之交围绕经济主权的新"攻防战"》，载陈安主编：《国际经济法论丛》(第4卷)，法律出版社2001年版，第117页。

“主权过时论”有其深刻的现实根源。全球化的深入发展使一些发达国家得以从政治、经济、军事等各个方面进行全面的渗透,加紧控制中小发展中国家,干涉其内政与外交。但这种渗透与控制,一开始就遭到了发展中国家的极力反对与抵制,所依据的正是国家主权原则。“主权过时论”正是西方一些大国借全球化的发展推行其“新干涉主义”“新殖民主义”等政策的具体表现。事实上,美国绝不可能放弃自己的主权,美国“一贯把本国利益以及维护本国利益的美国‘主权’和美国法律,放在首要地位。”[1] 为使“主权”一词在不同的场合适用美国不同的需要,主权应当被加以分解,这是美国一贯推崇的做法。

(二)“国家经济主权弱化”与“主权让渡论”及其评析

鉴于全球化背景下,单纯地由国家管辖的国内领域、部门越来越少,国际组织的管辖范围却日趋扩大。在更多的情况下,国家不得不让渡自己的主权,而与其他国家或国际组织共享,全球化的深入与国家主权之间似乎存在着必然的矛盾关系。国内外许多学者因此认为随着全球化的深入,国家的管辖范围与能力被大大限制,主权已经弱化,主张“经济全球化自然会促使国家丧失部分主权”“倘若国民福利能由于经济全球化而显著提高,主权的丧失又有何妨? 主权的产生也是为国民福利服务的,我们又何必死抱着主权不放呢”“让出一部分主权,换取整体利益,只要是自愿的,由本国独立决策的,就是合理的”。[2] 这些观点的相同之处在于认为国家主权涉及政治、经济、安全等各个方面,是一个整体,而为了整体利益,让出部分主权并不损害主权的完整性。

事实上,任何一国在参与全球化进程中,都不得不让渡自己的一部分权利,而与其他国家或国际组织共享。但这种让渡并非基于主权的弱化或国家的无能为力;相反,这正是处分其主权能力的体现。“参加或接受一项条约,在一定意义上就是缩小了国家政府行动自由的范围”。[3] 趋利避害是国家参与国际关系和国际经济活动的明智选择。面对全球化和

---

[1] 陈安:《美国 1994 年“主权大辩论”及其后续影响》,载《中国社会科学》2001 年第 5 期。

[2] Lillich h · ed. ,Humanitarian International and the L sited Na - dons, Charlottesville:Cniversity Press of Virginia,1973, p. 198. 转引自慕亚平、代中砚:《论经济全球化进程中的国家主权问题》,载陈安主编:《国际经济法论丛》(第 4 卷),法律出版社 2001 年版,第 211 页。

[3] 陈安:《美国 1994 年“主权大辩论”及其后续影响》,载《中国社会科学》2001 年第 5 期。

发展本国经济的强大压力,出于自身利益的选择,国家需要让渡一些主权权利,让渡的理论基础就是承认主权的可分性。这种让渡是基于对自身利益的选择,是国家自己作出的对主权的处分,是国家有意识的选择,并非主权弱化的表现,国家仍然保持着自主性。而且,这种让渡并不是建立在不平等的基础之上,让渡的目的是共同享有更大的利益。从国际社会整体来看,这种让渡恰恰是一国主权内容的延伸。因此,主权并未弱化,只是行使主权的方式发生了变化;而让渡也只是表面现象,并非国家主权的本质,其实质是体现了主权的相对受限性。对于发展中国家,想要保障经济安全与顺利发展,就必须保障政治上的独立,要坚持国家的经济主权。

(三)"主权发展观"及其评析

当经济全球化这把"双刃剑"致使国家传统主权备受过时、弱化、让渡等质疑时,许多学者提出,传统的国家主权观已经不能完全适应经济全球化发展的要求,必须对其内容不断地进行发展和调整,经济全球化呼唤新的国家主权观。经济全球化的正常运行必须有约束力的国际规则做保证。只有各个主权国家地自觉遵守国际规则,或者任何主权国家违规后都会得到应有的惩罚,才能保证正常的国际贸易和经济往来。不可否认,经济全球化在促进各国经济发展和实现世界资源最优配置的同时,也产生了一些负面的影响。这些负面影响往往是跨国界的,如环境污染的跨国界扩散和跨国经济犯罪等。显然,要消除经济全球化所造成的跨国界的负面影响,单个的主权国家是无能为力的,必须依靠国际经济组织协调下的有关国家的合作共事。而传统国家与公民二元社会结构日益受到第三方社会力量的冲击,社会治理结构亟须改变。这些就要求各个主权国家必须树立新的国家主权观,正确处理遵守国际规则和维护国家主权之间的关系,解决经济全球化所产生的问题。

国家主权的发展首先表现为主权内容的丰富化。传统主权首先强调的是政治或领土主权。而在当今社会,主权所涉及的内容日益广泛,其重心也在不断转移,其中经济主权就成为一个非常重要的内容。发展中国家在维护和发展国家主权原则的同时,不仅使这一原则得到巩固,更重要的是使国家主权原则获得了内涵上的极大丰富与提升。由于"主权的政治性与经济性是无法分割的”，[1]发展中国家坚持国家主权原则，“不仅使这个原则得到巩固，而且使它还有所发展。最明显的是，国家主权已经不再限于政治方面，而是扩展到经济方面，甚至文化方面，经济主权的概念已经开始树立起来了。”[2]把“经济主权”的概念和原则，与固有的“政治主权”概念与原则并列，在坚持传统国家主权原则的同时，也对主权原则的内涵作出了更为丰富的理解与提升，“使主权理论无论是影响范围还是内容深度方面都具有了世界意义”。[3]

国家主权的发展还体现为复兴人民主权的实质。根据国家主权的产生和演进史，传统国家主权的最初实质内容是封建王权，后来为了反封建和资产阶级革命的需要，当时的启蒙思想家祭起了人民主权的大旗，即强调国家主权中的人民当家做主。在经济全球化时代，我们应该再次突出国家主权的人民当家做主的属性，即复兴人民主权。复兴人民主权，就是改变过去政府完全垄断国家主权的做法，实行国家主权在政府和非政府主体之间的再分配，把部分国家主权由政府让渡给非政府主体；同时，政府在行使国家主权时，应该更多地反映非政府主体的意志。复兴人民主权是经济全球化的根本要求。经济全球化的实质是市场经济的全球化，而在由政府统治经济和计划经济向市场经济的转轨中，政府必须把原来拥有的许多权利包括部分国家主权让渡给企业和其他非政府主体。

国家主权的发展更强调追求国家主权的实质意义。国家主权是民族国家存在的基本条件，在可预见的将来，国家主权的维护仍然是十分必要的。但是，面对经济全球化的不断发展及其对国家主权已经造成许多冲击的现实，我们需要探求新的有效维护国家主权的途径。为此，我们不应再抱残守缺，空谈国家主权丝毫不容侵犯的抽象原则，而应该追求国家主权的实质意义。

经济全球化作为客观的、无法回避的和从根本上有利于世界各国的历史潮流，我们只能去主动地适应它，并且按照经济全球化的要求来调整我们过时的观念、理论和政策，而不是相反，让经济全球化来迁就我们现

---

〔1〕 张乃根：《国际法原理》，中国政法大学出版社 2002 年版，第 25 页。

〔2〕 王铁崖：《王铁崖文选》，中国政法大学出版社 2003 年版，第 42 页。

〔3〕 俞正梁：《国家在全球化中的位置》，载《山西大学学报》（哲社版）2002 年第 5 期。

有的观念、理论和政策。国家主权发展观充分意识到在当今社会,在国际法领域内,尽管传统的主权观存在许多问题,但还不能完全放弃主权概念及其价值,在不放弃主权原则的基础上对主权观本身进行内涵及形式的改变,可能更具有实用性。正是由于国家主权发展观的积极性与现实性,这一观念已被许多国家所接受,也成为《联合国宪章》及相关规范中所认可的一种主权观。

(四)对主权争议的反思

国家主权是国家固有的特征。它是一个历史的范畴,伴随着民族国家的出现而产生,随着国家本身的发展而演变,必须以发展的观点来认识国家主权。国家主权不是人类历史上国家产生以后就有的,而是产生于十六七世纪世俗国家反抗罗马教皇统治斗争的实践中。最初,国家主权的实质内容是封建王权。后来,为适应资产阶级革命的需要,国家主权从封建王权演变为人民主权。同时,传统国家主权观的适用范围最初只有欧洲,以后才逐步扩展到整个世界。20 世纪 60 年代以来,为适应独立后广大发展中国家经济发展的需要,传统的国家主权观开始产生了"经济主权"这一新的主权内涵,国家主权的内容也不断向经济主权倾斜。从上述国家主权的产生和发展史可以看出,国家主权从来就不是固定不变的概念,而是依照历史条件而不断调整和变化。今天,我们面临着经济全球化这一极其广泛而深刻的历史变革,更不能把国家主权静态化,教条地固守传统的国家主权观,而应该坚持发展的国家主权观,根据历史条件的变化适时地加以调整以丰富国家主权的内涵。

主权概念的调整变化也反映了主权国家地位的演变。从国家形成至今,国际关系的内容已经发生了重大变化,主权国家的界限在许多方面被突破,曾经拥有的至高无上的无所不包的权力受到冲击,在处理国际事务时表现出越来越多的局限性。经济全球化冲破了国界的束缚,国际关系行为主体日趋多元化,非国家行为主体职能日益加强,主权国家的职能相应出现了主动与被动的转移和让渡,但这并不意味着主权国家在国际关系中主导地位的丧失。现代意义上的国际关系本身就是以主权国家的产生为前提并伴随着国家交往的日益密切而发展,当代国际社会仍然是主权国家的社会,主权国家仍然是国际关系中最重要的、最基本的主体。即使非主权国家主体日益增多,如各种各样国家组织的出现,但政府间的国际组织必须建立在主权国家同意参与的前提下,其主要成员依然为主权国家。

发展中国家理应坚持主权神圣不可侵犯的观念,主权仍然是国家对内的最高权力和对外的独立权。动摇了主权对内的最高权威,国内社会就会陷入无政府状态,进而失去社会稳定与发展;而在全球化背景下,在国际社会中,在国家之上并无一个如国内社会一样的最高权威,要维护主权国家之间的和平与安全,就必须尊重彼此的主权,承认其独立与平等的神圣性和不可侵犯性。主权国家是国际法的基本主体的地位不能动摇。在经济全球化时代,国家的经济活动不得不越来越多地遵循国际条约与国际惯例;一国内的经济立法也不得违背其缔结的国际条约与协定;国际干预与调节已渗透到国内任何一个部门,主权受到限制是显然的。但是,国家主权仍然是国际关系的基石。国际组织是由主权国家创立的,国际条约是由主权国家缔结的,它们所赋予与国家之上的义务也是主权国家自愿接受的。主权国家行使主权虽然受到一定限制,但只要有国家存在,就有国家主权,也就有一国的经济主权。但同时也应认识到主权不能绝对化,主权概念具有多义性。主权是合法性的法律表述,并不是一种绝对的实体存在,单纯地仅仅由主权国家构成的国际社会是不存在的。可以说主权国家不是代表一种绝对的逻辑,而是一种历史的逻辑。[1]

外贸管制权作为国家经济主权在对外贸易领域内的反映,也当然地具有主权的本质属性与现实特征。这是在国际法视角下对外贸管制权进行研究的制度性基础和前提条件。经济全球化的发展促使外贸管制权的发展进一步加快,由于世界经济的一体化,经济活动在世界范围进行,资源在全球范围配置,使国家原有的稳固地位不断受到挑战,尤其是实力的差距更是导致国家之间利益的不平衡和矛盾的加剧。因此,在 WTO 多边贸易体制下,外贸管制权原则更有必要得以强调并贯彻于国际经济活动的各个领域。根据当今的国际实践,在全球化进程中,国家让渡其外贸管制权的表现形式主要有:贸易管辖权的部分让渡、关税自主权的部分让渡、国家职能的部分让渡和贸易决策权的部分让渡等。这说明,全球化时

〔1〕［美］摩根索:《国家间的政治:寻求权力与和平的斗争》,徐昕等译,中国人民公安大学出版社 1992 年版,第 392 页。

代，以国家利益为主的外贸管制权观将向兼顾国家利益和全球利益的外贸管制权观转化。

二、主权原则下外贸管制权的实质价值

法的实质合理性的最大特征在于其主观性与外部制约性，因而也带有明显的不确定性。正如周世中教授认为的那样，法的合理性受特定的历史条件制约。"法律是否合理，必须根据当时的社会物质生活条件，依据当时人们的历史价值观、阶级地位来判断，合理性是历史的、变化的，不是永恒的、不变的。"[1]外贸管制权的实质合理性，一般是指设计外贸管制权的制度规范的目的价值的合理性。从外贸管制权的历史与现实来分析，外贸管制权所涉及的法律规范，至少包括以下价值目标：秩序、正义、安全、自由、效率、发展、合作、理性、人权等，它们共同构成了一个相对完整的法价值体系。以下仅就经济主权原则下外贸管制权所体现的部分重要价值进行分析。

（一）国际经济新秩序是外贸管制权所追求的秩序价值

在法的诸多价值目标中，秩序具有中介性或手段性，即法通过对秩序的追求从而达到对诸如正义、自由、安全等目的性价值目标的追求，因而法的秩序价值是法的基础价值。外贸管制权对秩序的追求，反映为不同国家通过对自己经济主权的运用，来建立可持续发展的国际经济新秩序。国际经济秩序，是"国际经济关系在其发展的各个不同历史阶段形成的某种相对稳定的格局、结构与模式"。[2] 作为外贸管制权的价值目标，它特指能保障大多数国家利益的"国际经济新秩序"，而非建立在少数国家意志与利益基础上的"国际经济旧秩序"。

与国内相比，国际社会中人们对秩序的需求更为迫切，秩序的确立更为困难。正如一位国际法院的法官所言："混乱似乎无处不在，我们很难反对这样一种观点，即无秩序是当今国际秩序的一部分。"[3]因为国际社会中对各国意志与利益的协调、保障力度相对较弱，从而使利益的划定、分配与调整不尽如人意，而利益归属不清、分配不合理以及对利益冲突调

---

〔1〕 周世中：《法的合理性研究》，山东人民出版社2004年版，第4页。

〔2〕 曾华群：《国际经济法法论》，法律出版社1997年版，第22页。

〔3〕 [英]诺塞琳·希金斯：《变迁的国际体制中之国际法》，叶兴平、田晓萍译，载《外国法评议》2001年第3期。

整的不利,都是混乱与无序的根源。在历史上,许多人由于坚持“法律是以威胁性为后盾的命令;国家从根本上没有作为法律义务主体的能力”。[1] 基于这种看法,曾一度怀疑国际法作为“法律”的可能性。英国学者哈特对这种看法进行了反驳,认为以传统的法律概念来衡量国际法是一种先入为主的偏见,因为国内和国际社会有着大不相同的事实背景,在国际社会中既不存在制裁的必要性,也不存在安全而有效地使用制裁的背景。“国际法以一种不同于国内法的形式发展起来。”[2] 哈特为国际法的辩护深刻而有力,但在其中我们也看到了在国际上建立良好秩序的困难性之根源。

在无序的状态下,最容易孕育出另一种意义下的“秩序”,即英国哲学家霍布斯在《利维坦》中所说的“一切人反对一切人”的弱肉强食的秩序。在外贸管制权还处于发展阶段时,自发形成的国际经济旧秩序,就是维护垄断资本对殖民地、附属国和其他弱小国家的剥削和掠夺的秩序。“二战”以后,新兴社会主义国家与民族独立国家努力改变这种对其发展极其不利的秩序,经过与发达国家的斗争与对话初步达到了自己的目的,主要表现为联合国大会相继通过了《建立新的国际经济秩序宣言》及其《行动纲领》《各国经济权利和义务宪章》《发展和国际经济合作》的决议。上述四个文件被认为是“建立新的国际经济秩序的文件,是指导各国经济关系的法律文件”。[3] 其中前两个文件对建立新的国际经济秩序的方向进行了明确表述:“将建立在所有国家的公正、主权平等、互相依靠、共同利益和合作的基础上,而无论其经济和社会制度如何,这一秩序将纠正不平等和现存的非正义,并使发达国家和发展中国家之间日益扩大的鸿沟可能消除,并保证目前一代和将来世世代代在和平与正义中稳步地加速经济与社会的发展。”[4] 因此,外贸管制权既是发展中国家追求新秩序的手段,又是发达国家维护旧秩序的工具。

---

〔1〕 [英]哈特:《法律的概念》,张文显、郑成良等译,中国大百科全书出版社 1996 年版,第 211 页。

〔2〕 王铁崖:《国际法》,法律出版社 1995 年版,第 105 页。

〔3〕 同上书,第 417 页。

〔4〕 联合国关于《建立新的国际经济秩序宣言》。

(二)实质正义是外贸管制权所追求的正义价值

法自其诞生之日起就与正义观念密切相连,然而时至今日也未形成一个普遍公认的正义概念。对此,美国当代法理学家博登海默总结道:"正义具有一张普洛透斯似的脸,变幻无常,随时可呈不同形状,并极具不同的面貌……正是正义概念,把我们的注意力集中到作为规范大厦组成部分的规则、原则和标准的公正性与合理性之上"。[1] 当代正义观念中最引人注目的变化是从形式正义到实质正义的演变。美国哲学家罗尔斯认为:形式正义指对法律制度的公正、一贯的执行而不管它们的实质原则是什么,实质正义则指制度本身的正义,它取决于社会基本结构所依据的原则。在罗尔斯那里,形式正义是一种手段,实质正义才是目的。[2] 外贸管制权在对外权能上体现为一种国家权利,在国际法中所追求的正义目标也首先体现为对实质正义的追求,而外贸管制权所追求的国际经济新秩序目标也是其追求实质正义价值目标的最好反映。

对法的价值的研究离不开对法律原则的研究,因为"法律原则正是规则与价值的交汇点"。[3] 在国际经济法上,"主权平等"原则可以说是"法律面前人人平等"原则在国际层面上的扩展,因此,它必然要求各国在经济交往中应享有相同、一致的待遇。传统或早期的国际法强调形式上的平等与一致,在经济领域具体体现为"平等原则"与"互惠原则"。[4] 这些原则的提出代表着文明的进步。在实力相当的国家之间贯彻平等与互惠原则是一种正义的表现,但在实力差距较大的国家之间贯彻这些原则则会使形式上的平等变成实质上的不平等,"这正如运动场上不分性别、不分级别的比赛,实质是不公平的。"[5] 传统的平等原则与互惠原则侧重从主体的待遇方面来阐释"平等",实际上,考察平等绝不应仅限于此,还应考虑影响正义与公平关系的其他因素,正如博登海默所说,平等,

---

〔1〕 [美]E. 博登海默:《法理学——法哲学与法律方法》,邓正来译,中国政法大学出版社 1999 年版,第 252 页。

〔2〕 [美]约翰·罗尔斯:《正义论》,何怀宏、何包钢、廖申白译,中国社会科学出版社 1988 年版,第 2 页。

〔3〕 [英]彼得·斯坦、约翰·香德袭:《西方社会的法律价值》,王献平译,中国法制出版社 2004 年版,第 315 页。

〔4〕 曾华群:《国际经济法异论》,法律出版社 1997 年版,第 197 页。

〔5〕 里斯本小组:《竞争的极限》,张世鹏译,中央编译出版社 2000 年版,第 94 页。

"其范围涉及法律待遇的平等、机会的平等以及人类基本需要的平等",[1]给予平等的待遇并不意味着双方因此可以获得平等的机会,更不意味着能平等满足双方的基本需要,否则,不会出现贫者愈贫、富者愈富的局面。只有承认了双方的差别,才有可能达至公平。不拘泥于形式上的平等可能有助于实现真正意义上的公平。

在当代国际经济法中,从形式正义向实质正义的过渡也是从打破表面上的平等开始的。这主要表现在国际经济交往中经济特惠、普惠待遇以及 WTO 法律框架内幼稚产业保护例外、发展中国家特殊优惠待遇等方面。经济特惠最早产生于西方国家之间,在"二战"后被重新提起。发展中国家认为传统的平等原则虽然在消除贸易壁垒方面发挥了作用,但它不能为发展中国家提供在国际市场上真正的竞争机会,因此,发达国家应向发展中国家提供特惠待遇。与传统的基于地理、政治等因素的特惠待遇不同,它由在发达国家之间提供转向由发达国家向发展中国家提供,并且将提供依据转变为发展中国家的经济落后程度这一特定因素。但现实中经济特惠并未被普及,从法律角度来看,它并未形成一种稳定的国际经济制度。普惠待遇及普惠制的出现,将经济特惠中的公平因素确立下来。普惠待遇指发达国家给予发展中国家普遍的、非互惠的、非歧视的贸易优惠政策。普惠制即普遍的非互惠的关税优惠制度。与经济特惠相比,普惠待遇将非互惠原则从特定的发展中国家扩展至所有发展中国家,使实质正义在更大的范围内得以推进。20 世纪 70 年代以来联合国大会通过的规范性决议,特别是《建立新国际经济秩序宣言》及《行动纲领》《各国经济权利和义务宪章》中均强调了建立普惠制的重要性。除了联合国这一国际组织外,GATT 也在发展中国家的争取下先后 3 次对原有体制中的互惠、最惠国、无差别原则进行修改,将一系列有利于发展中国家的幼稚产业保护例外、发展中国家特殊优惠待遇纳入体制内。可以说上述各种制度与措施是当代国际经济关系中实质正义的体现。在这样一个由不同发展水平的国家、地区组成的国际社会中,发展国际经济关系需要考虑各国在国家财富以及在满足本国人民基本生存需求方面各国能力

---

[1] [英]詹宁斯·瓦茨修订:《奥本海国际法》,王铁崖等译,中国大百科全书出版社 1995 年版,第 31 页。

的差别。因此,赋予穷国多些权利,要求富国多承担些义务,才能真正实现公平与正义。

(三)国家利益的协调安全是外贸管制权所追求的安全价值

安全与正义、秩序密切相关,一种正义的秩序必然是安全的秩序,“安全被视为一种实质性价值,亦即社会关系中的正义所必须设法增进的东西。因此在这种视角下,安全同法律规范的内容紧密相关,它们所关注的乃是如何保护人们免受侵略、抢劫和掠夺等行为的侵害。再从缓和的角度来看,它们还可能关注如何缓解伴随人的生活而存在的某些困苦、盛衰和偶然事件的影响。”[1]正是由于具备安全价值,法律才能“对于权力而言是一种稳定器,而对于失控的权力而言是一种抑制器,从法律上对自由和平等进行规定的目的,就在于使今天所赋予的权利不会在明天就被剥夺掉”。[2] 在各种国家参加缔结的法律规范中,无论是调整商人交易关系的私法性规范,还是协调各国贸易政策的公法性规范,很多都体现出对安全的关注。但是,外贸管制权所追求的安全,不是某一市场行为者的安全,也不是某一个别国家的安全,而是尊重各国利益、保证利益协调的国际经济安全。

集中反映外贸管制权对其安全价值追求的是发展权的确立。从20世纪六七十年代以来,发展中国家开展了改造旧的国际经济秩序建立新的国际经济秩序的斗争,提出了争取平等的发展权利的强烈愿望。1979年联合国大会第34/46号决议肯定了发展中国家提出的发展权这一概念,指出发展权不仅是国家内个人的权利,也是国家的权利。1986年国际法协会第62届大会通过了《叙城宣言》,该宣言将发展权作为有关新的国际经济秩序的国际公法原则之一予以确认。同年,联合国大会通过了《发展权利宣言》,对发展权的含义作出系统而全面的阐述,具体规定了国家在国际和国内两个方面具有的权利和义务。发展权是主权原则的必然延伸,发展权的提出将国家主权从权力范畴延伸到权利范畴。据此权利,每个个人和所有民族对于经济、社会、文化和政治的发展都有权参

---

〔1〕 [美]E. 博登海默:《法理学——法哲学与法律方法》,邓正来译,中国政法大学出版社1999年版,第219页。

〔2〕 同上书,第293页。

与享受并为之作出贡献。它有利于发达国家和发展中国家的共同发展、共同繁荣，保证世界的稳定与安全。

对于发展问题，早在《联合国宪章》中就给予了极大的关注。在其序言中强调，要"促成大自由中之社会进步及较善之民生"，要"运用国际机构，以促成全球人民经济及社会之发展"，而联合国活动所追求的最终目标也是各会员国的共同发展。但是，战后建立起来的国际经济关系和国际经济秩序是以发达国家为主导的，它无视发达国家和发展中国家经济发展不平衡的现实，以无条件的、互惠的最惠国待遇作为调整国际贸易关系的原则，以加权表决制的方式来决定国际金融和货币领域内的重大问题，这就使广大发展中国家无法公平地分享生产力的发展和进步所带来的利益，发展中国家发展缓慢，负债累累，在经济方面乃至政治方面往往表现出极大的不安全，如 2008 年始于美国的国际金融危机，受害最深的却是最不发达国家及发展中国家。

而 WTO 贸易规则正好说明了外贸管制权所追求的是一种国际协调利益安全。当初 WTO 及其前身 GATT 建立的初衷是推行自由贸易、反对贸易保护。然而，贸易保护从一国国内来看，维护了本国民族产业及其国民生活的安全；从国际角度来看，一国的贸易保护对与之有经济交往的它国国家与人民来说，却往往是对交易安全的威胁。由于 WTO 相关规定是各国相互协调的产物，不可能对各国的国内经济安全视而不见，因此，才有了紧急保障条款、幼稚产业保护例外，以及发展中国家特殊待遇等相关规定。

三、主权原则下外贸管制权的形式价值

法的形式合法性是指法由具有政治权威的国家制定并保证实施。[1]正如哈贝马斯在其著述中所言，"现代法恃国家之赏罚二柄而实施，从而在对于法律之一般奉守的意义上，构成了行为之形式合法性 legality)。"[2]韦伯认为："从目的合乎合理性的立场出发，价值合乎合理性总是非理性的，而且它越是把行为以之为取向的价值上升为绝对的价值，它

---

〔1〕 张琪：《论法的价值共识——对当代中国法治进程中一个悖论的解决尝试》，载《法制与社会发展》2001 年第 5 期。

〔2〕 [德]于尔根・哈贝马斯：《法的合法性》，许章润译，转引自郑永流：《哲学与法社会学论丛》，中国政法大学出版社 2000 年版，第 3 页。

就越是非理性的，因为对它来说，越是无条件地仅仅考虑行为的固有价值，它就越不顾行为的后果。"[1]真正意义上的行为只有形式合理性的行为，所谓合理性就是形式合理性。在西方社会现代化的过程中，形式合理性成为最具支配性的社会行动，随着社会中诸价值的分化，所有社会关系只有以形式合理性方式才能得到控制。韦伯始终坚信，传统社会向现代社会的跃进过程就是一个不断合理化的过程，合理性是现代社会的特征。法的专业性和理性化是法不可避免的命运，现代法的合理性基础仍然是形式的合理性。[2]

国家之间的相互依赖和经济交往的不断发展，特别是在经济全球化的推动下，各国更加注重经济关系与国家主权的互动，通过把经济主权作为可设计的制度性工具加以利用，因而对外贸管制权的形式合理性的要求也会越来越高。

（一）调整外贸管制权的国际法律形式是国际经济条约

外贸管制权在国际法中体现为一国的经济主权。作为经济权利，是主权国家通过参与国际经济贸易协定或条约、加入国际经济组织等，获得国家参与国际经济发展的权利。主要的方式表现为以主权国家或政府身份加入国际经济组织、缔结国际经济条约。在双边或多边的条约与协定中，国家从主权平等的基本精神出发，主张和维护国家的经济权益；在多边贸易体制下，主权国家的政府通过广泛参与国际经济贸易规则的制定与决策，承担国际经济义务的同时，享受国际经济权利。

外贸管制权的这一形式特点在 WTO 多边贸易体制中得到了极为充分和完整的体现。WTO 作为一个由成员政府和单独关税区政府组成的国际经济组织，是处理成员方之间经济贸易关系的国际经济组织，其核心是 WTO 协定。该协定是一种贸易实力与法律规则、原则与例外、强行性与任意性规范、对等规则与非歧视规则等构成的庞大的法律规则体系。建立在 WTO 协定基础之上的法律制度，通过削减成员上的关税，来约束其成员方所实施的关税壁垒和非关税贸易壁垒，从而保证公平自由的贸易秩序。其成员方政府通过对世贸组织和其他成员作出的相应承诺而

---

〔1〕［德］马克斯·韦伯：《经济与社会》，林荣远译，商务印书馆 1997 年版，第 57 页。

〔2〕同上书，第 391～416 页。

使自己负有国际法上的义务，同时又可根据 WTO 相关协定的规定而享有多边贸易带来的各种权利。尽管 WTO 仍不能有效和全面地规范各种国家贸易管制行为，但作为一整套规则已然在现实生活中发挥了巨大的作用。

（二）调整外贸管制权的国际法律规范具有权威性

按照韦伯的分析，法律的形式主义具有下述特征：一是客观性；二是法律的运作具有可靠性和可预见性；三是法律具有权威性和普遍性。国际法因其缺乏国家强制力作为效力的后盾，往往被称为“弱法”。〔1〕但是当代西方法理学也认识到，人们遵守法律主要并非由于他们慑于制裁机关的权威，而是由于他们同意至少是默许法律的实施与运行；反之，法律制度能够发挥其功能也正主要在于这种同意，而非强制力的威胁与恐吓。这就是通常所说的内在的法的信念。这种信念为社会大多数人所具有，是产生自觉遵守法律义务的源泉，是法律具有约束力和强制力的保证。法律制度功效的首要保证必须是它能为社会所接受，强制性的制裁只能是作为次要的辅助性的保证。这种共同利益和基本价值的内在驱动比武力强制和法律制裁作用领域更广，发挥作用更直接、更有效。〔2〕外贸管制权所具有的实质价值也保证了调整它的国际法律规范的效力。

不但如此，在一些国际组织中还专门建立了保证国际条约实施的机制，如 WTO 通过“一揽子”协定，设立了国际贸易争端解决机构，专门处理其成员方在履行承诺的过程中所发生的违约之诉及非违约之诉；通过贸易政策审议机制来监督成员方履行其保证贸易政策透明、公正、统一的义务；通过将贸易报复制度化来对违背义务的成员方进行惩罚。就我国现行的法律体系而言，条约具有低于宪法而高于一般法律的效力地位。因此，作为经济主权体现的国际经济条约与协定成为我国经济发展中必须遵守的基本国际义务。

---

〔1〕［英］G. 斯塔克：《国际法导论》，赵维田译，法律出版社 1984 年版，第 21 页。

〔2〕［美］博登海默：《法理学——法哲学及法律方法》，邓正来译，中国政法大学出版社 1999 年版，第 335 页。

第三节　外贸管制权生成中的国内法合理性：法治原则

一、法治原则是外贸管制权的国内法理基础

（一）外贸管制权的法治化发展

外贸管制权，作为国家和政府的经济职能，从本源来说，是国内法所赋予的权力和权利。政府承担着保障本国经济健康、持续稳定发展、维护社会公共利益的基本职责，这就要求国家和政府必须对此作出理性的制度选择。外贸管制权的法治化就是这种选择的客观产物。同时，外贸管制权所依赖的市场经济也必须体现为法治经济。在一国内部实现法治，也就意味着其现行的整个法律体系中的各个具体法律制度的构建均应以法律为基本依据，各社会主体的行为也必须合乎法律规定。对于现代国家而言，法治国家、法治政府、法治社会一体建设，才是真正意义上的法治。法治追求因此成为外贸管制权在国内法层面的制度基础，突出反映为对国家政府实施外贸管制权的规范限制，对贸易私主体的权利保护和救济。

有学者从自由主义观念出发，对政府干预贸易活动的法治价值提出质疑。政府对外贸的干涉之所以被看做主权的一部分，是对政府做了“无私”的假定，即假定政府代表了整个国家和民族的利益，这个整体利益与每一个经济个体的利益之间不存在矛盾和冲突。公共选择理论在国际经济层面上的扩展运用则强调，必须对外贸规制中的利益冲突进行分析，通过此种分析可以得出对外贸规制权进行法律制约的必要性。实际上，政府在对外贸进行干预的过程中所大量运用的几乎是不受限制的裁量权，往往成为某些利益团体服务的工具。例如，名义上通过关税来保护国内进口竞争性企业，实际上在保护国内企业“一致对外”的同时，也实现了收入在国内利益集团之间的重新分配，而这显然与法治所追求的价值相悖。

（二）WTO 规则宪法化理论及其评析

作为经济全球化的产物和典型象征，世界贸易组织（WTO）作为关贸总协定的继承和发展，作为协调和约束各成员国贸易政策、法规和措施的政府间的国际组织，无疑是当今世界上最具影响力的世界性经济组织。

随着越来越多的国家的陆续加入,在当今国际经济乃至政治舞台上,WTO已经成为一个绕不过去的话题。与此同时,对WTO的学术研究也逐渐从普通的技术性规则层面开始渐次深入,延伸到WTO的政治意义上来。其中尤其值得注意的一个新观点和新方法,便是用宪法的视角来研究WTO问题。20世纪90年代中后期以来,在关于多边贸易体制的研究中,"宪法""贸易宪法""宪政""宪政危机"尤其成为流行话语,一些学者认为WTO的成立点燃了实行国际宪政的曙光。

对多边贸易体制宪法化问题(特别是WTO的宪法化问题)的研究,开始于20世纪60年代末,以美国学者杰克逊为肇始者,其代表性的著作《GATT与WTO的法理》就致力于GATT体制下实现世界贸易宪法化。杰克逊于1990年完成的《重构GATT体制》一文诱发了创立世界贸易组织的讨论,并迅速得到众多政治家的积极响应。WTO组织架构的建立在很大程度上实现了杰克逊的学术理想,即建立以美国的三权分立为蓝图的、全球统一的贸易组织,以及与其组织相应的制度体系。[1] 20世纪80年代以《国际经济法的宪政功能与宪政问题》而享誉全球的彼德斯曼教授,进一步推动了国际经济法的宪法化理论。彼德斯曼强调在多边贸易体制内批判性地推广欧盟式一体化的实践并以人权价值为核心的法治模式,从而增加了国际经济法的法治理论中的价值因素。[2] 彼德斯曼认为GATT是唯一规定各国消除贸易壁垒、协调各国贸易法律与政策及和平解决国际贸易争端之一般原则的、永久适用的世界性协定。[3] 其他颇具代表性的学者或论著,如美国哈佛大学两位法学博士约翰·O. 麦金尼斯和马克·L. 莫维塞西恩的《世界贸易宪法》,就公开而明确地表达了WTO制度"可以被视为一种能通过减少保护主义利益集团的权力,在促进国际贸易的同时增强国内民主的组织结构",是一种世界性宪法。[4]

---

〔1〕 张玉卿:《善用WTO规则》,载陈安主编:《国际经济法学刊》(第10卷),北京大学出版社2004年版,第4页。

〔2〕 王彦志:《国际经济法的宪政进路》,载《当代法学》2005年第1期。

〔3〕 [德]E. U. 彼德斯曼:《国际经济法的宪法与宪法问题》,何志鹏等译,高等教育出版社2004年版,第569~577页。

〔4〕 参见[美]约翰·O. 麦金尼斯、马克·L. 莫维塞西恩:《世界贸易宪法》,张保生、满运龙译,中国人民大学出版社2004年版,第17页。

WTO规则的宪法化理论,将国内法中的法治观嫁接到国际法中,对传统的国际法和法治理念都产生了巨大的挑战。自此开始,"国际法治"一词进入法学研究者和法律实践界的关注范围。从研究方法来看,杰克逊模式与彼德斯曼都运用了类比方法,即将以程序正义为核心的国内法治模式作为类比对象,推及国际贸易法的发展进程中。但从总体而言,西方学者的论述中所谓"宪法"或"国际宪法",实则是指有关国际组织的章程。无论从研究方法还是研究内容及理论价值基础上,均与国内宪法存在显著区别。[1] 在国际社会不存在一个国家主权权威之上的世界国家,成为"是否有世界宪法"这一命题的致命障碍。国际经济贸易关系需要国际法和国内宪法来调整,并不意味着就能够产生一部经济性的全球宪法。从现有的学者论述来看,国际经济法的宪法价值更多地停留在国际性统一制度的构建层面,而对其价值层面的解释则往往不能形成一个完整的系统。传统法治理论中所蕴涵的规则治理的权威性、人权保障的前提性、公共权力的有限性、民主政治的实践性等环环相扣的各项价值层面并没有完全被体现与诠释。彼德斯曼认为,WTO提倡的自由化不仅以福利最大化为目标,还应体现人权关怀,人权与WTO法可以相互补充、相互促进。但为减少争议,彼德斯曼并不主张WTO法直接规定人权条款或社会条款,而主张根据普遍人权原则或国际劳工组织《劳动权基本原则宣言》对WTO法进行解释。而贸易自由化政策过分偏向于生产者利益的问题,以及WTO体制下的一体化政策对所涉及的环境、劳工及社会利益等问题无动于衷的现象,也将导致市民社会质疑WTO规则的正当性及WTO的法理基础。

法治的核心被界定为限制国家权力、保障公民权利。实际上,国际经济法的宪法化理论也正是基于WTO规则所发挥的限制国家对外贸易管理权的功能而言。但是,正如彼得斯曼教授所言:"在国家之间的国际层面上,GATT规则通过如下做法发挥着'宪法功能':禁止有害的贸易政策手段,限制缔约方通过缔结'他们自己之间的协定'来修订特定GATT多边规则的国内自由;通过集体的争端解决和执行规则来保护GATT多边

---

[1] 蔡从燕:《国际法语境中的宪政问题研究:WTO宪政之意蕴》,载《法商研究》2006年第2期。

法律体系的一致性”,〔1〕如自由贸易规则是对政府限制个人贸易自由的权力而自我施加的宪法约束、不是所有的国际规则都发挥宪法功能、国际层面上没有充足的“分权与制衡”、国际义务的不充足等。〔2〕

对国际法治化理论的质疑还来自规则体系之外。无论是发达国家还是发展中国家,加入 WTO 的目的都是从各国现实的经济利益出发,希望通过多边贸易体制下的贸易自由化进程实现经济发展,维护本国的利益。现实利益的博弈导致 WTO 规则的妥协性与软弱性显露无遗。而发达国家和发展中国家经济实力的巨大差距,导致在多边贸易体制中谈判地位的不对等。如果长此以往,南北矛盾将很可能导致 WTO 谈判体制的崩溃。区域一体化进程的迅速发展,使全球性贸易体制受到了极大的冲击。如果说 WTO 体制的主要功能是严格限制国家经济主权这把分割世界自由市场的“水果刀”,那么,区域一体化则是在 WTO 体制下一把分割全球市场的更为锋利的“大砍刀”,而且,它是合乎 WTO 规则的。

二、法治原则下外贸管制权的实质价值

亚里士多德的“法治公式”指出:“法治应该包含两重意义,已成立的法律获得普遍的服从,而大家所服从的法律又应该本身是制定良好的法律。”〔3〕当外贸管制权表现为国家对内的一种权力,而法治成为各国共同追求的一个价值目标时,其实质合理性的价值目标就应该与法治的价值目标相吻合。一般来说,实质意义的法治强调法律至上、法律主治、制约权力、保障权利的价值、原则和精神。

(一)保障本国公民的经济权利是外贸管制权的价值基础

保障民权是近代法治理论逻辑链上的重要一环,也是法治的最大特征之一。基于“主权在民”的思想,“国家主权是最基本的人权”。〔4〕外贸管制权生成所依赖的外部条件也要求其保障公民的基本经济权利。在宪法规范中,一些重要的公民权利无不涉及经济权利,如生存权、财产权、劳动权等。外贸管制权在国内法中直接表现为一种具有纵向强制力的国

---

〔1〕[德]E. U. 彼德斯曼:《国际经济法的宪法与宪法问题》,何志鹏等译,高等教育出版社 2004 年版,第 296 页。

〔2〕同上书,第 359 ~ 365 页。

〔3〕[古希腊]亚里士多德:《政治学》,吴寿彭译,商务印书馆 1985 年版,第 199 页。

〔4〕王献枢:《国际法》,中国政法大学出版社 1991 年版,第 288 页。

家权力。但是,这种权力的行使应该以对本国公民的经济权利的保护为目标。国家行使外贸管制权大多表现为对现实经济利益格局的干预,具有主动性。但“干预不能是政府向私人掠夺产权、向市场扩张份额、向交易增加成本的理由,干预必须是为了被干预者的利益而进行的干预,而不是为了干预者的利益而进行的干预。”[1]一国政府如果不能将上述目标作为其发挥职能的基础,政府的经济行为也就失去了它的正当性和合法性。

外贸管制权在实现其保障公民经济权利的价值时,必然会有内外之分,这是以地缘政治为基础的国家权力的天然要求。尽管在国际贸易交往中非歧视待遇原则适用的趋势日益扩大,但实际上没有哪个国家在实施外贸管制权时,不以本国公民或国家的利益为出发点。此外,一些国家在国内法制建设中会采取内外分别立法的模式,所以基于经济主权而产生的经济管制权,会截然区分为对内的经济管制权与对外的经济管制权,外贸管制权仅属于对外经济管制权的一个组成部分。由于国际法对各国的外贸管制权的限制,目前大多国家行使外贸管制权的主要目的是保证本国公民的经济权利不因外国商人或外国政府的不正当竞争行为而受损。

(二)保证本国经济安全及法治经济秩序是外贸管制权的价值重点

首先,外贸管制权通常是以商品或服务跨国流动环节为实施环节,其经济理论依据在目前主要表现为政府作为市场经济“守夜人”的角色认同。在经济全球化进程中,一国的经济运行会深受国际经济运行形势的影响,也可能会因此出现市场失灵。此时,外贸管制权如同一个维护本国正常经济秩序的“安全阀”,会缓解国际经济外部环境对本国经济秩序的破坏性作用。

其次,外贸管制权对内国秩序的追求目标是一种以法治为基础的经济秩序。外贸管制权在国内法中,主要表现为大量的经济性规范,它所追求的目标,也正是内国经济法所追求的目标。秩序是经济法的重要价值,无论是宏观调控还是对市场秩序的规制,都体现了经济法维护社会经济

---

〔1〕 单飞跃:《“需要国家干预说”的法哲学基础》,载单飞跃、卢代富等:《需要国家干预——经济法视域的解读》,法律出版社 2005 年版,第 7 页。

秩序的功能。秩序价值本身蕴涵着安全和效率的因素，而经济法的秩序价值更多地体现了社会整体的安全和效率。对贸易政策的宏观调控直接体现了国家建构社会公共经济秩序的主观设想；对贸易活动的市场规制法的宗旨就是避免和挽救自由市场发生"失灵"的危险。因而，外贸管制权所追求的应是一国的经济秩序，而不是行政秩序。只是由于外贸管制权的实施方式通常以行政手段为主，容易产生外贸管制权是以本国的行政秩序为价值目标的误解。实践也证明，政府对国际贸易的管理，运用市场经济的方法及其相关的传统私法方法，比行政管理的方法及其相关的传统公法方法更有效率。

三、法治原则下外贸管制权的形式价值

在法学理论中所谈及的法的形式合理性一般以国内法为语境。在法治社会的生成机制中，法的形式合理性很难与其实质合理性相区分。法的形式合理性在不同的学者眼中往往有不同的要求，但也有一些共性特征。首先，形式法治要旨之一就是要求依法统治，法具有普遍性，必须有法律至上观念和严格的程序做保障。其次，形式法治的确定性意味着法律规定了人类一定行为与一定后果之间稳定的因果关系，[1]法律确定的东西不会因为一人一事而擅加改变。最后，法自身具有自主性，当法治具有了独立自主的性质，它就脱离了工具主义的价值范畴，上升为人类实现自身价值需要的东西。形式法治的自主性不但要求法律本身自治，即法律与道德宗教相分离，而且要求法律职业由专门的法学家集团承担，不受其他权威力量的操控。具体到外贸管制权而言，其形式合理性在宪政治理范式下必须具备以下两个特点。

（一）宪法依据是外贸管制权合法性与正当性的基础

法治的集中表现是法律至上、宪法至上。依法治国，首要是依宪法治国。正如《布莱克维尔政治学百科全书》指出的那样，法治是"人们提出的应当通过国家宪政安排使之得以实现的政治理想。"[2]现代政治制度之所以要以宪法为基础，应是想通过宪法的形式为国家权力设定基本的

---

〔1〕 高鸿钧：《清华法治论衡》（第1辑），清华大学出版社2000年版，第37页。

〔2〕 ［英］戴维·米勒等编：《布莱克维尔政治学百科全书》，邓正来等译，中国政法大学出版社1992年版，第61页。

规则——提供合法性的来源，规定行使的依据、标准和程序，明确其界限和责任。一切国家权力都必须产生于宪法当中。外贸管制权在国内法中集中表现为一种国家权力，因而宪法依据也是它的合法性与正当性的基础。目前有许多国家在其宪法中对外贸管制权进行了明确的规定，如《中华人民共和国宪法》第89条规定："国务院行使下列职权：……（六）领导和管理经济工作和城乡建设……（九）管理对外事务，同外国缔结条约和协定……"《美国联邦宪法》第1条第8款规定："国会有权规定并征收税金、捐税、关税和其他赋税，用以偿付国债并为合众国的共同防御和全民福利提供经费；但是各种捐税、关税和其他赋税，在合众国内应划一征收；以合众国的信用举债；管理与外国的、州与州间的，以及对印第安部落的贸易……"但是，也应该承认，各国的法治建设处于不同的阶段，各国的政治结构仍存在着诸多差异，并不是所有国家的外贸管制权均有明确的宪法依据。

（二）规范的行使程序是外贸管制权形式合理性的关键所在

外贸管制权的内容在当代社会出现了不断扩大的趋势，理论上可能会涉及国家权力的所有方面，如立法权、司法权、行政权、外交权等。行使这些权力必须依据制约原则，才能保证外贸管制权符合宪政法治的精神。但是，在大多数国家，外贸管制权主要体现为一种行政权。因而，通过制度与程序的设计防止行政权的肆意性，成为体现外贸管制权形式合理性的关键。

由于法治在不同国家的发展程度不同，以及法治建设还受众多不利因素制约的情况下，只能是按照法治发展的一般道路，依次循序发展形式法治。这就要求逐步完善立法体系，尤其是立法程序，使外贸管制权的相关立法按照形式法治的要求进行；逐步确立外贸管制行政措施的可诉性，并保证司法独立的地位，使司法机构能够对行政机构的外贸管制行为进行必要的制约与监督；逐步约束行政机构过于宽泛的行政自由裁量权等诸多方面。

四、主权与法治之间的价值冲突与协调

（一）主权与法治之间的价值冲突

1. 主权与法治之间价值冲突的理论问题

由于传统的法律是建立在民族国家的基础之上的，而"主权"则是一

个国家对内对外的一种身份或资格。联合国大会 1970 年 10 月 24 日通过的《关于各国依联合国宪章建立友好关系及合作之国际法原则之宣言》规定:“各国一律享有主权平等。各国不问经济、社会、政治或其他性质有何不同,均有平等权利与责任,并为国际社会之平等会员国。”立法权与对外贸易权均是一国主权的具体表现。而在国家之外是否存在法律,即国际法是不是传统意义上的以国家强制力为后盾的、体现国家意志的“法”,就成为国际法研究中无法回避的法理学命题;而在国际社会又是否存在一个国家权威之上的世界国家,更继而成为是否有世界宪法这一命题的先在命题。耶林以中国政府是否有权立法禁止鸦片来说明法律概念的局限性,他说:“中国政府是否就无权禁止鸦片贸易呢?当自己的民族正从肉体和精神上毁灭自己的时候,中国政府仅仅出于对自由的那种学究式的尊重、为了不侵犯每个中国人购买任何他想买的物品的固有权利,而应当束手旁观吗?”〔1〕这一问题也直指外贸管制权实现中的法治价值与主权价值冲突。

尽管现代各国的法律体系日益科学而完备。但外贸管制权的相关法律制度往往处于各部门法之间的空隙,其中比较典型的争议是外贸管制权应是一种国家外交权还是国家行政权。行政法是伴随着政府对经济生活越来越多的干预而日趋发展壮大起来,但越来越广泛的当代行政法的调整范围中却始终有一片“阳光照不到的角落”——行政法将政府对涉外贸易的规制排除在外,几乎是一种约定成俗的惯例。这样做的法律含义是,对外贸易规制被看成是外交权而不是行政权的一部分,因而它被排除在行政法的调整范围之外就变得容易理解:对外贸易是关乎主权的行为,主权行为不受国内法调整。这样,政府对外贸行为的规制就从一种实质上的行政权力(对贸易权利的干涉)转变为形式上的政治权力,以公共利益和国家主权的名义被尊奉为一种不折不扣的特权。这种划分方法在贸易保护主义时期固然有其保护民族利益的现实理由,但在法理上却始终未能找到有说服力的依据;反之,也同样存在问题,如果仅仅将外贸管制权视为一国经济行政权的一个组成部分,而忽视其所蕴涵的外交

〔1〕［德］耶林:《法律:作为目的的手段》,转引自［美］博登海默:《法理学——法哲学及其方法》,华夏出版社 1987 年版,第 103 页。

权及其他国家权力的内容，又与现实不相符，是一种掩耳盗铃、自欺欺人的说法。

许多学者都关注到了主权与法治之间的价值冲突问题，如洛克关于执行权和对外权的论述即是其中一例。洛克将国家权力分为立法权、执行权和对外权，其中对外权“包括战争与和平、联合与联盟以及同国内外的一切人士和社会进行一切事务的权力”。[1] 在分析了立法权与执行权的分立后，洛克指出执行权与对外权“几乎总是联合在一起的”，并且这种联合是必要的，“因为两者的行使既然都需要社会的力量，那么把国家的力量交给不同的和互不隶属的人们，几乎是不现实的；而如果执行权和对外权掌握在可以各自行动的人的手里，这就会使公共的力量处在不同的支配之下，迟早总会导致纷乱和灾祸”。[2] 这段经典的论述阐明了对外权的实质——它本来就是执行权或者说行政权的一种。[3]

在传统主权原则的支配下，出于民族利益的原因，产生了许多国际规范，如外交豁免原则。其中属于政治层面的对外权，应当是伴随着国家之始终的；而属于经济层面的对外权的地位则并非一成不变。随着冷战和贸易保护主义时代的结束，政府对外贸的干预是否仍然可以以“主权行为”或者“民族利益”的名义而被排除在其他权力或权利的监督之外，就很值得怀疑了。当国际层面上对外贸管制权的调整已经上升为统一的制度规则时，该规则如何在传统权力导向式的国家外交权与适应世界经济贸易发展趋势的规则导向的国际条约之间达成平衡，如何在外贸管制权的国内合法性与国际合法性之间找到平衡，成为一个重要议题。

2. 主权与法治之间的价值冲突的现实问题

在国内法方面，国家及本国公民的政治、经济活动往往超越国界，外国或外国公民的政治、经济活动或其活动所造成的影响也有可能延伸到本国，而各国国内法律的效力原则只限于本国。在国际法方面，国际法律文件一经签署便对签署国形成约束力，签署国必须在国家的日常活动中予以遵守、贯彻和实施，而这些国际法律文件与各国国内法之间不可避免

〔1〕 [英]洛克：《政府论》（下），瞿菊农、叶启芳译，商务印书馆1981年版，第90页。

〔2〕 同上书，第91页。

〔3〕 洛克的执行权是包括了今天所说的行政权和司法权在内的。

地存在重叠、交叉甚至冲突。签约国的具体执行情况不一，与国际法律文件本身所要求的普遍一致性之间也存在矛盾，这就带来了国际、国内法律的效力和适用问题。而这一问题的实质就是法治与主权的冲突。譬如世界贸易组织作为建立自由贸易的国际经济秩序的规则和制度保障，固然是世界经济发展的现实需要，同时也是人类活动的一种合乎规律的自觉选择。也就是说，在世界贸易组织相关协定的诞生和发展过程中，它的缔造者和参加者们对于这样一套国际规则和国际组织在国际经济贸易中已经和将要起到的作用，基本上是心中有数的。然而，这个既成的规则体系和组织体系同时带来一些"附产品"，就未必是人们意料之中的了。《WTO 协定》对于国内经济政策制定的作用，就是这样一个"附产品"。《WTO 协定》的影响渗透到国内经济政策乃至整个外贸管制权的实现，当中有一种内在的必然性。

在一国的法律体系内，宪法处于最高的地位，无论是作为根本法的宪法典，还是作为基本法律的宪法性法律，正是一国主权的最高表现。可以说，没有任何其他国内法可以构成对宪法的"威胁"。但是，相对于国际法来说，情况就并非如此。国际法是随着一国主权逐渐受到限制而发展起来的，这就在国际法与宪法部门之间产生了矛盾——两者效力的高低问题，这集中表现为国内宪法典与国际条约之间的冲突问题。而事实上，各国宪法已成为国内法与国际法之间的一道屏障，也是全球化过程中对国家主权加以保护的缓冲剂。

对于国家及主权在国际法中所形成的屏障问题，已有众多的学者进行了不同的阐述。有学者认为"国家行为受到限制并不一定是主权受到限制，全球化使国家置身于更多的契约约束而并未减损国家的身份"；[1]或者对国家主权在经济全球化中所发生的变化进行了细致分析，认为发生了"主权的转移、主权的销蚀、主权的限制"等问题，应对传统的国家主权观进行相应的改造；[2]也有学者认为应抛弃过去二元论或一元论的简单方式，以"以法律规范的和谐统一作为科学地认识国际法与国内法关系

〔1〕 车丕照：《身份与契约—全球化背景下对国家主权的观察》，载 http://www.ielaw.cn/news/Show.asp? id=405，最后访问时间：2008 年 4 月 12 日。

〔2〕 周振华：《经济全球化对宪法的影响及其发展趋势》，载《浙江师范大学学报》（社会科学版）2005 年第 6 期。

的逻辑点”。[1] 但总体而言,却并没有形成国际性“宪法”的合理性的强有力的理论基础。

一般来说,国际经济法与内国经济法律之间的关系是国际法与国内法之间的关系。但是,由于国际经济法的效力优先性原则,又使两者之间的关系表现为宪法与普通法之间的关系。相对于其他国内法与国际法关系来说,国内经济法与国际经济规则之间的关系又最具有垂直性。这是因为在经济及市场全球化的时代,内国经济法是地域性的普通经济立法,而国际经济法却是全球性的经济法。如果仅仅泛泛而谈的“国内法与国际法的关系”是无法揭示国内经济法与国际经济法之间的关系的特殊性与复杂性。

(二)主权与法治之间的价值协调

1. 理念的沟通是主权与法治之间价值协调的前提

国际贸易管制规则对国内相关立法的影响,不是也不应当是一场“疾风骤雨”,恰恰相反,这种影响是一种“润物细无声”的缓慢渗透,中国“入世”前后的实践已经在很大程度上证实了这一点。这不仅因为法律规则的调整所带来的变化不会在一夜之间凸显,而且因为产生真正影响的并不仅仅是制度这种表面形式,更重要的是还包括了制度背后的文化和理念,可以说,这种文化和理念的渗透才是更根本的。在 WTO 规则为代表的国际规范及其理念的影响下,各国国内相关法律规范的内涵和外延正在逐渐地发生变化。与以往不同的是,这种变化呈现出在国际和国内两个层次上的有机统一。

以目前对各国外贸管制权影响最大的国际组织——WTO 为例。WTO 不仅仅是通过国际条约而建立的国际组织和谈判场所,同时也可以被认为是兼具了法治理念和具体制度形态的上层建筑;它既是一种法律现象,也是一种文化现象——仅就国际国内众多学者对它的研究而言,就已经构成了一种独特的法律文化,更不用说这种文化背后的更大、更深的多元文化背景。正是在这种多元化地研究进程中,大家就同一问题不断进行讨论争议、探索与实践,所达成的约束性的规范体现出大家所取得的观念与文化的共识。也正是在不断地冲突与试错过程中,WTO 成员方国

[1] 李龙、汪习根:《国际法与国内法关系的法理学思考》,载《现代法学》2001 年第 1 期。

内的贸易管制法渐渐地具有的对外性，表现出对主权价值的认同；而相关的国际规范也逐步地转化为国内制度，表现出对规则治理的尊重。所以说，外贸管制权的生成过程，也是一个不同法律体系的融合过程，是一个文化从社会——国家——国际——国家——社会的传承与融合的过程。

2. 外贸管制权生成的历史性是主权与法治之间价值协调的路径

任何价值冲突都有其产生的根源，而这种根源往往具有历史性。所以冲突的解决不可能是一蹴而就的，毕竟现实社会总是有其传承性与稳定性。从辩证的唯物历史观来看，冲突才是社会发展的常态，冲突并不一定没有其积极作用。当短期内关于外贸管制权的价值冲突无法调和时，与其勉为其难，不如将其留给时间来解决。人类社会的法律发展是多姿多彩的。不同民族或国度的法律，在不同条件的作用下，总是循着特定的路径发展演化。在同一个社会形态之内，不同国家的经济、文化和思想发展水平是不一致的，它的国家形态和政治体制方面也有差异，每个国家又有其特定的历史发展、习惯和民族传统特点，况且这些国家所处的地理位置、自然条件、人口状况也不尽相同，这些复杂的因素势必会使法制的发展呈现出五彩缤纷、丰富多彩的特点。而这一特点也正是生成中的外贸管制权的个性与魅力所在。尽管随着社会经济文化的发展，特别是经济全球化的发展，跨国交往日益频繁，历史上存在的国家、民族以及地域间的堡垒，会越来越打开，法律的交流与融合日益增进，但全球法制进入高度统一与一体化，显然为时尚远。从另一个角度来看，主权与法治的冲突又何尝不是人类社会价值多元化的一道亮丽风景呢。

第五章　外贸管制权生成中的国际制度构建：世界贸易组织规则体系

“这不是在构筑世界政府，但也不是在构筑一个以主权管辖划分的自主世界。这是一个普遍价值和制度逐渐在地缘政治多极化和文化多元化意义上演进的世界。”[1]

——澳大利亚政治学学者——约瑟夫·A. 凯米莱里

世界贸易组织的建立具有标志性的意义。作为三大全球性国际经济组织之一，它在创制国际贸易管制规则、加强国际经济协作以及管理世界经贸秩序、促进国际经济全球化的发展等方面发挥了巨大的作用，被盛誉为“经济联合国”。从1947年《关税与贸易总协定》到今天的世界贸易组织，全世界有164个经济体先后成为这一多边贸易体制中的成员。[2] 可以说，在当今国际社会，没有哪个国家能够无视世贸组织的存在而独立发展。正是由于世贸组织的建立，标志着外贸管制权从此走向了国际化治理的崭新发展阶段，促进了国内外贸管制法制与国际外贸管制法制的统一。但是，世界贸易组织及其规则体系是在不断的实力博弈中形成的一套国家意志秩序，经历着曲折的发展历程。从临时性的规则到正式的国际组织、从模糊的宗旨到确定的规范、从软法到强制性的争端解决机制，世界贸易组织所表现出的理论与实践创新能力，让乐观主义者看到了“世界贸易宪法”的曙光。与此同时，世界贸易组织及其规则体系却又面临着各种发展困境，似乎举步维艰。在不确定中寻求确定，在矛盾中探索出路，是外贸管制权在国际法语境下生成之路的典型反映。

---

〔1〕［澳］约瑟夫·A. 凯米莱里、吉米·福尔克：《主权的终结？——日趋“缩小”和“碎片化”的世界政治》，李东燕译，浙江人民出版社2001年版，第4～5页。

〔2〕载 https://www.wto.org/english/thewto_e/whatis_e/tif_e/org6_e.htm，最后访问时间：2017年12月25日。

第一节　世界贸易组织及其规则体系的发展演变

一、世界贸易组织曲折的出生

（一）《关税与贸易总协定》的诞生

第一次世界大战后，世界经济陷入危机，各国政府开始了对经济生活的全面干预。资本主义国家间爆发了关税战：1930 年 5 月美国颁布霍利斯穆特关税法（Hawley – Smoot Tariff Act），将美国关税提高到历史最高水平，其他国家也纷纷效仿，1932 年一致倡导自由贸易政策的英国也宣布放弃自由贸易，制定了一般关税。同时，在英联邦国家之间建立了主要针对美国的帝国特惠关税制。国际经济秩序一片混乱。

"二战"后，在政治经济双重因素的作用下各种国际组织纷纷建立。在政治上，1945 年在纽约联合国成立了；在经济上，1944 年在美国新罕布什尔州举行了布雷顿森林会议，这次会议建立了世界银行和国际货币基金组织，它们为战后国际经济秩序奠定了组织和规则基础。鉴于第二次世界大战的教训，不仅是经济学家，还包括各国的政治精英都相信，通过自由贸易，充分发挥各自的比较优势，会有助于促进各国的经济增长和社会总体福利的增加，从而能够为维护世界和平和发展先前处于敌对地位的国家间的关系提供一种重要手段。此外，"二战"后世界贸易的不断发展需要一种多边取向以协调繁荣国家与贫穷国家间的经济增长。所以，在"二战"刚刚结束的 1945 年，美国和大不列颠王国就迫不及待地同时公布了建立国际贸易组织（International TradeOrganize，缩写为 ITO）的最初草案，以便在战后拓展世界贸易和扩大就业。联合国经济与社会理事会于 1946 年年初接受了美英的建议，决定召开联合国贸易与就业会议。在 1946 年 2 月，联合国经社理事会举行第一次会议通过决议，呼吁召开联合国贸易与就业会议，起草国际贸易组织宪章以及进行世界性削减关税的谈判。[1]

1947 年日内瓦会议时，GATT 和国际贸易组织宪章的草案都已经完成。"ITO 宪章草案要求建立一个严格的争端解决程序，以便能有效地运

---

〔1〕 王贵国：《世界贸易组织法》，法律出版社 2003 年版，第 3 页。

用仲裁手段(尽管并不总是强制性的),甚至在某种情况下,争端解决还可以上诉到国际法院。"[1]1948 年的哈瓦那联合国贸易和就业会议通过国际贸易组织宪章。但宪章未获得生效所必要的签字国批准数目,国际贸易组织的建立就此夭折。后来几经周折,1947 年 10 月 30 日 23 个国家签署了 GATT,国际社会破天荒地为促进和管理国际贸易确立了一种国际性的体制。为避开协议参加国国内法要求的议会审议与批准程序,以使协议能尽快付诸实施,8 个主要国家同时签署了关贸总协定临时适用议定书。GATT 1948 年 1 月 1 日生效。

GATT 存续的 47 年期间为促进世界贸易发展及保障国际政治安全作出了重要贡献。正是由于这个多边国际贸易体系的存在,一些国家避免了在关税和贸易上遭受歧视待遇。在多边贸易规则的基础上,由于最惠国待遇的实施及关税和贸易限制的大幅度减少,从而促进了世界经济的全球化和贸易自由化趋势的发展。GATT 自 1948 年临时生效到 1995 年世界贸易组织建立,共进行过 8 轮全球性的多边贸易谈判,实现了多个目标。世界工业产品贸易的关税平均税率由 1947 年的 40% 降至目前发达国家的 4% 和发展中国家的 12%;GATT 的缔约国由原来的 23 个增加到 128 个。缔约方的贸易总额由最初只占世界贸易总量的 25% 发展到至今已占全球贸易的 90% 以上。这些均表明 GATT 确实为推动世界经济贸易以及贸易的自由化发展作出了重要贡献。

实际上,最初对国际贸易组织的设想是使之具有三重含义:一个国际组织、一套世界贸易的法典、一种多边贸易谈判的场所。尽管 GATT 已部分地承担着上述三个方面的作用,但是在法律上 GATT 仅是一项国际协定、一个临时性的国际协商组织,它本身不具有严肃的法律地位,是一个事实上的经济贸易组织,在条文中的用语也避免适用国际组织的字样。此外,由于特殊的历史条件,1947 年 GATT 本身没有任何关于该协定对各缔约方具有拘束力的明文规定,而是通过第 23 条在争端解决实践中保证了该协定的拘束力。它的法律效力全来自关贸总协定临时适用议定书。而 1948 年以后加入的国家也是以这一临时适用协定为根据的。临

[1] [美]约翰·H.杰克逊:《世界贸易体制》,张乃根译,复旦大学出版社 2001 年版,第 126 页。

时适用协定的产生很大原因是来自当时美国国会的干扰。[1] 1947 年 GATT 中的某些条款也证明了它的临时适用性,如第 26 条第 6 款规定:必须有贸易总额 85% 的政府接受了 GATT,它才能正式生效,而当时远远没有达到这个要求。临时适用议定书在第 1 条第 2 款中规定在不违背现行立法的条件下最大限度地临时适用 GATT,成员方在参加 GATT 之前所制定的与 GATT 冲突的国内法的效力得以保留,该条款被称为"祖父条款"。这就给 GATT 法律效力留下了灰色地带:各国可以不遵守 GATT 第二部分而优先适用国内法。这一条款严重限制了 GATT 的适用范围,削弱了 GATT 法的强制性。还有临时协定本身就是为了避免各国立法机构的授权争议,因此,在法律地位上也通常低于国内宪法的。实践中,GATT 在规范世界贸易秩序,维护真正的公平贸易方面的权威性受到越来越大的挑战。

除此之外,世界经济发展中的一些问题也困扰着国际贸易的发展,尤其是新贸易保护主义的抬头以及区域经济组织迅猛发展导致的一些消极影响,严重危胁着 GATT 的法律体系,阻碍着世界各国经济和贸易的发展。20 世纪 70 年代末至 80 年代初,由于世界经济不景气,各国为了保护国内市场而兴起了保护主义的风潮。由于 GATT 几个回合的谈判,此时的关税已经很低,所以为了抵挡外国商品进入本国国内,各国纷纷另辟蹊径,巧立名目,使非关税壁垒措施多达 2000 余种,一时间,新贸易保护主义泛滥成灾。另外,伴随世界经济的一体化趋势,区域经济的一体化也发展迅猛,区域经济组织纷纷建立。区域经济的这种发展势头为区域内成员的经济贸易发展起了很大的推动作用,但它也带来了消极的一面,即区域集团的保护主义的发展,从而也带来了贸易集团之间、成员方与非成员方之间的摩擦和对峙,在一定程度上动摇了 GATT 法律体系的基础。总之,新贸易保护主义和区域集团保护主义的出现对世界经济贸易的发展产生了严重的挑战和威胁。建立一个有严格法律基础地位的多边贸易组织,运用"一揽子"贸易规则和措施来限制贸易保护主义的发展势头,监督和管理区域集团,已是进一步推动世界经济贸易发展的迫切需要。

---

[1] 由于临时适用议定书内容一般都只涉及程序性和具体方法调整,只有一定签字国代表(一般为行政部门派的)签署即可实施,不需经过本国立法机关审议。

（二）世界贸易组织的诞生

在某种程度上GATT填补了国际贸易组织失败的空白，但由于GATT临时适用及其他方面的诸多缺陷，终于使国际社会决心重新建立国际贸易组织。最初的建议是由欧共体在乌拉圭回合谈判提出的，并于1991年12月形成了关于建立多边贸易组织协议草案。1993年12月15日由美国提议多边贸易组织改名为WTO。1994年4月15日在摩洛哥的马拉喀什举行了乌拉圭回合最终协议文本的签字仪式，乌拉圭回合谈判中所达成的各项议题的协议在部长级会议上均获通过，其最后文件是《马拉喀什关于建立世界贸易组织协定》，并采取“一揽子”方式（无保留例外）和“单一整体”形式加以接受，经104个参加方政府代表签署，1995年1月1日正式生效。至此，WTO正式成立，并在1995年与GATT共存1年后，于1996年1月1日起便充当了全球经济贸易组织的角色。

WTO首先在法律地位上得以明确。它开宗明义地宣布所建立的是一个世界性、专门性的贸易组织，这个组织将为成员方之间在WTO协定附件所含各协定及其附属法律文件范围内处理贸易关系提供共同的组织框架。《马拉喀什建立世界贸易组织协定》第8条规定：“WTO具有法律人格。WTO每一成员均应给予WTO履行其职能所必需的法定资格；WTO每一成员均应给与WTO履行其职能所必需的特权和豁免；WTO每一成员应同样给予WTO官员和各成员代表独立履行与WTO有关的职能所必需的特权和豁免；WTO每一成员给予WTO其官员及其成员的代表的特权和豁免，应与1947年11月21日联合国大会批准的专门机构特权及豁免公约所规定的特权和豁免权相似。”[1]这样WTO实际上就把GATT的三重含义确定下来了：WTO作为一种国际贸易体制，既是各成员方谈判的场所，又是各成员方必须共同遵守的行为准则。WTO是具有国际法人资格的永久性国际经济组织；WTO的管辖范围涉及货物贸易、服务贸易、与贸易有关的知识产权及投资措施。与此同时，WTO体制在全面吸收1947年GATT规则的时候，明确将临时适用议定书除外，从而也将“祖父条款”排除在该体制之外，并要求每个成员方都要确保其法律规章和管理程序符合本协定所附各协定规定的义务。对于规则中灰色

---

〔1〕 石广生主编：《中国加入世界贸易组织读本》（二），人民出版社2002年版，第10～11页。

地带都加以详细地界定限制，所以世界贸易组织的法律地位与法律规则的强制性都比 1947 年 GATT 有质的飞跃。

二、世界贸易组织有关规范的不断发展

（一）世界贸易组织宗旨的模糊性

由于国际贸易纷繁复杂，变化多端，以及形成过程的独特性，WTO 规则的模糊性更为突出。WTO 规则模糊性源于法律规则的模糊性，与 WTO 规则形成的独特历史过程关系密切。WTO 规则规范的主要对象是国际经济贸易关系，其涵盖范围包括国际货物贸易、服务贸易、知识产权及纠纷的解决。从客观上来说，这些事物本身复杂，其中“许多事物现象、特征等组成了一个连续体就很难在它们之间划清一个精确的界限”。[1] 另外，从 WTO 规则形成的过程来看，WTO 规则集中体现在经过乌拉圭回合多边贸易谈判达成的诸多 WTO 协定中。在具体的谈判过程中，由于认知的民族性、经济发展水平的差异性等诸多原因，不同国家对某一事物的认识不可能完全相同，即使对于认知相同的事物也存在不同的利益。因此，作为协调各方利益的 WTO 规则，常常兼顾条款规则的合理性和可接受性。显然，抽象模糊的规则较之具体明确的规则更易为认知不同、利益需求不同的国家同时接受。再加上 WTO 规则采用的是一揽子协议接受的方式，即接受一个就要接受全部的方式，在这种方式中，一些成员可能为接受自己感兴趣的协定而不得不接受暂时不愿意接受的一个或多个协定，而那些灵活模糊的规则更容易被以这种方式接受。“在多边贸易谈判中，当出于政治上的目的亟须一项交易但又达不成实质性协议时，谈判者们有时就选择一个含糊的、允许有争议解释的安排”。[2] 上述原因，使 WTO 规则体系中一些具有根本的、文化性的规则表现出了一定的模糊性。

最为典型的是关于 WTO 及其规则的建立宗旨的表述。1947 年 GATT 序言明确地表明了缔约方缔结目的：“缔约各国政府，认为在处理它们的贸易和经济事业的关系方面，应以提高生活水平，保证充分就业、

---

〔1〕 陈云良：《法的模糊性之探析》，载《法学评论》2002 年第 1 期。

〔2〕 [英]伯纳德·霍克曼、迈克尔·考斯泰基：《世界贸易体制的政治经济学——从关贸总协定到世界贸易组织》，刘平等译，法律出版社 1999 年版，第 27 页。

保证实际收入和有效需求的巨大持续增长、扩大世界资源的充分利用以及发展商品的生产与交换为目的,切望达成互惠互利协议,大幅度地削减关税和其他贸易障碍,取消国际贸易中的歧视待遇,以对上述目的做出贡献……”而关贸总协定的目的决定了其宗旨、基本原则和功能,“为此目的,GATT 极力控制关税和非关税壁垒,要求给予最惠国待遇和国民待遇”。[1]

《建立世界贸易组织协定》的序言规定了 WTO 的宗旨:“提高生活水平,保证充分就业,大幅度稳步地提高实际收入和有效需求;扩大货物、服务的生产和贸易;坚持走可持续发展之路,各成员应促进对世界资源的最优利用、保护和维护环境,并以符合不同经济发展水平下各成员需要的方式,加强采取各种相应的措施;积极努力以确保发展中国家,尤其是最不发达国家,在国际贸易增长中获得与其经济发展水平相应的份额和利益。”与大多数民众对 WTO 的理解不同的是,WTO 并不以自由贸易为直接目标,而仅仅以“更加自由的贸易”为追求方向,是对通过贸易自由化而来的利益所得与利益保护的适度取舍。自由贸易的概念在协议的序言中根本没有出现。可以说,贸易自由化并不是作为 WTO 独立的目标出现的,而是被视为其他上位的经济政策目标的下属目标或实现手段。在序言的第 1 项订立协议之理由中,列举了多个内容广泛且被优先考虑的目标:提高生活水平、充分就业、实际收入的巨大和持续增长、有效需求、扩大货物与服务的生产和贸易。此外,还提到了“对世界资源的最佳利用与可持续发展目标相协调”及“保护和维护环境,同时加强采取相应的措施”。这些被优先提及的其他的经济政策目标,才是 WTO 具有法律效力的追求目标与宗旨。

WTO 的宗旨以世界银行、国际货币基金组织的目标设置,特别是以《联合国宪章》第 55 条为依据;其基本目标的结构和具体组成也类似于《欧洲经济共同体条约》的目标目录和通常被视做基本目标规定的《德国社会稳定法》;尽管表述不同,但 WTO 与 GATT 二者的宗旨设置均适应了当时世界经济制度的发展状况。不同的国际组织由相似的目标联结在

---

[1] [美]约翰·H. 杰克逊:《GATT、WTO 法理与实践》,张玉卿等译,新华出版社 2002 年版,第 194 页。

一起，这些目标概念在追溯同一个强烈的经济理念渊源——凯恩斯主义。在此理论下，经济和财政政策措施应在市场经济秩序框架下作出，并且它们应有助于实现“魔力四边形”：持续且适当的经济增长以及在此基础之上的稳定的物价水平、高就业率和外贸收支平衡；贸易自由化只是使社会经济的增长成为可能的一种手段。另外，相同的宗旨目标实际上也使WTO如同世界银行和国际货币基金组织样，被分派了特定的、针对专门领域的角色。世界贸易制度中多处规定的WTO与其他组织的合作，应当服务于不同的国际组织在专门领域内的行动的协调一致，同时确保目标的实现。在历史上，这一结构设计和目标设置避免了单个组织及其活动控制和单方面决定世界贸易的局面。这种制度设计显然与WTO的前身国际贸易组织出生于联合国经济和社会理事会有关。

还需要说明的是，非歧视待遇也应该被理解为WTO的基本宗旨，而不仅仅是实现自由贸易的手段，甚至削减关税和消除贸易壁垒也是服务于非歧视待遇原则的有限而相对的目标设置。在有些情况下，非歧视待遇的效力并不考虑在有关领域中是否存在实现自由化的义务。非歧视待遇的基本原理表明，WTO不仅仅以减少国家控制为目的，它更是以调整贸易关系的平等理念为基础的。非歧视待遇也是平等竞争和公平竞争原则的基础和表现，这在许多其他的规定中也得到了体现。

由于自由贸易理念常常与一个国家的自由经济宪法、市场经济或自由的市场经济问题如影相随，谈及WTO的宗旨时，也常常会使人联想到市场经济体制问题。自由贸易制度和市场经济秩序之间在国内层面上确实很接近，国民经济中采取的市场经济秩序和广泛开展对外贸易是紧密关联的。然而，世界贸易组织及其法律规则却没有直接反映出这种逻辑思维上的或秩序政策上的关联性。GATT和WTO都没有包含涉及成员方自身经济制度构建的规定或义务。具有完全不同经济制度的国家，包括那些公开建立社会主义或共产主义制度的国家都可成为它的成员。

（二）世界贸易组织具体规则的逐步完善

相对于比较软弱、充满妥协性的WTO总体框架与宗旨目标的设置，具体规则，尤其是程序性规则的明确性与规范性，才是WTO体制影响成员国国内法律体制方面的突击队和主力军。杰克逊教授认为，规则导向是一种渐变的、体现在国际法的各个具体问题上的价值取向。然而，形成于“二战”后的以 GATT 为核心的规则体系,都是各方利益斗争与妥协的最终结果,许多规则在最初产生时也较为粗糙,实践中的可操作性较差,也需要通过实践的回应逐步走向成熟与规范。

1947 年的 GATT 的第 24 条被称为区域贸易协定例外条款(“适用领土—边境贸易—关税同盟和自由贸易区”条款)。它规定了区域贸易一体化的三种形式,即关税同盟、自由贸易区和导致形成关税同盟和自由贸易区的“临时协定”,这三种形式下的国际贸易可能作为最惠国待遇原则的适用例外情形。GATT 允许此等例外存在,是因为它们具有推动区域贸易自由化的作用。因此,该条第 4 款规定:“各缔约方认识到,宜通过自愿签署协定从而发展此类协定签署国之间更紧密的经济一体化,以增加自由贸易;它们还认识到,关税同盟或自由贸易区的目的应为便利成员领土之间的贸易,而非增加其他缔约方与此类领土之间的贸易壁垒。”为使区域贸易一体化能更好地推动多边贸易体制发展,GATT 第 24 条主要从以下方面作出了规定:一是“总体上不得高于”标准。根据该条第 5 款规定,关税同盟对于同盟以外的 GATT 缔约方的贸易所实施的关税和其他贸易法规,总体上不得高于或严于关税同盟形成之前;自由贸易区的每个成员对于非其成员的 GATT 缔约方所实施的关税和其他贸易法规,总体上不得高于或严于自由贸易区形成之前。GATT 缔约方对于此款中关税同盟部分的解释存在争议;什么是“总体上不得高于”? 个别成员在关税同盟形成后某项关税反而提高了是否属于“总体上高于”? 具体的计算标准如何? 由于关税同盟要求必须对外实行统一的关税,原来对外关税水平较低的新成员在加入同盟后不得不提高关税,从而对同盟外的成员造成歧视,如西班牙和葡萄牙加入欧共体的情形即是如此。因此,目的在于促进自由贸易的区域性安排,在某种程度上却起到增加关税、阻碍自由贸易的作用。[1] 由此,这说明此条款的规定缺乏明确的操作依据。二是该条第 5 款(c)项规定,形成关税同盟或自由贸易区的临时协定应包括在一个合理长的时间内形成此种同盟或贸易区的计划和时间表。这表明 GATT 缔约方现实地认识到关税同盟或自由贸易区的成立不可能一蹴而就,需要过渡期,因此,要求其提供一个具体的进程表。但是却对什么是

---

〔1〕 王贵国:《世界贸易组织法》,法律出版社 2003 年版,第 48 页。

"合理长的时间"没有明确规定。三是该条第7款是关于程序方面的规定。拟加入关税同盟或自由贸易区,或者订立导致形成关税同盟或自由贸易区的临时协定的任何缔约方,应迅速通知缔约方全体;缔约方全体对成立计划和时间表进行研究,如认为不可行,则应提出建议;如临时协定的参加方不依据建议修改协定,则不得维持或实施此类协定。此款的规定存在漏洞,因为一旦临时协定被通知给GATT,除非缔约方全体一致认为不可行,否则,该协定仍可执行。而在GATT的历史上,几乎没有缔约方全体一致认为不可行的情形出现。[1] 1989年美加自由贸易协定工作组主席在评论无法达成一致意见的情况时指出:"先前的50多个关税同盟或自由贸易区的工作组一直未能就这些协定是否符合GATT达成一致结论——另一方面,也没有任何一个此类协定被明确地拒绝批准。"[2]四是"实质上所有"标准。根据该条第8款规定,关税同盟或自由贸易区的成员领土之间实质上所有贸易或实质上所有产自此类领土的产品的贸易应取消关税和其他限制性贸易法规。这反映了GATT制定者的意图:只要关税同盟或自由贸易区成员之间的优惠协定实质上消除了所有壁垒,则其长处显然要远远大于背离最惠国待遇原则所带来的短处。然而"实质上所有"的措辞却含混不清,实践中GATT缔约方对此有不同的解释。

总体上来看,GATT第24条是各方斗争妥协的结果。在制定GATT第24条时当时的背景是:"二战"以后的英国坚持保留由1932年《渥太华协定》建立的英联邦国家之间的"帝国特惠制",这得到法国的响应,而美国则要求废除特惠制。最终美国出于团结西欧国家以反对苏联领导的社会主义阵营的战略需要,勉强作出让步。另外,关税同盟和自由贸易区在内部实现自由贸易,与GATT的贸易自由化目标一致,当时的立法者也希望借助区域国家间的一体化来扩大贸易自由化,由此产生了GATT第24条,并对建立各种形式的区域一体化组织作出了一些限制。但是,这些规定含混不清之处较多,因而给许多区域贸易集团实行保护主义留下了空子,它们对外提高贸易壁垒,在很大程度上涣散了GATT的法纪,对

---

〔1〕[美]约翰·H.杰克逊:《GATT、WTO法理与实践》,张玉卿等译,新华出版社2002年版,第103页。

〔2〕[英]伯纳德·霍克曼、[英]迈克尔·考斯泰基:《世界贸易体制的政治经济学:从关贸总协定到世界贸易组织》,刘平等译,法律出版社2000年版,第223页。

GATT 的非歧视原则造成损害。

经过乌拉圭回合谈判制定的《关于解释1994年关税及贸易总协定第24条的谅解》(以下简称《谅解》)对GATT第24条作了修补,《谅解》正视了关税同盟和自由贸易区的数量和重要性均已大为增加的现实,并从以下方面对GATT第24条做了改进:第一,明确了关税同盟成立前后所适用的关税税费的计算标准。“应根据加权平均关税税率和实征的关税全面评估。此评估应根据关税同盟提供的前一有代表性时期的进口统计数据,细分至税号、列出价值和数量,并按WTO的原产国分类进行。秘书处应按照乌拉圭回合谈判中评估关税报价时使用的方法,计算出加权平均关税税率和实征的关税。”第二,加强对非关税的贸易法规的评估。《谅解》规定:“为全面评估难以量化和归纳的其他贸易法规的影响范围,需要审查每一个单项措施、法规、所涉产品和受影响的贸易流量。”由这些详细而又专业的经济标准可以看出,《谅解》较详尽地规定了关税同盟成立前后的关税和其他贸易法规总体影响范围的计算标准,使其在实践中更易操作。第三,明确了形成区域贸易集团的“合理长的时间”。《谅解》规定:“只有在例外情况下才能超过10年。如某一临时协定的参加方认为10年不够,它们应向货物贸易理事会全面提供需要更长期限的说明。”第四,明确关税同盟和自由贸易区的含义及义务。GATT第24条第6款规定了当关税同盟的成员提议提高约束关税时,应适用第28条所列的程序。《谅解》第7条至第11条规定了对关税同盟和自由贸易区的审议。这些规定强化了货物贸易理事会在此方面的权力,增强了程序上的透明度。第五,《谅解》第12条还规定了争端解决。“对于在实施第24条中关于关税同盟、自由贸易区或导致形成关税同盟或自由贸易区性质的临时协定的过程中产生的任何事项,可援引由《解决争端谅解》详述和适用的GATT1994第22条和第23条的规定。”这表明在必要情况下,可以动用司法手段来维护经《谅解》修补过的第24条规则的强制执行。[1]

《谅解》一方面廓清了第24条的模糊之处,对有争议的问题进行了具体的量化解决;另一方面强化了程序性的监督,引入司法性解决争端的方法。这有利于WTO对关税同盟和自由贸易区的管理。此后,世贸组

---

〔1〕 赵维田:《世贸组织(WTO)的法律制度》,吉林人民出版社2000年版,第96页。

织还通过《服务贸易总协定》第5条所规定的经济一体化条款、1979年关贸总协定东京回合谈判中通过的，即关于对发展中国家的不同和更优惠待遇、互惠和更充分参与的决定（简称为东京授权条款），继续对区域贸易自由化的问题进一步规范。就是在这种修修补补中，WTO关于区域贸易的法律规制日趋完善。

（三）世界贸易组织规则法律效力的强化

国际法一直以来都是以"软法""弱法"的形式出现，努力加强国际法的拘束力，以有效地解决国际争端，是国际法发展的一个方向。WTO争端解决机制作为一个司法性国际争端解决机制，无论是其制度设计，还是其司法实践，都体现了国际法拘束力不断加强的发展趋势。在关税与贸易总协定半个多世纪的实践中，争端解决机制所表现出来的两种倾向——外交倾向和司法倾向，或者说权力导向和规则导向，而最终占据优势的是其规则导向。WTO的有关协议要求各成员方以统一、公正、合适的方式实施《建立世界贸易组织协定》的各项规则。WTO的争端解决机构在处理有关争议时，也是强调各成员方的国内法律措施不得与WTO规则相抵触，若与WTO规则相抵触，成员方就必须修改其国内法或采取WTO规则允许的其他救济措施，从这个角度来看，它在某种程度上体现了国际法优先的原则。

WTO法律制度效力得以加强的制度保障是其争端解决机制的准司法性质，法律依据是有关国际条约，组织保障是争端解决机制的制度安排，具体体现为争端解决报告的效力。[1] 若因成员方采取了某些违反WTO规则的国内法措施而产生争议，就必须依靠WTO争端解决机制来解决争议。WTO争端解决机制具有更多的强制力，究其原因是因为其争端解决机构具有强制管辖权。这是对国际法里"不得强迫任何国家违反其本身意志来进行诉讼"[2]规则的重要突破，现在除了海洋法法庭外，一般国际组织包括联合国国际法院在内，司法诉讼是经争端当事国"自愿同意"，国际法院才有权受理。

---

〔1〕 李双元、李娟：《从世贸组织争端解决机制谈国际法效力的强化》，载《时代法学》2005年第6期。

〔2〕 [英]詹宁斯：《奥本海国际法》（第一分册下卷），王铁崖、陈体强译，商务印书馆1972年版，第37页。

根据《关于贸易争端解决的规则与程序谅解》(缩写为DSU)的规定,专家组在规定的时间内收集足够资料,对争端进行调查审理后作出相应的报告。为了使各成员方对专家组最终报告有充分的时间进行考虑,贸易争端解决机构(缩写为DSB)在报告发送到各成员方的20日以后才可以考虑通过专家组报告。专家组报告散发给各成员方后60日内DSB必须对该报告进行表决,除非争端一方正式向DSB通知其上诉决定或DSB经协商一致决定不通过该专家组报告,否则,该报告应当在DSB会议上予以通过。因此,可以说专家组报告几乎是可以自动通过的。DSU的此项规定被称为"反向协商一致"或"倒协商一致"(nega - tive consenus),该原则在最大限度上满足了肯定专家组工作的要求,不需要当事方同意即可通过专家组或上诉机构的报告。这是WTO争端解决机制对GATT全体表决一致通过的一次飞跃。[1]

经争端解决机构同意后,胜诉成员方可以采取相应的交叉报复措施,这种措施具有较大的威慑作用,使那些其国内措施违反WTO规则的成员方不仅面临着国际社会道义上的谴责,而且还可能因其措施不具有合法性而受到经济制裁,使其经济利益受到影响。实践证明,这一机制在解决成员方的纠纷、保证WTO规则的实施方面,的确是行之有效的。而且WTO争端解决机制受理的争议范围十分广泛。因为WTO所涉及的领域已不单限于货物贸易,与贸易有关的投资措施、金融服务等都属于WTO协议所调整的范围。特别是许多原来缺乏强制实施措施的国际经济条约,也已被纳入WTO体制内,从而取得了强制执行的效力。

尽管基于上述改革,WTO的规则具有了开创性的国际法的强制力,但传统国际规范弱法的影响仍使之不能与国内法的强制力相提并论,长期以来对世界贸易制度中规范性质的顽固怀疑仍然存在。事实上,缔约方全体乃至GATT秘书处都长期坚持一种外交平衡的政治模式,这个模式在争端调解中磋商发挥着重要作用并形成这样的印象,似乎在意见达成一致时可以更改既存的规则。《美国国际法杂志》编委朱迪斯·贝洛夫人在该杂志1996年7月号上发表的一篇社评提出了一种非常有代表

---

〔1〕 参见对外贸易经济合作部国际经贸关系司译:《世界贸易组织乌拉圭回合多边贸易谈判结果法律文本(中英文对照)》,法律出版社2000年版,第223~271页。

性的观点,贝洛夫人说:“像以前的 GATT 规则一样,从传统意义上来讲,WTO 规则不具‘约束力’。当根据 WTO 争端解决谅解成立的专家组发布一项不利于一成员的裁决时,不可能会有监禁、禁令救济、对引起的损害进行赔偿或强制执行。”“遵守 WTO(规则),像争端解决专家组解释的那样,仍然是可以选择的。一个成员方的法律或措施若受到(专家组裁决)反对,它享有三种选择。第一,它可以(和宁愿)撤销违法措施,或者改正疏漏,以遵守裁决。第二,它可保持违法措施或者不改正疏漏,而用提供利益补偿来恢复被违法的(国内)法律或措施打乱了的已商定的平衡。第三,它也可选择不改变其法律或措施,也不提供补偿,而愿承受为恢复商定的减让平衡而由 WTO 授权对其出口进行的报复。WTO 唯一神圣的要求是保持这种平衡,以维持各成员对 WTO 协定的政治支持。”〔1〕

贝洛夫人的这一言论直接引发了关于世贸规则的法律强制效力的讨论。赵维田认为,“这完全是用强权政治的逻辑,肆意歪曲 WTO 协定及其争端解决机制的一派胡言。”〔2〕关于 WTO 协议的法律拘束力,《WTO 协定》第 2 条第 2 款和第 3 款明确规定,各多边贸易协议对所有成员均具约束力,各复边贸易协议对接受它们的成员具有约束力。但不能否认的是,仍有一些与世贸规则的效力直接相关的主要问题,存在争议却至今没有定论,如 WTO 国际责任的形式可否选择的问题〔3〕争议;金钱补偿的合法性及实践探索问题争议〔4〕。在乔治敦大学约翰·杰克逊(John·H. Jackson)教授和芝加哥大学阿兰·O. 塞克斯(Alan·O·Sykes)教授之间曾就败诉成员是否具有选择责任形式问题展开了针锋相对的辩论。〔5〕 现在我国越来越多的学者认为,成员方为了维护其主权和利益可

〔1〕 Judith H. Bello, The WTO Dispute Settlement Understanding: Less is More, 90 The American Journal International Law 416, No. 3, 1996, pp. 416 ~ 417.

〔2〕 赵维田:《世贸组织的法律制度》,吉林人民出版社 2000 年版,第 484 页。

〔3〕 张军旗:《WTO 国际责任的形式可否选择——法律权利与政策选择》,载《现代法学》2006 年第 6 期。

〔4〕 Marco Bronckers、Naboth van den Brook:《WTO 中的金钱补偿—完善 WTO 中的补救》,载《国际经济法期刊》2005 年第 8 卷第 1 期。

〔5〕 See: Alan O. Sykes, The Remedy for Breach of Obligations under the WTO Dispute Settlement Understanding: Damages or Specific Performance? In M. Bronckers and R. Quick (eds.), New Directions in International Law, Kluwer Law International Ltd., 2000, pp. 349 – 351.

以选择继续维持违法措施，这种选择实际上在一定程度上也构成了“减压阀”，以抵消发生非常情况时产生的消极影响。中国作为WTO的成员也可以利用自身的这种“违法能力”保护国家主权和利益，当然前提必须是严重情况的发生。从促进整个WTO协议履行的角度来看，应努力减少这种做法的采用，但对此已不能仅仅依靠法律手段，因为仅仅确认这种做法不合法不足以解决问题，还必须依靠政治和道义手段加以促进。

三、世界贸易组织争端解决机制的能动性

WTO争端解决机制是WTO体制“皇冠上的明珠”，它的建立使WTO法律如同装上了牙齿。除《贸易政策审查机制》外，因《WTO协定》及其附件产生的纠纷都受争端解决机制管辖。同时，WTO机制还明确了机制本身许多程序和规则问题，发展了WTO的成文实体规则，真正起到了为多边贸易体制提供保障和可预见性的作用。但是社会政治经济发展的不可预见的新形势、《WTO协定》中的空白和模糊之处却为DSB有限的司法能动性预留了机会，也给成员方带来了DSB通过司法造法侵犯成员方主权的担心。尽管也有人以WTO的宪政理论对此进行辩解，[1]但这种实际上存在的司法能动主义，却是一个不可否认的事实。它给WTO及其规则体系带来了高度的灵活性与适应性的同时，也暴露出其局限性；而出于国家利益的考虑，许多人在高声呼唤WTO争端解决机制在坚持司法经济原则的基础上，采取一定的司法克制主义。

（一）世界贸易组织争端解决机制在程序方面的能动性

WTO争端解决的国际法拘束力所依据的条约规定主要包括：GATT第23条、《WTO协定》第2条第2款与第16条第4款、DSU的有关条款。

WTO的争端解决机制虽也将审理程序分成两个阶段，即专家组程序和上诉审程序，但是，无论是专家组还是上诉机构都无权作出确定生效的裁决报告。在WTO争端解决机制中，只有DSB才有这样的职权，所有的审理程序都要回到DSB的表决通过上来。一份专家组报告或上诉审报告在获得通过之后即为生效的裁决报告，它不能被国内法律程序所推翻，

---

[1] 陈欣：《论WTO宪政对争端解决机构法律解释的影响》，载《西南政法大学学报》2008年第6期。

WTO 争端解决机制本身也没有规定对生效裁决报告的审理监督机制。DSB 在专家组报告的效力问题上宁肯设置一个类似虚置的表决程序，也没有选择让专家组报告或上诉审查报告当然获得效力。这就说明，WTO 争端解决机制并未完全抛弃政治外交解决争端的思维。裁决报告效力的来源，只能归结到 DSB 的职权上来，其职权的性质是特殊的，是集合了政治外交、法律等为一体的一个综合体。

而 DSB 在处理具体案例时所贯彻的司法原则也具有很大的灵活性，如司法经济原则是节约诉讼成本、缩短审理时间和更快地解决当事方之间贸易争议的有效方式。该原则无论是在各国司法程序中还是在国际司法或准司法程序中均得到广泛的认可。[1] WTO 上诉机构审查程序中不存在“发回重审”机制，是司法经济原则的一种典型应用。但也由此造成上诉机构审理中“事实不足”的问题无法得以治愈。面对并未完善的 WTO 协定体系，专家组对于司法经济原则的适用，体现出 WTO 协定义务的广泛性和冲突规范的欠缺。同时，专家组将司法经济原则作为回避政治问题的工具，体现了专家组对于 WTO 成员权力的尊重，这种尊重可以维持 WTO 争端解决机构专家组和上诉机构的民主正当性，促进政治问题在 WTO 决策层面的解决。[2]

而最能体现出 DSB 对程序规则的司法能动性的典型事例是“法庭之友”的陈述问题。[3] 从“美国虾及虾制品进口限制案”开始，WTO 争端解决机构在向非政府组织开放方面迈出了一大步，开始考虑接受法庭之友陈述。专家组指出，从非政府渠道接受未经寻求的信息，与当前适用的 DSU 规定不符。但上诉机构却认为，在授予专家组广泛权限的背景下，专家组有权酌情决定接受、审议、决定拒绝向其提交的信息和建议；专家组可以变更发现事实和法律解释的程序的权限幅度，不会使专家组淹没于未寻求的信息中；当这些陈述作为争端一方提交的政府文件的附件时，它们就成为当事方文件的不可分割的一部分；接受非政府组织提交的未寻求的信息资料并不违反 DSU 的规定，专家组以此为由拒绝接受这些信

---

〔1〕 吕晓杰：《WTO 争端解决实践中司法经济原则的适用》，载《中国国际法年刊》2006 年。

〔2〕 吕晓杰：《对 WTO 争端解决机制中司法经济原则功能的再思考》，载《环球法律评论》2008 年第 6 期。

〔3〕 韩自旺：《WTO 争端解决机制下“法庭之友”问题》，载《法制与社会》2006 年第 21 期。

息资料是错误的。[1] 上诉机构在“海虾案”中对于法庭之友陈述的态度在 WTO 成员方之间引起了轩然大波,但争端解决机构在接纳法庭之友陈述的道路上继续前行。1999 年“钢铁案”进入专家组程序时,美国钢铁协会(一个非政府组织)向专家组提交了一份法庭之友陈述,在该案的上诉阶段,美国钢铁协会和北美特殊钢联合会向上诉机构提出法庭之友陈述。上诉机构指出,虽然 DSU 未特别授权其接受和考虑法庭之友陈述,但 DSU 和《上诉审查程序》也未明文禁止其接受和考虑此类陈述。根据 DSU 第 17 条第 9 款和《上诉审查程序》第 16(1)项的规定,上诉机构认定其无接受非成员方提交的陈述的义务,但有在上诉程序中决定是否接受和考虑相关的和有用的信息的权利。该案表明,法庭之友陈述进一步得到了重视,一方面,提交的方式更为灵活,不必附属于争端当事方所提交的上诉材料;另一方面,法庭之友的主体范围也更为宽泛,从过去的环境组织扩大到有影响的商业团体。继“钢铁案”之后,上诉机构对法庭之友陈述问题的态度在 1998 年“石棉案”中再次受到关注。此案在上诉程序中,上诉机构不仅坚持其有权接受法庭之友陈述的立场和观点,而且根据《上诉审查程序》第 16 条(1)项颁布了接受法庭之友陈述的《补充程序规则》。《补充程序规则》还详尽地规定了申请书应载明的事项、法庭之友陈述的页数限制、提交的最后期限和陈述的形式等。尽管上诉庭的 3 名成员明确指出,该《补充程序规则》仅适用于此次上诉审查,它不是《上诉审查程序》的补充条款;但此规则所规定内容的详尽性却具有强大的示范效果。“石棉案”中的法庭之友包括环境非政府组织、商业非政府组织、健康非政府组织和学术团体。1999 年 1 月的美国《版权法》案又一次将法庭之友的主体范围扩大到艺术非政府组织。

从“美国虾及虾制品进口限制案”到“石棉案”,上诉机构不断妥协,法庭之友陈述在实践中虽然已被 DSB 以行使自由裁量权的名义所接受,但在 WTO 法律制度中仍然是一个空白,WTO 协定中对此并无相关规定。不同的 WTO 成员方对此有不同的主张,理论界的观点也难以统一。支持 WTO 争端解决机制接受法庭之友陈述的基本理由是,DSU 第 17 条第 9 款授予上诉机构采取任何不与 DSU 规则本身和 DSU 第 3 条第 4 款

---

[1] 韩立余编著:《WTO 案例及评析》,中国人民大学出版社 2001 年版,第 415 页。

所涉及的协定相冲突的规则。《上诉审查程序》第 16 条第 1 款允许上诉机构在遇到《上诉审查程序》没有涉及的程序问题时,逐案建立特别的程序。这为法庭之友陈述的接受提供了立法依据;是否接受法庭之友陈述完全属于专家组和上诉机构自由裁量的事项,允许提交法庭之友陈述并没有改变 WTO 成员方的权利,没有授予非成员方作为 WTO 成员方的资格。反对派则认为,允许接受法庭之友陈述,发达国家会在 WTO 体制内,特别是在争端解决程序中会获得更多的权利,处于更为有利的地位;可能改变 WTO 作为政府间国际组织的性质,不便于司法经济原则的适用,不利于保证 WTO 程序规则的确定性和稳定性,且损害了 WTO 政治机构及成员方权力的行使及对 WTO 规则的认同。

(二)世界贸易组织争端解决机制的实体造法性

与 WTO 争端解决机制在程序方面的能动性相比,更受关注的是其在实体规则方面的司法能动性的表现。从成员方的立法行为是否具有可诉性为例,就可看出 WTO 争端解决机制所发挥的创制规则、弥补法律空白的作用。

法行为本身的可诉性是指一项国内立法存在与条约义务相违背的规定,而这些规定可能并没有真正实施,这是否意味着该国并未违反国际义务,或者说该立法本身是否具有可诉性的问题。对立法行为本身的可诉性,1947 年 GATT 没有规定。在"美国 301 条款案"中,专家组说:"在传统国际公法中,通常,最终会违法甚或随后才会违法的立法行为自身并不意味着须承担国家责任。如一国承担义务,在没有适当补偿的情况下不没收外国国民的财产,那么只有在外国人财产被实际没收时,才会正常地产生国家责任。"[1]但在实践中 GATT 专家组却区别强制性立法与裁量性立法而确认其可诉性。强制性立法是指要求或命令行政机关必须从事某种行为的立法,行政机关自身没有选择的余地。如果立法只是授权行政机关在一定范围内自由裁量是否采取某种措施,则这一法律属于裁量性立法。GATT 争端解决实践确立了这样的一般原则,即强制性立法本身是可诉的,无论是否实际实施;而裁量性立法本身则不具可诉性。在

〔1〕 Panel Report on United States:Sections301 -310 of the Trade Act of 1974, WT/DS152/R, adopted on 22 December 1999, pares. 7. 80.

“美国对石油和某些进口物品的税收案”中，专家组指出，GATT 第 11 条（取消数量限制）和第 3 条（国民待遇）的目的“不仅保护现有贸易，而且为计划将来的贸易创设所需的预见性。对于这种与 GATT 不符的现存立法，如果要等实施该立法的行政行为被实际适用于贸易后才能被缔约方挑战，将不会达到这一目的。规定配额的规章存在本身，即便尚未限制某一具体的进口，也会被认为违反了 GATT 第 11.1 条；同样，规定国内税的强制性立法本身，即便并未适用于任何具体的进口产品，也应认为落入了第 3.2 条第一句话的范围。”[1] 这种“二分法”在此后“泰国对香烟的进口限制和国内税案”专家组报告、“美国对金枪鱼进口的限制案”的 1991 年专家组报告（未通过）和关于“美国影响烟草的进口、国内销售和使用的措施案”的 1994 年专家组报告等争端解决报告中得到肯定和重申。

与 GATT 不同的是，WTO 协议明确规定了立法行为的可诉性。《WTO 协定》第 16.4 条规定：“每一成员应确保其法律、法规和行政程序与所附各协议规定的义务相一致。”这一规定并未区分强制性立法与裁量性立法，似乎暗示二者均具有可诉性，但实践中专家组和上诉机构并未直接做这种解释。WTO 初期，专家组和上诉机构继续沿用 GATT 的“二分法”，如在“欧共体香蕉案Ⅲ”中，上诉机构确认 GATT 中发展起来的这种两分法仍可适用于 WTO 争端。[2] 又如在“阿根廷影响鞋、纺织品、服装和其他物品进口措施”案中，专家组运用“二分法”判定，缔约方之间的竞争关系已被阿根廷的这种行为单方面地改变了，因为阿根廷的强制性措施明显地具有违反《关贸总协定》第 2 条约束税率的潜在可能性，并因此损害了 WTO 体制的安全性和可预见性。[3]

但在“美国 301 条款案”中，专家组采用了与 GATT 的“二分法”有截

---

〔1〕 Panel Report on United States: Taxes on Petroleum and Certain Imported Substances, L/6175, adopted on 17 June 1987, 34S/136, 163 - 164, paras. 522.

〔2〕 Appellate Body Report on EC - Banana Ⅲ, WT/DS27/AB/R, adopted on 9 September1997, paras. 252.

〔3〕 Panel Report on Argentina - Measures Affecting Imports of Footwear, Textiles, Apparel and Other Items, WT/DS56/R adopted 25 November1997, paras. 6.45 - 6.46.

然不同的做法。[1] 该案专家组首先在回顾 GATT 和 WTO 有关判例的基础上肯定立法措施本身也会违反 GATT/WTO 义务，并且认为《WTO 协定》第 16.4 条已明确确认立法措施本身具有可诉性。专家组还认为，除此而外，对于 DSU 第 23 条义务的性质也决定了立法措施本身就可能违反该条义务，因为该条要求成员解决争端时只能诉诸 DSU 规定的多边程序，而且这一义务与立法是否实际实施没有关系。专家组指出："我们相信，解决双方在抽象地认为哪种类型的立法会违反 WTO 义务这一问题上的分歧，与提交给我们的此类案件的解决，并无密切联系。在我们看来，解决此类案件的适当方法是，仔细审查相关 WTO 义务的性质，并根据审查结果评估争讼措施。这样，问题就成为，在正确解释所涉 WTO 具体义务的情况下，是只有强制性国内立法是被禁止的，还是裁量性国内立法也被禁止。我们不接受这样的法律逻辑，即存在一种涵盖所有国内立法的快捷、硬性的规则……第 304 节是否违反了 DSU 第 23 条首要地取决于第 23 条所包含的准确的义务"，即专家组不是以争讼所涉及立法本身的性质为基础而是以第 23 条义务的内涵为基础确认"301 条款"违反义务。此外，考虑到不具法律约束力的政府文件也具有直接影响竞争关系的"冷冻效果"，所以，也被 GATT/WTO 的司法实践认定为具有可诉性。在"日本半导体贸易案"中，专家组就认定，日本政府的不具法律约束力的"行政指导"构成了 GATT 第 6.1 条禁止的"措施"。[2]

(三)先前专家组和上诉机构报告构成事实上的先例

用法律制约权力，是近现代法治理论的核心。但是，法律不会渗透一切方面并对权力进行调整，始终会存在一些法律所不能或只能部分渗透于其间的开放领域，如自由裁量权。在 WTO 体制下用法律制约权力的弱点在于：一是 WTO 现行法律文件中缺乏限制职能的规定，难以控制 WTO 的职能或权力扩张。二是即使有一定的成文法限制，由于法律解释权也属于 WTO 本身，其可能利用自由裁量权对相关条款进行扩大解释，如 WTO 争端解决机构可能通过对"例外条款"或"社会条款"的解释扩大

---

〔1〕 Panel Report on United States? Sections301 - 310 of the Trade Act of1974, WT/DS152/R, adopted on 22 December 1999, paras. 7.41 - 7.43.

〔2〕 Panel Report on Japan-Trade in Semi Conductors, BISD 35S/116, adopted on 26 March 1988, para. 109; see also paras pp. 108 - 115.

WTO在环境问题方面的职能和权力。《WTO协定》第9条第2款规定："部长会议和总理事会拥有通过对本协定和多边贸易协定所作解释的专有权力……通过一项解释的决定应当由成员的3/4作出。"DSU第3条第2款指出："各成员认识到该体制适用于……依照解释国际公法的惯例澄清这些协定的现有规定。"可见世贸组织将解释条约看做一项非常严肃的事情，需要成员的3/4同意才能对协议作出正式解释，而DSB的专家组只是具体运用解释国际公法的惯例，针对具体纠纷，澄清一些规定的具体含义。

从实践中来看，上诉机构的报告事实上已经作为国际贸易普通法而存在了。[1] 随着世贸组织争端解决实践的深入，专家组和上诉机构的报告越来越多地在DSB通过。尽管从理论上来说，这些报告仅对相关争议的当事方具有国际法上的拘束力，专家组和上诉机构对WTO协定涉案条款的解释对以后的案件并无约束力，但这并不妨碍专家组和上诉机构在审理案件过程中积极引用先前裁决报告中的陈述。专家组和上诉机构在对WTO有关条款的解释和推理时，往往是援引以前所有相关专家组和上诉机构的相关解释，甚至可能会利用到GATT时期专家组的相关报告。据学者统计，在DSB公布的所有专家组报告和上诉机构报告中，每一个都引用了以前的专家组和上诉机构报告中的观点。其中，"阿根廷鞋保障措施案""日本酒税案""美国汽油案""美国羊毛上衣案"和欧盟荷尔蒙案在40个以上的报告中被引用，欧盟香蕉案和印度专利案被引用的次数也超过30次，而美国虾案、美国内衣案和澳大利亚鲑鱼案也被引用达20次以上[2]。

与英美法中遵循先例相比，专家组和上诉机构在判案时依循先例是事实上的而非法律上的。这种依循先例在GATT时期就已成惯例，WTO开始运作时自然地将其承袭下来。有学者认为，事实上的依循先例对WTO的争端解决和WTO法的发展有百利而无一弊。[3] 首先，它有利于

---

〔1〕 Raj Bhala, The Myth about Stare Decisis and International Trade Law, American University International Law Review, Vol. 14, 1999, p. 850.

〔2〕 朱榄叶主编：《WTO争端解决报告的效力》，载《21世纪初的中国与国际法》，上海人民出版社2002年版，第276页。

〔3〕 左海聪：《WTO专家组和上诉机构可适用的法律》，载《法学评论》2005年第5期。

发展出具有一致性和可操作性的WTO司法解释,弥补WTO协定的不足。WTO协定的规定总体上是具体明确的。但是,同其他任何国际条约及国内立法一样,这种具体明确是相对的,在适用于具体案件时,仍需要进行司法解释,使其对该具体案件具有可操作性。如果对同一性质的案件,不同的专家组和上诉机构成员可以因法律解释上的差异而导致不同的审查结果的话,WTO法的一致性将被破坏,WTO法的可预见性也将丧失,进而还会动摇整个WTO体制的可预见性和安全。反过来,事实上的依循先例则可以确保WTO法的一致解释和适用,确保争端解决机制为多边贸易体制提供可预见性和安全。结合起来看,长期坚持这种依循先例,就可以发展出并进而维持系统的、具有一致性和可操作性的WTO法。而从法律上讲,审查机构又能在必要时较容易地改变先例的做法,具有比英美法系的法律上依循先例更优的灵活性。这种灵活性的保有,对WTO专家组和上诉机构目前的运转尤其重要。第二,有利于司法经济原则的适用。依循先例,使专家组和上诉机构成员不必对已有先例的法律问题再多费心思,而专注于案件中的新问题,自然可缩短审查时间。这对于审查期限较为短促的专家组和上诉审查来说,尤其重要。同时,每次专家组和上诉机构成员对新法律问题的解释和推理又可成为以后专家组和上诉机构成员依循的先例。专家组和上诉机构的审查也随之成为一种有一定创造性的高度职业化的工作。这样日积月累,不同的专家组和上诉机构成员的法律解释便汇成系统的WTO司法解释库。第三,可以加强审查结果的说服力。援引以前专家组和上诉机构成员的解释和推理,还可起到加强自己的解释和推理,使当事国更为信服的作用。

四、世界贸易组织规则与其他国际规则之间的冲突与协调

(一)职能主义下的国际法律规则之间的冲突

基于权力分立、权力制约原则的指导,战后国际经济秩序也是以国际货币基金组织、WTO及世界银行集团在货币金融、贸易及发展方面各自独立的国际协定和国际组织的并存为特征。根据《维也纳条约法公约》第30条第4款、第41条和第60条的规定,如果两个条约之间存在冲突时,并不意味着其中的一个将失去效力;当涉及具体的权利时,应优先适用特别法规则。在所有其他的情况中,国家的权利和义务是累加的,国家必须同时遵守其所承担的全部国际义务。

根据“有约必守”这一国际法基本原则，国家必须同时严格遵守其所承担的全部国际义务，但在当代国际社会，条约的缔结越来越频繁，条约的数目日益增多，几个条约的规定互相冲突的情况也颇为常见。在某些情况下，同一或者几个国家所承担的两项或几项国际义务之间可能发生不可调和的冲突。WTO 作为有史以来最重要的一个国际贸易组织，牵涉国际社会的方方面面，随着其范围不断扩大，“WTO 协定”与其他国际法发生冲突的可能性也日益增加。随着 WTO 体制的诞生，国际法的软弱性也可以从“内部”比较中发现，因为世界贸易体制强制性已经从国际法内部把其他国际法部门的“软弱性”凸显得毕露毕现。这进一步加剧了 WTO 规则与其他国际法规范之间的冲突性，是最具有前沿性的问题之一。由于 DSU 第 3 条第 2 款规定，专家组和上诉机构应按国际公法关于解释的习惯规则来解释 WTO 有关协定的条款，这是否意味着其他国际法律规则可以成为专家组和上诉机构适用的法律呢？再进一步讲，如果这些被适用的非世贸规则的相关国际规则与世贸规则之间出现冲突，怎样确定他们的效力顺序呢？对上述问题的回答，无论是在学者的理论中，还是在世贸组织的运行实践中，表现出了巨大的差异。

在“欧共体荷尔蒙牛肉案”中，专家组和上诉机构均认为，即使“预防原则”被认定为国际习惯法，也不能优先于 WTO 相关协定的明文规定而优先适用。[1] 这表明，即使 WTO 的规定与一般国际法相冲突，也不能排除 WTO 有关协定的适用。我国学者也认为，“由于 WTO 协定是一个自足的法律体系，而且在国际贸易管理领域又没有可供适用的一般国际法，专家组和上诉机构唯一正式适用的法律就是 WTO 协定的条文。先前的专家组和上诉机构报告、一般国际法、权威学者的学说均可成为专家组和上诉机构解释 WTO 协定的辅助资料，可以作为专家组和上诉机构观点的佐证或论据。但这些辅助渊源的作用并不相同。先前的专家组和上诉机构报告，构成事实上的先例，在以后的专家组和上诉机构报告中无一例外地被援引，具有显著和实质性的作用。一般国际法、权威学者的学说作

---

〔1〕 Panel Report on EC – Hormones, para. 8.157; Appellate Body Report on EC – Hormones, para. 123.

为支持专家组和上诉机构推理的论据,其使用频率并不高"。[1] 与此同时,世贸组织争端解决机制中非世贸规则的适用问题却极为常见。这不能不说是世贸规则发展中的一大特点。

(二)世界贸易组织争端解决机制中非世贸规则的适用问题

在 DSU 中,WTO 争端解决有关法律适用范围的规定并不明确,如果把 DSU 的第 7 条"按照(in the light of)争端的各当事方引用的任何适用协议(covered agreement)中的有关规定提交给他们的事项以及由争端的各当事方引用的任何适用协议中的各项规定加以审议",看做专家组和上诉机构可适用法的规定,那只给专家组施加了审议和适用 WTO 适用协议的义务,[2] 并没有具体规定专家组可以适用什么法,不能适用什么法。在实践中专家组和上诉机构也并没有把自己限制在"适用协议"的范围中,相反,他们越来越倾向于在必要时适用一般法律原则、国际习惯法,甚至其他非 WTO 条约。如在"美国海虾/海龟案"中,上诉机构在解释 GATT 第 20 条(g)款"可用竭的自然资源"时,引用了 1982 年《联合国海洋法公约》、《濒危野生物种的国际贸易公约》等国际公约;[3] 在"1998 年 Hormones"案中,该案被诉方欧盟请求专家组考虑适用环保法中的"风险预警原则",来判定其限制含荷尔蒙肉类进口的措施是否基于科学的风险评估而作出。虽然该案裁决最终否定了援引"风险预警原则",但上诉机构在同意不适用"风险预警原则"来解释《实施动植物卫生检疫措施协定》(SPS)时,指出:"风险预警原则"在国际上是有争议的,尚不能确定已构成一项被广泛接受的一般国际习惯法,倘若"风险预警原则"构成一般国际习惯法,则可以用来解释 SPS。同时在该案中,上诉机构还引用了"善意"原则。[4]

对世贸组织争端解决机制中非世贸规则的实际适用问题,许多学者予以了合法化的解释。认为基于司法程序中的管辖权与法律适用问题的

---

〔1〕 左海聪:《WTO 专家组和上诉机构可适用的法律》,载《法学评论》2005 年第 5 期。

〔2〕 赵维田:《世界贸易组织(WTO)的法律制度》,吉林人民出版社 2000 年版,第 499 页。

〔3〕 Appellate Body Report: United Stated - import Prohibition of Shrimp and Shrimp Products , WT/DS58/AB/R, adopted 6 November 1998, DSR 1998: Ⅶ, 2755. para. pp. 128 - 132.

〔4〕 Appellate Body Report, : E. C - Measures Concerning Meat and Meat Products (Hormones), WT/DS26/AB/R, WT/DS/48/AB/R, adopted 13 February 1998, DSR.

分离性,DSU 第 7 条只是对 DSB 的管辖权进行了规定,而没有明确排除其对非世贸规则的适用权。此外,由于世贸规则本身就是国际条约,所以按照它所依赖的国际公法体系,特别是《维也纳条约法公约》第 31 条规定,在解释条约时,必须予以考虑的不仅是条约本身,而且还包括当事国嗣后所订关于条约的解释或其规定的适用的任何协定和适用于当事国间关系之任何有关国际法规则及惯例。由此,WTO 条约明确地把自己设置在包含非 WTO 条约在内的国际公法中;甚至于非 WTO 法不仅可以使专家组中止管辖权,甚至在更多的情况下使专家组拒绝管辖,而且非 WTO 法能有效地证明某些违反 WTO 规则的做法具有正当性。[1]

WTO 规则就像国际人权法、国际环境法、国际劳工法等一样,是国际法规则的一部分。这就表明了 WTO 规则不是一个与外界隔离的制度体系,它与其他非 WTO 法有着或紧或松的联系。WTO 法律体系中就包括了明示参照或包含的非 WTO 法,并且这些国际性规范本身也会构成世贸组织规则体系中的组成部分。《实施动植物卫生检疫措施协定》和《技术性贸易壁垒协定》参照了某种 WTO 之外的国际标准,譬如关于荷尔蒙激素的国际营养标准;《与贸易有关的知识产权协定》不仅包含了诸如《保护工业产权的巴黎公约》、《世界知识产权组织公约》等的基本义务,而且包含了这些公约中的例外规定。同时,考虑到世贸组织就是一个主权政府构成的国际组织,所以依据《WTO 协定》第 9 条,由 WTO 部长会议(或总理事会)批准,可以授权 WTO 成员参照非 WTO 规则采取与 WTO 不一致的措施。

第二节　世界贸易组织的法制困境

罗伯特 · C. 埃里克森说:“法律制定者如果对那些会促成非正式合作的社会条件缺乏眼力,他们就可能造就一个法律更多但秩序更少的世界。”[2]而目前世贸组织及其规则体系的发展中就不幸地出现了这样的

〔1〕 陈立虎、周敏:《非 WTO 法在 WTO 争端解决中的适用》,载《时代法学》2005 年第 5 期。

〔2〕 [美]罗伯特. C. 埃里克森:《无需法律的秩序》,苏立译,中国政法大学出版社 2003 年版,第 2 页。

局面。它最初所设想的宗旨与目标,在实践中却产生了南辕北辙的结果。这使人开始怀疑世贸组织及其规则体系所缔造的辉煌前景是否仅仅是从制度设计本身出发的良好愿望而已。对世贸组织及其规则体系在实践中所出现的困境,有许多学者试图以不同的角度来解释。有人认为是传统的自由贸易理论自身存在理论缺陷,而实践却动摇了自由贸易理论的根基;[1]也有学者以法经济学的视角提出"WTO 规则是不断'追加'交易费用的契约,是强制性契约,也是歧视性契约",[2]其自身的正当性就值得怀疑;美国哈佛大学两位法学博士约翰·O. 麦金尼斯和马克·L. 莫维塞西恩在《世界贸易宪法》一文中提出,WTO 的有限裁决权是解决隐形贸易保护主义难题的更好手段,并设计了一系列程序取向的检验方法,使 WTO 的审议庭能在不取代劳工、环保、卫生和安全政策方面的民族裁判的情况下取缔隐形的贸易保护主义。[3] 种种说法却不能从根本上改变目前的困境。

一、自由贸易规则引发贸易保护主义的发展

WTO 协议决定了它是一个通过增进贸易自由化来维护世界利益,增加成员方公共财富及其国民福利为目的的多边贸易体制。根据 WTO 协议,它的主要任务之一是减少成员方政府设置的、与自由贸易相对立的贸易壁垒,[4]也就是减少成员方为了自身利益而限制和阻止外国商品进入所采取的各种限制措施。广义上的贸易壁垒在内容上,可分为关税贸易壁垒与非关税贸易壁垒;在形式上,可以分为规则性的贸易壁垒(如关税税则)与行为性的贸易壁垒(如海关检查);在性质上,可分为符合 WTO 体制的合法贸易壁垒与 WTO 体制禁止的非法贸易壁垒。必须承认,自 GATT/WTO 产生后,一些传统的国际贸易壁垒得到了有效的管制,譬如世界工业产品贸易的关税平均税率由 1947 年的 40%,降至目前发达国家

---

[1] 郭柏春,卢映西:《WTO 的困境动摇了西方主流经济学的根基》,载《北京航空航天大学学报》(社会科学版)2008 年第 3 期。

[2] 年志远:《WTO"陷阱"及我国因应策略——以法经济学为视角》,载《理论前沿》2008 年第 22 期。

[3] [美]约翰·O. 麦金尼斯、马克·L. 莫维塞西恩:《世界贸易宪法》,张保生、满运龙译,中国人民大学出版社 2004 年版,第 187 ~ 204 页。

[4] [德]施托尔,朔尔科普夫:《世界贸易制度和世界贸易法》,南京大学中德法学研究所译,法律出版社 2007 年版,第 20 页。

的4%和发展中国家的12%。但WTO并未能从实质上消除贸易壁垒和贸易摩擦,只是使原有的壁垒和摩擦换了形式,原来的贸易保护主义以新贸易保护主义的面目出现。传统的贸易保护手段如关税、配额、许可证等受到WTO规则的限制,新贸易保护主义转而采取较具隐蔽性的贸易保护方式,如通过出口补贴扩大出口的同时,滥用WTO框架内的"两反一保"(反倾销、反补贴和保障措施)限制进口;通过多边贸易谈判将本国比较优势产业纳入WTO的框架,迫使其他国家开放市场,以扩大出口;通过确立劳工标准、环保标准、质量标准、技术和卫生标准等达到在某些领域全面抬高进口门槛的目的。

非关税壁垒历史悠久,但在GATT及WTO体制形成后发展尤为迅猛。据统计,目前世界上已有近6000种非关税壁垒,其中广泛运用的应有3000多种。非关税壁垒就是指除关税措施以外的其他一切直接或间接限制外国货物进口的措施。与关税壁垒相比,非关税壁垒有以下优势:首先,它对特定的内国的保护作用比关税的作用更为强烈和直接。关税措施是通过征收关税来提高商品成本和价格,进而削弱其竞争能力的,因而其保护作用具有间接性。而一些非关税措施如进口配额,预先限定进口的数量和金额,超过限额就直接禁止进口,这样就能快速和直接地达到关税措施难以达到的目的。它主要依靠行政措施和命令实施,不受法律程序约束,手续灵活简便,行动迅速,同时又可针对某个国家或某种产品而实施。因此,非关税措施限制进口的作用比关税措施更加有效。其次,非关税措施具有一定隐蔽性、欺骗性和歧视性。关税措施,包括税率的确定和征收办法都是透明的,出口商可以比较容易地获得有关信息。另外,关税措施的歧视性也较低,它往往要受到双边关系和国际多边贸易协定的制约。非关税措施不像关税措施那样,易受汇率变化的影响。目前对非关税壁垒没有十分有效的国际监督和控制措施。WTO协定虽然对某些非关税措施的采用有所禁止或限制,但很多是一般性禁止或限制,而且涉及种类有限,此外还规定了许多例外条款,这为各国采用非关税壁垒措施提供了机会。最后,非关税壁垒中复杂多变的具体措施由于没能也不可能全部纳入法治的视野,因而从法律地位上讲往往处于灰色地带,给国家政府的措施运用、政策推行留下广泛的空间。由于非关税措施具有上述特点,采用非关税壁垒措施的国家越来越多,受非关税壁垒保护的商品也越来越多,且保护程度越来越高,严重阻碍了多边自由贸易体制的发展。针对这种形势,WTO 通过谈判的方式形成了众多的相关"一揽子"协定,对其中运用比较广泛、消极后果显著的典型非关税壁垒形式予以了国际法律的一体化的规制。目前已经达成的调整非关税壁垒的协议有:《进出口许可证协议》《技术性贸易壁垒协议》《实施动植物卫生检疫措施协定》《政府采购协议》《进出口配额措施协议》《与贸易有关的投资措施协议》《海关估价措施协议》《装船前检验措施协议》《原产地规则协议》等,甚至也有人将成员方政府进行正常的市场维护的《反倾销与反补贴协议》《保障措施协议》也纳入了非关税壁垒的范围;而诸如《服务贸易协议》《与贸易有关的知识产权协议》《与贸易有关的垫资措施协议》也有针对性的涉及了非关税壁垒的实施。然而,上述这些被规范的非关税壁垒,与实践所运用的非关税壁垒比较起来,可以说是微乎其微的。对此,WTO 似乎也只能被动地疲于应付的。

非关税壁垒之外,在 WTO 体系中,也有越来越多的成员方在立法权独立、司法权独立的口号下,充分发挥立法与司法的阻碍作用,以不恰当的目的树起了所谓的法律壁垒。各种具有合法与合理外衣的贸易壁垒层出不穷:绿色壁垒、蓝色壁垒……也许还会有黄色壁垒、红色壁垒等,就如重重涂鸦,模糊了 WTO 体制的贸易自由化前景。

二、约束力的增强导致法律规避泛滥

世贸组织制定的规则具有双重的法律效果:"不仅使通过规定的途径达到国家的法律体系,而且使国际一级的准则法律化。"[1]凯尔森早在半个多世纪前就强调:"国际法越来越表现出对原来只由国内法积极地加以调整的事项加以调整的倾向,越来越对所谓各国的国内管辖加以限制的趋向……这种现象的特征是法律的国际化,由国际法决定国内法规范的内容,或者以条约所创造的国际法来代替国内法的不断增长的倾向。"[2]正是由于 WTO 及其规则的强制力,才使外贸管制权从国内法的层面上升到了国际法的层面。《WTO 协定》在为成员方政府设定国际义务的同时,其自身作为国际组织也向制度化和规则化发展,或者说法治倾向在不

---

〔1〕 潘抱存:《论国际法的发展趋势》,载《中国法学》2000 年第 5 期。

〔2〕 [美]汉斯·凯尔森:《国际法原理》,王铁崖译,华夏出版社 1989 年版,第 168 ~ 169 页。

断加强。《WTO协定》所呈现出来的改变国际法“弱法”特征的趋势，以及它的理论基础中所暗含的全球资源统一配置，从长远来看，是与民族利益相一致的；由它所引发的对民族利益的保护问题，也由外而内地为外贸管制权在国际和国内两个不同层面上的贯通提供了一条通道。各成员方为遵守《WTO协定》，必然自觉地调整其国内法使之顺应《WTO协定》的要求，就使这种国际法通过“国内化”而得到了具体的落实；在国内层面上，实施WTO规则将不可避免地使一国内部的外贸管制权权威受到挑战，促使各成员方国内的贸易管制法律关系内容方面的国际化；外贸管制权的“国界”被彻底打破。

然而，当日益强化的国际法律规范与各国的国内利益出现冲突时，许多国家政府就以“理性经济人”的自觉，开始了对正式的、具有强制性的国际法律规则的回避，甚至还在游戏规则的迂回与突破中得到了更多的实惠。而这种实惠与实现实惠过程所积累的经验，反过来又加剧了对国际法制的冲击和破坏。法律规避也由此发生了质的变化：它从私主体对国家法的规避走向了国家对国际法的规避。

以最惠国待遇原则为例。最惠国待遇原则中，给惠国中与任何第三方所订立的条约中的优惠，应当无条件而且立即地给予与给惠国订有最惠国条款的缔约方，其中，给惠国与第三方这个对象上，不仅局限于GATT/WTO的缔约方，而且可以是非GATT/WTO的任何国家或单独关税区。因此，最惠国待遇原则的着眼点显然是在全球范围内进行国际贸易的政府或单独关税区，而“立即无条件的”则可以看出只要在最惠国原则下，所有国际贸易方都可以站在同一起跑线上，这也是最惠国待遇原则的本质特征：市场竞争、机会均等。正是有了这个内在的特征，才使基于最惠国待遇原则下的多边贸易体制，大大地推动着全球贸易更加自由化的发展。最惠国待遇原则由此也被称为世贸组织的基石。然而这一基石却可能成为成员方利益获取道路上的一个“绊脚石”。GATT第35条明确规定：“凡属下列情况，在任何一个缔约方与任何另一个缔约方之间不适用本协定或不适用本协定第2条：(a)该两个缔约方之间相互未进行过关税谈判；(b)该两个缔约方的任一方在另一方成为缔约方时，不同意作此运用”。这就是所谓的“互不适用条款。”如果某个贸易大国在一方欲加入WTO时与之谈判，而该大国因另一方可能损害其贸易中的地位而拒绝与之谈判，则即使另一方加入了 WTO，WTO“一揽子”协定也无法在该大国与另一方之间适用，而作为 WTO 的基石的最惠国待遇原则，自然无法适用于该两国。为什么该贸易大国不愿意和另一方适用最惠国待遇原则呢？最根本的原因是，假如另一方的某些产品较该大国的相同产品具有更强的竞争力，而适用最惠国待遇原则显然会损害该大国相同产业的利益，为了平衡国内的利益关系，不得不那样做的权宜之计。著名的案例是，1951 年日本加入 GATT 时，许多西方国家担心日本纺织品对本国市场的巨大冲击而纷纷援引 GATT 第 35 条，使纺织品一直游离于 GATT 规则之外。

与此相类似的还有“自愿出口限制”协议问题。“自愿出口限制协议”是指进口国与某一出口国接触，以寻求正式的或默示的“安排”，出口方依此安排，限制输入进口国的某些产品的数量。这里，出口国的产品并未获得均等的机会与其他产品竞争，不能不说是对最惠国待遇原则的违背，而进口国为何那样做？原因可能在于其国内一小部分利益集团的游说，或者是让步于国内的政治势力。这类例子如 1981 年美国与日本商定“汽车自愿节制出口协议”，以及 1983 年欧共体与日本商定的“磁带录音机资源节制出口协议”等。

可以看出，最惠国待遇原则的“自动性和无条件性”，其实只是针对条约中订有最惠国待遇条款的缔约方之间是“自动和无条件的”；而在整个国际经济空间中，其实施依然是有条件的。究其原因，正是因为 WTO 仅仅只是一个国家之间的经济组织，国家仍然是国际事务的主体，具有主权的全部权能，可以自由地决定其自己的意志，而不受任何超越国家的组织所约束。而 WTO 的存在基础是《WTO 协定》，虽然国际法有“条约必须信守”原则，但是涉及国家利益时，条约的规定不可避免地要让步于主权国家。正是出于这两种不平等的权力的博弈，最惠国待遇原则尽管有其独特的魅力，但两难的境地会如影随形。

三、一体化的贸易体制加剧了社会冲突

当各国的外贸管制权统一于国际法层面时，WTO 及其规则理应促成全球经济一体化。但在实践中已经出现了一种不可忽视的趋势：贸易自由化并没有化解原有的发达国家和发展中国家两大利益联盟之间的矛盾，反而在发达国家和发展中国家之间制造了许多新的矛盾，呈现出一种

与一体化背道而驰的倾向。而 WTO 各成员方之间迥然不同的利益诉求,经济实力和政治体制的巨大差异,使这一所谓的“组织和行为纲领”已然处于极为尴尬的境地。典型的事例是,从 2001 年开始的多哈回合谈判,经过几年坎坷波折,在农业问题上始终无法达成一致,终于在 2006 年宣告无限期中止。

即便是已经生效的某些国际贸易规则,也在某种程度上加剧了社会矛盾,如《技术贸易壁垒协定》规定,一国或区域组织为了保护人类健康和安全、保护动植物的生命和健康、保护生态环境,或防止欺诈行为、保证产品质量等,可以采取强制或非强制的技术性措施,即可以采用技术贸易壁垒限制国外产品进口。SPS 中也规定,各成员方为了保证食品安全和动植物健康,避免疫病传播对国内农业、生态和人民健康的危害,可以根据自身特点制定检验检疫标准。从表面上来看,成员方都可以利用这些法律条款保护自身的利益,但实际上,这些法律条款只能保护发达国家的利益。发展中国家的“短处”是经济落后、技术水平低、生产方式落后。基于此,发达国家凭借所拥有的经济技术优势,以保护人类健康和安全、保护动植物的生命和健康、保护生态环境等为借口,制定严厉的、苛刻的、名目繁多的技术法规、技术标准、合格评定程序、商品检验检疫制度和环境标志制度等,限制发展中国家的产品进口。《技术贸易壁垒协定》和 SPS 中的这些条款成为发达国家为发展中国家设置的技术贸易壁垒“陷阱”。

仅就中国而言,自其加入 WTO 后,虽然国际贸易量的迅速增长确实是提高 GDP 的关键因素,但目前的出口贸易显然正处在全面受阻的态势中。扩大产能、出口、遭遇摩擦、转战市场、再遇摩擦,已经成为中国许多行业难以避免的恶性循环。作为全球制造业大国,中国的贸易模式日显尴尬:一方面是接踵而至的贸易摩擦;另一方面却是量增价跌后日益微薄的利润。一方面出口量很大,产品遍及全球;另一方面却背负了“倾销”的恶名,还带来了资源的消耗和环境的污染。

从现实来看,一体化所引致的社会冲突集中地体现为发达国家和发展中国家之间的尖锐矛盾。经济全球化的浪潮席卷世界,发达国家挺立潮头,而发展中国家在重重压力之下竭力追赶,却发现历史的包袱使自己的步履越发沉重,一体化的利益远在天边,但首先面临的却是能否自保的难题。WTO 体制虽然赋予了发展中国家和发达国家同样的投票权，但形式上的所谓平等，无法掩盖在这背后南北双方经济实力的巨大差距，而在多边谈判体制中，左右话语权的并不是那一张投票，而是现实的经济实力。发达国家凭借其经济实力和先进的科学技术，企图把世贸组织的发展方向纳入它们的全球战略；而且发达国家构筑的国际经济秩序的基础和领域是他们拥有绝对优势的领域，如信息技术产品、基础电信、金融服务、投资与竞争政策等，并通过贸易与劳工标准对发展中国家和经济转型国家施加压力。与此同时，发达国家在自身应承担的 WTO 框架下义务的履行方面，却一拖再拖，对于促成谈判所必要的适当让步，也是固守城池。

“WTO 已具有的强制性使发达国家的一些政策研究或制定者对它的期望很高，什么事都想放到那儿解决。殊不知 WTO 中的发展中国家和最不发达国家已占绝大多数（这是国际社会的现状），如果一味地从发达国家角度考虑问题，最后会使 WTO 变成又一个‘南北对峙’的场所。”〔1〕发达国家从自身利益出发，罔顾发展中国家的合理诉求，将世界贸易体制作为其强行推行自己奉行的经济体制和政治体制之工具，这一现实问题不仅在关贸总协定诞生之时就已存在，时至今日也仍无实质性改变。如果发达国家仍然希望像以往那样将谈判议题简单地强加于发展中国家，而如果发展中国家坚持凡是于我不利的议题就利用 WTO 决策机制简单地加以反对，长此以往，南北矛盾将很可能导致 WTO 体制的崩溃，最终可能对发展中国家特别是最不发达国家成员的经济发展带来消极影响。对于身处发展中国家进程的中国来说，固然需要利用一切机会充分表达自己的诉求，但最为根本的还是强大自己的实力。唯有如此，才可能根本上改变自己的被动地位，也才可能对国际经济法律的实质改变贡献自己的力量。

〔1〕 张乃根：《国际法原理》，中国政法大学出版社 2002 年版，第 29 页。

第六章　外贸管制权生成中的国内制度构建：我国的外贸管制制度

"如果法律的兴废、修改首先关注并集中关注如何'现代化',如何满足未来社会的需要,那么法律就势必不再是经验性的了,而是成为某个理想的社会、经济制度的逻辑需求的延伸,成为一种普适性并且在理论上不允许地方性知识的原则。这样一来,法学家们必然以概念为中心,以理念为中心,以法条为中心,以书本为中心,以对外国法条之知代替对中国社会之知,以逻辑之知替代生活之知,法律所必须回应的社会现实问题势必会为之遮蔽,甚至被有意识地牺牲了。这也势必造成更多的法律制定出来之后,却难以在社会中实际发挥有效的和积极的作用,而只是一种看上去漂亮的间架性结构。"〔1〕

——苏力

任何法律制度的形成都不可能在短期内根据主观意志一蹴而就,而是一个受各种因素影响、制约,不断创新、选择、印证的渐进过程。从这个意义上来讲,法律制度的生成实际上是大量法律规范在统一的理论与价值目标下不断进行整合的过程。"任何一种具体的部门法律制度都是当下和未来中国社会生活秩序的一个组成部分,都将或可能折射和反映中国法律理想图景的色彩和光辉。"〔2〕随着我国与国际经济大环境的不断融合,已初步形成了以宪法为根本法、《对外贸易法》为基本法的多层次的涉外经济贸易法律体系。但是,专门针对外贸管制权的法律研究却是刚刚起步,无论是作为先导的理论基础和价值目标,还是相关法律规范的

〔1〕 苏力:《道路通向城市转型中国的法治》,法律出版社 2004 年版,第 32 页。

〔2〕 廖益新:《税法的移植与本土化问题》,载《福建法学》2007 年第 1 期。

整合,都处于探索性阶段。我们在肯定成绩的同时,也应该充分认识到:外贸管制权相关法律制度在中国的理性构建必须而且也只能是一个不断与时俱进的长期过程,在不同的历史时期与现实条件下不可避免地会产生一些矛盾与冲突。目前,亟须解决外贸管制权行使中的权限划分问题。其中,首要的是明确贸易管制机关各自所拥有的权力范围,即划清行政权与立法权、司法权等其他形式的国家权力界限;同时,也涉及中央与地方的权限划分问题和国家对内权与对外权的统一协调问题。

第一节　国内法与国际法的关系问题

外贸管制权的双向性,使之对内成为一种国家权力,对外则形成国家权利。而权利与权力之间的矛盾性往往直接体现在国内法与国际法的效力之争上。新近有学者提出用"法权"概念来取代权利与权力的矛盾性,实施了更高层面的抽象,这似乎为部门法在权利(力)研究上的突破带来一股清新的气息。"法权"概念的提出在法学界有过曲折的历程。这个词最先在汉语中使用是意指"治外法权",并不涉及我们现今所理解的内涵。新中国成立后至改革开放前,受意识形态的影响,我国中共中央马克思、恩格斯和列宁著作编译局的有关学者起先将德语和俄语中的 Recht 和 ΠPaBo 译为"法权",后又改译为"法"或"权利"。[1] 直到最近,才有学者提出并论证用"法权"作为"权利和权力"的统称,以避免法理学上因权利与权力纠缠不清所带来的弊端。尽管"法权"的提出,为我们进行法制研究提供了法学资源和新视角,但由于无法论证"法权"概念及内涵确立的先在性,自然也不能完全揭示或解决国内法与国际法的冲突问题。而这一问题,恰恰是中国加入世界贸易组织以来所面临的首要问题。

一、外贸管制法中的国内法与国际法的冲突

(一)宪法与国际法的冲突

在一国的法律体系内,宪法处于最高的地位,是一国主权的最高表现,任何其他国内法不能构成对宪法部门的"威胁"。但是,国际法是随着一国主权逐渐受到限制而发展起来的,根据"条约必须信守"的原则,

---

〔1〕 童之伟:《法权与宪政》,山东人民出版社 2001 年版,第 34 页。

也对一国产生必须履行的义务。如果一国缔结或参加的国际条约与宪法典之间发生冲突,哪个应当优先适用的问题,就显得格外重要。这就在国际法与宪法之间产生了一个矛盾——两者效力的高低问题。由于国际条约是国际法的主要表现形式,所以宪法与国际法的冲突主要表现为一国宪法典与其参加的国际条约的冲突。

目前各国宪法典与国际条约冲突的解决有以下三种机制:一是条约优于宪法制度,典型的是荷兰。[1] 二是宪法优于条约制度,是最常见的一种理论。许多国家都认为,宪法在效力上高于条约,违背宪法的条约是无效的。[2] 三是折中制度,即既不采取宪法优越,也不采取条约优越的立场,而是将这两种立场调和起来。具体是指当本国签订或参加的国际条约同国家的宪法发生冲突时,为了宪法的最高权威得到保障,又能维护国际条约的效力,采取修改宪法使之符合国际条约的办法来解决两者间的冲突。[3] 实际上,条约优位说和宪法优位说各有其利弊。条约优位说的优点在于,国家能够诚实地、无条件地履行本国政府及议会签订的一切条约;其缺点在于因某些可能与宪法相抵触的条约在国内的实施,侵害了宪法秩序。宪法优位说的利弊与条约优位说的利弊则正好相反。

我国宪法条文中没有明确规定有关条约在国内法的效力,特别是对我国缔结参加的条约与宪法、法律冲突的情况下效力如何确定缺少明确规定。但根据我国的立法体制,我们可以推定,我国宪法的效力是优越于条约的效力的。根据我国宪法,在和平时期的条约批准有以下 3 种方式:一是全国人大常委会有权"决定同外国缔结的条约和重要协定的批准和废除";[4];二是国家主席有权根据全国人大常委会的决定,"批准和废除同外国缔结的条约和重要协定";[5]三是国务院有权"管理对外事务,同

---

[1] 《荷兰宪法》第 65 条规定,在荷兰王国内正在施行的法律规定,如其适用将与该法律规定制定以前或以后按照第 66 条公布的条约相抵触,应不予适用。

[2] 在美国,条约和国会的制定法都是美国的法律,但在 1957 年的 Reid v. Convert 一案中,美国联邦最高法院判决认为与美国宪法相抵触的条约是无效的。

[3] 《奥地利联邦宪法性法律》第 44 条第 1 款规定,除非至少有半数议员出席并获得 2/ 3 多数,国民议会不得通过任何宪法性法律或者是普通法所包含的宪法条款。第 50 条规定,凡内容涉及修改或增补法律的政治性国际条约,非经国民议会批准不得签订。

[4] 《宪法》第 67 条第 14 项。

[5] 我国《宪法》第 81 条。

外国缔结条约和协定”。[1] 而实践中存在的《宪法》与国际贸易相关的国际条约的冲突则主要表现为：重要协定与一般协定的区分不明，导致一些重要协定实际上均未履行全国人大常委会的批准程序，如20世纪90年代若干中美知识产权协定的签订。同时，全国人大作为最高国家权力机关却没有批准条约的权力。

（二）基本法律与国际条约的冲突

相对于宪法而言，基本法律与国际条约之间的冲突在外贸管制权的实现中更为突出。理论上关于国内法和国际法的关系问题，主要有“两派三说”。“两派”，即一元论和二元论，主要就国际法与国内法是否属于同一法律体系展开争论。一元论认为，国内法与国际法属于同一法律体系，因而可以进行效力等级的比较。在一元论内，又发展出国内法效力优于国际法和国际法效力优于国内法两种学说。一元论视国际法为国内法的附庸，完全否定了国际法的独立性，因此，这种观点逐渐遭到摒弃。二元论的学说主张，国际法和国内法分属于两个独立的、平行存在的法律体系，分别代表不同的法律秩序，国际法与国内法互不隶属，处于平等地位。但毕竟国际法必须在一国内发生效力，所以，后来又引入了带有一元论色彩的“转化”论、“采纳”论以及兼有“转化”和“采纳”的混合理论，以使国际法在国内得到适用。[2]

我国《宪法》对于国际法和国际条约在国内的适用没有明文的规定。从我国的立法现实来看，似乎以二元论的“采纳”说为主。《民法通则》第142条第2款规定：“中华人民共和国缔结或者参加的国际条约同中华人民共和国的民事法律有不同规定的，适用国际条约的规定，但中华人民共和国声明保留的条款除外。中华人民共和国法律和中华人民共和国缔结或者参加的国际条约没有规定的，可以适用国际惯例。”民法总则对此没有规定。《民事诉讼法》第260条规定：“中华人民共和国缔结或者参加的国际条约同本法有不同规定的，适用该国际条约的规定，但中华人民共和国声明保留的条款除外。”我国有70多项法律、法规依此作出了类似的

---

〔1〕 我国《宪法》第89条第9项。

〔2〕 张德瑞：《论我国宪法部门和国际法的冲突与协调》，载《郑州大学学报》（哲学社会科学版）2005年第6期。

规定。而近年来也出现了“转化”做法。但这些法律、法规的规定都只涉及特定领域，我国并没有确立国际法或国际条约高于国内法的一般原则。而我国外贸管制法中大量出现的行政法规与部门规章，也只有从法理上推断其效力低于中国政府所缔约的国际条约。由于关于国际条约的位阶没有明确的宪法性规定，致使在实际工作中，国际法或国际条约在我国适用的具体做法不统一，容易引起混乱与冲突。

二、外贸管制法中的国内法与国际法的协调

（一）部门法的国内法与国际法协调是法治价值的必然要求

法的内在特质的普遍性与形式特征的共同性以及法治社会对法律体系融合协调的基本要求，决定了国际法和国内法必须而且只能在法律规范的统领下和谐共生、协调一致。[1] 因此，国际法作为一国法律制度的组成部分，与国内法共同构成主权国家法律制度的整体。法律全球化即全球范围内法律规则的趋同化和一体化，也对我国外贸管制法的内部体系的科学性、统一性产生了极大的促进作用。传统国际法“二元”理论认为，国际法和国内法在调整对象、主体、渊源、效力根据上互不相同，分属两个不同的法律体系。但是，随着国际经济全球化和法律全球化的发展，以及国家之间双边和多边条约的签订，某些法律制度在有关国家之间趋于一致；同时，国际多边条约的签订及世界性统一法律制度的形成，使国际社会的法律制度趋同化。实现法在国际上的统一和趋同，并不需要以统一的超国家的法取代各个主权国家的国内法。虽然国内法同化为国际法或国际法整体进入国内法之中都是不可能的，但国际法和国内法在一定意义上同是主权国家意志和利益冲突与协调的产物，“国际法和国内法之间并无绝对的界限”。[2] 那些在经济上居于优势地位的成员方，在国际法的舞台上往往同样掌握着优势的“话语权”，它们的国内法精神更容易被推而广之成为国际法原则。在这个意义上，“全球化”或者说“国际化”虽然不等于“西化”，但无可否认，立法（不论国内法还是国际法）始终是经济力量之间的较量与妥协，强势群体的利益始终会得到更多的体现。

---

〔1〕［英］弗兰西斯·斯奈德：《欧洲联盟法概论》，宋英编译，北京大学出版社 1996 年版，第 188 页。

〔2〕曾令良：《世界贸易组织法》，武汉大学出版社 1996 年版，第 23 页。

这同时也提示我们，更多地参与才能争取到更多的利益，才能争取到更多的将国内法“国际化”的机会。

（二）国际法在我国适用的制度构建

1. 补充国际法在我国适用的《宪法》规定

宪法的权威不仅体现在国内法适用的方面、规定各个部门法的原则、构架不同法律形式的效力等级，也应该同时体现在国际法的国内适用问题上，这是一国主权的体现。在诸多国内具体法律规范中一方面恪守“条约必须遵守”的国际法原则，另一方面又欠缺关于国际法适用的宪法层面的制度设计，特别是缺少宪法的原则性规定与合法性考虑，使我国在国际条约的适用中带有强烈的部门化色彩。条约内容只适用于各单行法律法规所涉及的领域，却没有原则性的规定，致使这种适用方式缺乏根本性的定位与稳定性，一旦同我国的宪法规定发生抵触，其效力将发生变化或遭遇相应的国内法修改问题，或者就会损害宪法的权威。因此，宪法层面的制度构建对于国际法在我国的国内适用具有重大意义。在当今社会，宪法成文化的国家大多将国际法的适用原则从宪法的高度予以肯认。这么做可以从最高权威的层次确立适用原则的法律地位，同时，可以为国内部门法的具体立法提供效力依据和标准，对塑造国家在国际经济交往中的良好形象作用甚大。

2. 明确国际法在国内法体系中的适用效力等级

不管是国际法还是国内法，一旦在国内适用，其效力即受到该国批准或制定机关的等级的影响。条约优于国内法的适用，只能适用于同级机关批准的条约和制定的法律、法规之间，而不同等级的机关所批准或制定的条约和法律、法规，发生冲突该如何处理就是个难点；是否在操作中一概以“条约优先于国内法”为适用原则等诸如此类问题都有待讨论。上述各种，目前很难在我国现行制度框架内对此加以讨论。由于法律层次的复杂性，条约批准机关的多样性，很难提出圆满的条约与国内法适用的先后顺序。在目前的情况下，考虑到国际法与国内法关系的复杂性与讨论的深度，提出一些有针对性的原则是个比较实际的一种做法，如条约必须信守的原则、条约执行的区分原则等。

3. 确立国际法与国内法一致的解释原则

各国法律体系都有一系列推定方法以方便国内法院适用国际法。其中广泛采用的是和谐解释的原则，即在国际法和国内法不是非常明确和肯定，甚至可以有多种解释时，推定解释国家制定的国内法与国际法是一致的，或尽力将表面上与条约有抵触的国内法解释为并无抵触，从而使二者可以同时适用。推定和谐的理由在于，既然国际法是主权国家参与制定的、体现国家共同意志的产物，国内法也是国家主权意志的产物，那么，国家不可能制定自相矛盾、相互冲突的国际法与国内法，普遍的做法是将条约解释为特别法而优先于一般法适用，如我国在解释海洋法中的无害通过权时就采用了这一原则。

在国际条约有明确规定而国内立法没有明确规定，或者国内立法与国际条约都有明确规定但不一致的情况下，法院可以通过将国内法解释成符合国际条约的方式，适用国内法从而保证与国际条约的一致，使国家尽可能避免因不履行条约义务而造成的被动或不利。在做一致解释之前，对于与国内法不一致部分，可以由当事人通过举证方式证明这种不一致的存在，法院再通过类似于外国法查明的方式进行查明。查明之后如果不一致属实，而且国内法从字面上看又有多种解释方法，则法院再决定做一致性解释。

第二节　外贸管制权在中央与地方的权限划分问题

一、外贸管制权在中央与地方的权限冲突

（一）边境贸易的法律规制问题

对外开放是我国的一项基本国策。而沿边开放与边境贸易紧密相连，边境贸易是沿边开放的一种特殊形式，它为沿边开放赋予了特殊的内容。进行边境贸易的双方，一般都给予对方减免关税和简化入关手续等优惠待遇。通过边境贸易，可以启动沿边开放，带动沿边地区与周边国家的经济技术交流与合作，促进经济结构调整，发展外向型经济，使广大边疆少数民族地区由对外开放末端一跃成为开放的前沿，与沿海、沿江开放遥相呼应。

自我国确定了改革开放的国策以来，边境贸易给我国中央及地方经济带来了巨大的推动与收益。1992 年以来，沿边各省、区紧紧抓住沿边开放的契机，均把发展边境地区的对外经济放在重要的战略位置，根据其

实际情况提出和制定了加快与周边国家开放的经济发展政策,有力地促进了地方经济发展和社会进步,同时也大大推进了沿边开放的力度,如新疆维吾尔自治区提出并实施“两线开放,沿边先行”的战略,东线向国内各省区和东亚国家开放,西线向沿边国家开放。利用边境口岸和欧亚大陆桥,吸引国家和各省区的巨资用于新大陆桥经济区域,构筑沿桥的产业布局,使一批以外向型经济为主导的新兴工业和商贸基地迅速崛起,逐渐形成了多渠道、多层次、多形式的贸易格局。1992 年 7 月西藏自治区普兰口口岸恢复了与印度贡吉邦中断 33 年的边贸,标志着我国与周边国家的边贸沿着边境线全面铺开。截至 2015 年,西藏自治区全区外贸进出口总额累计实现 759.53 亿元,边境小额贸易额累计实现 470.38 亿元,边境小额贸易在外贸进出口总额中的占比达到 62%。[1] 内蒙古自治区有 4200 多公里的边境线,目前共有 18 个口岸。1993 年,内蒙古自治区提出了“多边合作、以开放驱动全局”的开发思想,强调要以边境贸易为重点,加快发展同俄罗斯、蒙古人民共和国和东欧国家的经济贸易和技术合作。以开放开发为驱动力,加快区内市场与区外市场的对接,使内蒙古自治区经济纳入国际国内经济一体化的轨道,在开放、联合、引进中取得发展。1996 年底,内蒙古自治区满洲里市和额尔古纳市两个中俄互市贸易区启动运作,这是内蒙古自治区沿边开放的又一重大突破,不仅活跃了边境地区的贸易,而且进一步促进了中俄更广泛的贸易和经济技术合作,扩大对外开放。2016 年度,内蒙古自治区全区实现进出口总值 117.01 亿美元。[2] 广西壮族自治区沿海沿江沿边,是“一带一路”有机衔接的重要门户。广西壮族自治区陆海空和内河口岸形态齐全,紧密分布,拥有国家级一类口岸 19 个、二类口岸 6 个,中越边民互市点 26 个,口岸开放数量仅次于广东、黑龙江两省,资源得天独厚。2016 年,广西壮族自治区外贸全年进出口总额 3170.42 亿元,全区进出口总额排名全国第 13 位、西部地

---

〔1〕 赵书彬:《截至 2015 年西藏外贸进出口总额累计实现 759.53 亿元人民网》,载 http://xz.people.com.cn/n2/2016/0319/c138901-27969137.html,最后访问时间:2016 年 3 月 19 日。

〔2〕 内商规财字〔2017〕92 号:《关于 2016 年全区商务及口岸工作运行情况的通报》,载 http://www.nmg.gov.cn/xxgkpt/swt/xxgkml/201704/t20170425_610421.html,最后访问时间:2017 年 4 月 25 日。

区第3位。其中边民互市贸易额660亿元,同比增长86%,约占全国70%。边境小额贸易进出口额、边民互市贸易进出口额两项指标在全国各沿边省区均排第1位。[1] 据昆明海关统计,2016年全年,云南省边境贸易进出口额达355.6亿元,较2015年增长37.1%,占同期全省外贸额的26.9%。其中出口140亿元,增长12.2%;进口215.6亿元,增长60.2%。[2]

自20世纪90年代以来,沿边开放和边境贸易相互推动,加速了我国边境贸易的发展,并日益显示出其重要的影响和作用,边境贸易已经成为中国外贸的一个重要组成部分。边境贸易在促进经济社会发展的同时,也会直接影响国家贸易格局的变化与贸易类型的转变,更会加速区域贸易管制法律制度的一体化建设。经过十多年的发展,我国与周边国家的边境贸易逐渐形成一定规模、辐射广、多元化的新格局,贸易升级已成为边境贸易的整体趋势。边境贸易的发展和升级,促使我国进一步融入周边国家经济区域化的格局之中,扩大了我国的对外开放。2002年11月,中国和东盟10国签署了《中国与东盟全面经济合作框架协议》,于2002年11月4日共同签署了《中华人民共和国政府与东南亚国家联盟全面经济合作框架协议》,建成中国—东盟自由贸易区。中国—东盟自由贸易区,是继欧盟、北美自由贸易区之后,全球第三大自由贸易区,也是发展中国家组成的最大自由贸易区。此外,内地在2003年6月29日和10月17日分别与香港和澳门签署了《内地与香港关于建立更紧密经贸关系的安排》《内地与澳门关于建立更紧密经贸关系的安排》(两者均简称CEPA),于2004年1月1日正式实施后,对于推动中国大陆地区的对外贸易、建立大中华自由贸易区具有重大的意义。2006年11月24日,中国与巴基斯坦在伊斯兰堡签署了《中华人民共和国政府和巴基斯坦伊斯兰共和国政府自由贸易协定》。

WTO有关边境贸易的规定,最早出现在《关税与贸易总协定》(GATT 1947)中。该协定第24条是专门针对"适用领土、边境贸易、关税

[1] 庞革平:《广西口岸经济成发展新引擎》,载 http://gx.people.com.cn/n2/2016/0524/c179435-28389256.html,最后访问时间:2017年5月24日。

[2] 参见:《2016年云南省边境贸易进出口额超355亿增长37.1%》,载 http://www.yn.xinhuanet.com/2016ynnews/20170205/3641476_c.html,最后访问时间:2017年2月5日。

同盟和自由贸易区”而作出的。其中对关税同盟和自由贸易区的概念做了专门的解释,但没有对边境贸易的具体概念、形式等作出明确规定。1994 年《关税与贸易总协定》对上述第 24 条予以确认,[1]并提出了 WTO 规则中对边境贸易的具体规定:(1)边境贸易指在距离一国边境线 15 公里以内的区域发生的贸易活动;(2)便利边境贸易仅指为便利边境统管所采取的措施,并增加了《关于解释 1994 年关税与贸易总协定第 24 条的谅解》[2]。《谅解》承认关税同盟和自由贸易区“已涵盖世界贸易的重要部分”,“参加方的经济更紧密的一体化可对世界贸易的扩大做出贡献”。此外,1993 年 12 月 15 日贸易谈判委员会通过的《关于有利于最不发达国家措施的决定》[3]和 1994 年 4 月 15 日《马拉喀什宣言》提出的对发展中国家和最不发达国家的优惠待遇,也适用于边境贸易。[4] 在中国“入世”议定书的第 2 条贸易制度的实施中明确规定,(A)《WTO 协定》和本议定书的规定应适用于中国的全部关税领土,包括边境贸易区、民族自治地方、经济特区、沿海开放城市、经济技术开发区以及其他在关税、国内税和法规方面已建立特殊制度的地区(统称为“特殊经济区”);(B)中国应将所有与其特殊经济区有关的法律、法规及其他措施通知 WTO,列明这些地区的名称,并指明界定这些地区的地理界线。

目前,我国边境贸易中所存在的主要问题是,边境贸易政策与 WTO 有关协议不一致。主要表现为:第一,边境贸易地区的范围扩大。WTO 规定的边境贸易地区为距边境线 15 公里的区域;我国的边民互市地区为

---

[1] 《关税与贸易总协定》(GATT1947)第 24 条第 3 款:“本协定的规定不得解释为阻止任何缔约方为便利边境贸易而给予毗连国家的优惠。”

[2] 《关于解释 1994 年关税与贸易总协定第 24 条的谅解》:“此类协定的目的应为了便利成员领土之间的贸易,而非提高其他成员与此类领土之间的贸易壁垒;在此类协定形成或扩大时,参加方应最大限度地避免对其他成员的贸易造成不利影响。”

[3] 《关于有利于最不发达国家措施的决定》:“部长们认识到最不发达国家的困境以及它们在市场准入方面的特殊需要,为改善它们的贸易机会,保证它们有效参与世界贸易体系,认为继续给予它们优惠准入仍是改善贸易机会的必要手段。为此部长们重申要致力全面实施 1979 年 11 月 28 日《关于发展中国家差别和优惠待遇、互惠和更充分参与的决定》以及有关最不发达国家的规定。部长们同意在可能的限制内,乌拉圭回合中议定的对最不发达国家有出口利益的产品,可自主提前实施关税和非关税措施最惠国减让。”

[4] 《马拉喀什宣言》第 5 条:“部长们认为,WTO 谈判应包括给予发展中国家差别和更优惠的待遇的条款,包括对最不发达国家的特殊情况的特别关注,并认识到贯彻类似条款的重要性,同时表明愿意继续帮助和促进这些国家贸易的扩大和投资机会的增加。”

陆路边境20公里以内的区域,边境小额贸易地区为我国与毗邻国家有陆地接壤的边境县(市、旗)和经国务院批准的边境开放城市的辖区,上述规定明显超出15公里的范围。第二,优惠措施的目的和形式扩大。WTO规定便利边境贸易仅指便利通关,而我国采取的优惠措施包括免征、减半征收关税和进口环节增值税,这显然超出了便利通关的目的。第三,给予优惠待遇的对象扩大。我国对边境贸易给予减半征税的待遇已不仅仅局限于边境地区的企业,大量内地企业到边境地区开办企业,享受优惠政策。

我国的贸易政策应在全国范围内统一实施,上述规定表明边境贸易政策明显不同于我国的总体贸易政策,属于非统一实施的情况。中央政府如何保证统一的对外贸易政策在边境贸易中实施,实际上是中央政府如何协调地方利益与国际规范之间的冲突问题。

具有同样性质的还有其他问题。近年来我国的一些区域经济政策也成为国外实施贸易救济的借口。例如,美国商务部认定并已提出,中国振兴东北老工业基地的"财政转移支付"政策就是补贴。美国正在抓紧修改相关法律,由此导致的对华反补贴之诉可能开始爆发。

(二)外贸管制权在地方行使的法律空白

中国现行对外贸易制度中,中央政府与地方政府之间的职权划分问题,是一个国内学界几乎不涉及的领域。造成这个"空白"的原因是多方面的。从理论研究的角度来讲,缺少可以公开获得的研究资料是主要原因,这也是表面上的原因;从实践角度来讲,地方也"不愿夸耀他们实际自治的程度,而是倾向于强调他们同中央政策的一致性",[1]这是一个不便明言的原因。当然在法制层面来看,最为根本的原因是缺乏明确的法律基础,这使地方行使外贸管制权没了其合法性与正当性的前提。一方面,我国《宪法》直接将国家统一的经济管理权授予国务院,而没能明确外贸管制权的归属,从而使地方行使外贸管制权缺少明确的宪法基础;另一方面,《对外贸易法》第4条对中央与地方之间在外贸管理上的分工做了充分反映真实情况的表述:"国家实行统一的对外贸易制度,鼓励发展对外贸易,维护公平、自由的对外贸易秩序。"还有另外一个原因,与我国中央

[1] 王浦劬、徐湘林主编:《经济体制转型中的政府作用》,新华出版社2000年版,第302页。

与地方总体上的财政关系有关。

但是,国家权力尤其是行政权力的分配,以一种独特的方式反映了中央与地方在外贸管理关系。长期以来,权力的分配主要不是至少不完全是通过明确的法律法规规定下来,而是通过大量的内部文件予以决定,从现行外贸法律、法规中很难找到对这个颇具政策性色彩的滚动性的实质性注释或者落实措施。分权的不透明性增加了研究的难度,但也更证明了问题的存在以及重要性。而实际上,地方政府是拥有一定的外贸管制权的,特别是贸易制度制定权和执行权。在《货物进出口管理条例》颁布之前,于1984年1月由国务院颁布生效、至2002年1月1日废止的实施18年之久的《进口货物许可制度暂行条例》第3条第2款规定:"省级对外经济贸易部门,在对外经济贸易部规定的范围内,可以签发本省、本地区、直辖市进口货物许可证。"这是对地方行政机关实施非关税措施的明确授权,此授权也因此成为世界贸易组织其他成员方对我国贸易制度不统一的担忧理由。而在规定此授权的法规废止后,本由地方行政机关行使的权力在实践中却仍然由地方政府行使,只是缺失了其法律依据,如广东省人民政府2000年4月发布的(粤府办〔2000〕68号)《关于〈广东省对外贸易经济合作厅职能配置、内设机构和人员编制规定〉》第1条规定:"贯彻执行国家对外贸易、经济合作、外商投资和口岸、技术开发区管理的政策、法规,拟订地方性的相关政策、法规和管理办法,并组织实施。"〔1〕这种做法显然与《对外贸易法》与《中国加入世界贸易组织工作组报告书》的相关规定冲突。

二、外贸管制权在中央与地方的权限协调

(一)提高相关法律的位阶,明确中央的统一管理权

严格立法权限、立法程序,防止新的与WTO的协议和规则相冲突的法律规范或"土政策"出台,是确定中央与地方贸易管制权限的关键。《立法法》第8条规定,下列事项只能制定法律:"国家主权的事项;各级人民代表大会、人民政府、人民法院和人民检察院的产生、组织和职权;民族区域自治制度、特别行政区制度、基层群众自治制度;犯罪和刑罚;对公

〔1〕 广东省人民政府办公厅:《广东省对外贸易经济合作厅 职能配置、内设机构和人员编制规定》,载《广东政报》2000年第15期。

民政治权利的剥夺、限制人身自由的强制措施和处罚；对非国有财产的征收；民事基本制度；基本经济制度以及财政、税收、海关、金融和外贸的基本制度；诉讼和仲裁制度；必须由全国人民代表大会及其常委会制定法律的其他事项。”如果将外贸管制权视为一国的主权范畴，当然应该采用法律形式来制定，才能保证其权威性与统一性。而中国现有的外贸管制立法，除《对外贸易法》以外，大量的、具体的规定采用了其他法律形式，如行政规章、行政法规、司法解释等。这与《立法法》的规定是有一定差距的。尽管这样的做法具有一定的灵活性，但也容易产生部门权限之争和地方权限之争。而在中国加入 WTO 后，有关外汇、进出口、关税、海关估价、贸易救济措施等事项只能由中央规定，地方不得作出规定。这是中国“入世”的承诺，也是 WTO 的基本要求。为保证国家统一的对外贸易政策的实施，国家应建立完善的地方立法及其行政措施的审查机制。

中央政府依据 WTO 所接受的基本义务和由此推定的具体义务的约束，必然逐步地深入和落实到各级地方政府的职责和活动之上。这样至少就有两种对应的作用力量，即一方面在中央政府力图进一步强化自身权威性和保持在参与国际事务方面的有效性的行为动机支配下，中央政府必将会努力加大对于地方政府行为的监控程度；但是另一方面，由于地方政府所处的特殊的经济环境、利益诱导、社会情境的差异而形成的行为趋向极有可能在新的形势下继续顽固本位化、区域化或者在这一个博弈过程中随机化、短期化。

（二）依据 WTO 规则，明确地方政府的外贸管制权

实际存在于地方行政机关中的外贸管制权，包括政策、法规和规章的制定与实施权，与现行的法律、行政法规和 WTO 的要求都是不相符合的。地方行政机关的上述权力可能成为一种未经法律授权或者说没有合法来源的“自发的”行政权力而遭到置疑，并引发一系列相应的法律问题，如行政救济、司法审查、贸易政策评审的提起与扩大。[1]

地方是否有权进行对外贸易管制？《中国加入世界贸易组织工作组报告书》提道，“中国代表澄清，只有中央政府可以发布关于非关税措施的法规，且这些措施只能由中央政府或获得中央政府授权的地方各级主

〔1〕 刘德喜主编：《WTO 与国家主权》，人民出版社 2002 年版，第 227 页。

管机关执行。”这表明地方行政机关可能经过中央一些单位授权后拥有实施或执行非关税措施的权力。虽然在最新颁布的《货物进出口管理条例》中，却没有关于授权地方各级主管部门实施配额和许可证等非关税措施的规定。但这不能否认地方各级主管部门获得授权的可能性。面对“入世”，既要明确承认地方经济行政必须遵守一体化规则的必要性、强制性和紧迫性，同时也必须客观承认、正确认识和认真对待地方经济行政的存续性、积极性和创新性。

在贸易制度统一的前提下，如何发挥地方的积极性，已然成为一个亟待研究的现实问题。也有文献初步触及地方政府应对贸易壁垒的对策分析，在政府研究层面也取得了一定的突破。就辽宁省而言，辽宁省政府部门出台了一些诸如《辽宁适应中国加入 WTO 对策纲要的通知》(2001年)等文件，并继上海之后成立了全国第二个省级 WTO 研究咨询服务中心，该中心根据本省的实际情况，有针对性地进行了一些实用性较强的课题研究，如《关于辽宁省工业品国际市场细分情况的分析报告》《辽宁省企业国际营销体系和网络建设情况分析》《辽宁省企业海外投资战略分析》《我国加入世贸组织辽宁省工业企业及国企改革的机遇、挑战与对策分析》等。

地方立法在我国法律体系中占有非常重要的地位。加入 WTO，地方立法将向何处去？为此，有些地方按照中央指示精神，积极清理地方法规，并且按照新颁布的法律、行政法规，结合地方特色，制定地方法规；也有个别地方却处于观望等靠、消极待命状态。WTO 规则要求成员方建立一个透明、公正的法律体系，保证成员方履行对外作出的承诺。中央立法和地方立法都是国外判断中国是否履行 WTO 规则的因素。因此，地方立法既要符合法律、行政法规，以及 WTO 规则的要求，又要考虑到各地的实际情况，因地制宜地制定符合地方发展要求的法规。加入 WTO，有很多法律规范亟须制定。由于改革开放进程中有很多新生事物，国家立法不可能对任何事项都能及时制定法律或行政法规，为此必须发挥地方立法的主动性、积极性与创造性，在国家未立法前，除中央的专属立法权外，地方可以先制定法规，待中央立法出台后，再做相应调整。因此，地方也应在其权限范围内超前立法。地方超前立法，主要是为国家立法积累经验。正如邓小平同志曾经指出的那样，“有的法规地方可以先试搞，然后经过总结提高,制定全国通行的法律。”[1] 由于我国幅员辽阔,各地政治、经济、文化情况千差万别,经济发展很不平衡,仅靠国家立法,难以对地区特殊情况加以规范。因此,地方立法在国家法律没有制定或不完备、不具体的情况下,结合 WTO 规则,并根据本地的实际,有针对性地制定一些地方法规来调整各种社会关系,维护地方正常的经济社会秩序,无疑对国家法律、行政法规起着重要的弥补作用。

(三)积极发挥地方政府在外贸管制权行使中的具体功能

现代行政中,除去单纯的执行性活动之外,地方政府通过行使决策权、指导权等强制或非强制性职权,已经足以在很大的程度上实质性地影响中观和微观经济态势。根据职能划分,地方政府在贸易救济当中的作用可以有很多表现。一是负责反倾销、反补贴、保障措施、贸易壁垒调查等涉及进出口公平贸易的相关工作;拟定与进出口公平贸易相关的规章并组织实施。二是指导和协调本地企业参加境外对该地出口商品的反倾销、反补贴和保障措施及其他相关调查的应诉及相关工作。三是依法承办反倾销、反补贴、保障措施等案件的倾销幅度调查和产业损害调查;建立产业损害和出口产品反倾销预警机制;指导并协调省内有关部门和相关中介组织开展产业安全方面的工作。四是指导并协调知识产权研究和保护的有关工作。五是指导和协调本地有关部门、中介组织和企业开展与进出口公平贸易相关的宣传、培训和咨询。

第三节　贸易救济法律制度的完善问题

一、我国贸易救济法律制度的现状

(一)中国特色的贸易救济体制已经形成

由于历史的原因,在新中国成立后近半个世纪的时间里,我国的对外贸易管理制度中都没有贸易救济的内容,直到 1997 年,为了适应反倾销的需要,我国才着手制定有关贸易救济的法规。1997 年 3 月 25 日,国务院颁布了《反倾销和反补贴条例》,正式引入了以反倾销和反补贴为基础的贸易救济制度。尽管我国的贸易救济制度起步较晚,但是却具有高起

[1] 《邓小平文选》(第 2 卷),人民出版社 1994 年版,第 147 页。

点、发展快的显著特点。我国的贸易救济制度自始就受到由市场经济发达国家和地区主导的 WTO 规则的影响,以致我国的贸易救济规范一开始就几乎与市场经济发达国家和地区保持了一致。在短短几年的时间内,我国便完成了有关反倾销、反补贴、保障措施以及对外贸易壁垒调查的法规和规章的制定,并在探索和总结的基础上对这些法规和规章进行了修订,从而确立了我国贸易救济的基本法律制度。由于中国在进行贸易救济立法当时不是 WTO 成员,反倾销和反补贴是否严格遵守 WTO 制度不会导致国际法的违约问题。2001 年 12 月中国成为 WTO 正式成员,我国的贸易救济制度因此必须纳入 WTO 规则体系,我国的贸易救济体制因此做了相应的修改。2004 年 7 月 1 日实施的《对外贸易法》成为我国贸易救济体制的基础,在此基础上的《反倾销条例》、《反补贴条例》和《保障措施条例》(均为 2004 年 3 月 31 日修改)构成了贸易救济措施的三大支柱;其他相关法规,如《进出口货物原产地条例》、《货物进出口管理条例》、《农业转基因生物标示管理办法》以及行政诉讼法规则和相关海关规则成为贸易救济体制的有力支撑;而由商务部颁布的各种反倾销、反补贴和保障措施规则为落实贸易救济措施提供了保障。一套基本符合 WTO 规则的较完善的有中国特色的贸易救济体制已经形成。

根据世贸组织的相关协定,在世贸组织体制已建立或要求建立的国际贸易救济制度具有两个层次:一是国际层面的,是以世贸组织的贸易争端解决机构为主体的国际贸易自由权益的国际法律救济制度,即 WTO 体制的争端解决机制(DSM);二是成员方内法层面的,是以成员方的司法机关为主的国际贸易自由权益的国内法律救济制度。WTO 协议的灵活性和各成员法制的多样性,决定了它的贸易救济机关可能是成员方的司法机关、行政机关、仲裁机关或者立法机关的一类、几类或全部。因此,我国作为世贸组织的成员国,在国内法层面构建的主要是以政府为主导的对外贸易救济制度。

基于我国《宪法》及对外贸易法的相关规定,我国行使贸易救济权的主要是国家中央级的行政机关,也就是以国务院为主导的具体经济管理职能部门,如商务部、海关总署等。对贸易救济法律制度的完善实际上也是对国家经济行政权的法治约束。同时,在我国的外贸管制权法律制度中,贸易救济权制度是其中最为发达、最受关注的组成部分。对贸易救济制度的改革与完善,也最具有实践性和代表性,从中可以看出我国外贸管制权的总体发展水平与发展趋势。

(二)我国贸易救济法律制度中存在的问题

1. 现有的贸易救济执行机制不合理

首先,现有的倾销认定和损害认定机制不合理。公平贸易局和损害调查局分管倾销幅度和损害状况调查,但结论是以商务部名义作出。如果企业要求行政复议的话,则须对商务部自己提出复议申请,而商务部作为对外主体则指定内部机构复议自己的决定。这种行政复议方式总体上是符合 WTO 关于公正、迅速处理行政纠纷的要求,亟须加强的是行政复议的中立化。行政复议机关往往是实施具体行政行为的行政机关的上级行政机关。从形式上来看,行政复议方式与 WTO 要求的中立的、公正的纠纷处理机关还存在一定的距离。而我国商务部是企业与具体职能部门之间的唯一沟通窗口,其职能包括倾销认定、损害调查和复议机制等方方面面。它在整个贸易救济机制中的中心作用。这样的机制难免有时让人怀疑其采取救济措施的公正性,同时也难以避免低效率的结果。

其次,在现有的贸易救济机制中律师作用发挥不够。贸易救济机制是一种法律游戏规则的总和。但目前国内的整个贸易救济程序中律师的作用有限。各类贸易救济措施涉及许多复杂法律规则的解释和运用,但律师在现有机制中对于复杂规则的解释、运用和发展未能发挥应有的作用。这主要是现有机制没有给律师提供足够的发挥空间或缺少了律师参加的程序和实质决策的机会。这必然导致调查和决策程序中行政干预或者其他法律外因素的增加。不论是否有律师参加,调查和决策过程是必须发生,而律师的专业素质和他们本身的利益驱动则能够提供在 WTO 法律游戏规则框架下,利益冲突各方获得最合理的利益平衡之保障。再者,律师参与的减少,必然导致不透明因素的增加。这样也不利于中国在 WTO 规则体系中的形象。实际上,有能力、素质高的律师的参加,不仅能够保证当事人合法利益,也能积极推动我国贸易救济法律规则改革、完善的范围和速度。

2. 贸易救济法律体系中许多基础概念缺乏明确、合理的规定或解释

法律定义不清是一个立法问题,也是一个实践问题。中国法规体系中没有对基础概念进行定义的传统。在贸易救济法律体制中的表现是许

多重要的法律基础概念或者词语缺乏统一、明确或权威的解释和定义。例如,现行的法规中没有对于"同类产品""实质损害""实质阻碍""正常贸易过程""规避"等概念进行解释或定义,也没有设立解释这些概念的原则。此缺陷的结果是行政自由裁量权的扩大甚至滥用。缺乏合理限制和引导的行政自由裁量权可能受到执行机构的青睐,但这种缺乏理性束缚的自由裁量权的实施结果不一定总能和国家在某特定时间、特定地点或环境的最大利益一致。各决策者在素质、悟性和知识结构方面的差别必然导致行使缺乏理性束缚的自由裁量权时存在误差。

3. 贸易救济所指向的范围过于狭窄,与贸易实践及国外经验不符

贸易救济,通常是指在多边贸易规则的框架下,一国政府对因进口而遭受相当程度损害的国内产业可以采取的救济措施的总称。贸易救济可分为狭义、广义和最广义三个层次。狭义的贸易救济仅指 GATT 规则和 WTO 的相关协定所明确规范的贸易救济,[1]即反倾销、反补贴和保障措施,简称"两反一保"。广义上,是国际贸易领域内的所有行政行为,一切针对本国进口产品实施的救济或保障行为都属于贸易救济措施,包括"两反一保"、支付平衡措施、技术性贸易措施、环境保护限制措施、国际货物贸易行政行为、国际服务贸易行政行为、与国际贸易有关的知识产权行政行为和其他国际贸易行政行为等。最广义的贸易救济是指国际贸易领域内的所有政府行为,即政府保障贸易秩序、维护贸易相关方权益的所有行为,包括立法行为、行政行为和司法行为。

而中国在相关贸易救济法的建设过程中大多是以最狭义的"两反一保"措施来定义贸易救济的范围的。这种定义有两大缺陷:一是只考虑救济国际货物贸易对从事产品生产的国内产业的损害,而不考虑救济国际服务贸易对提供服务的国内产业的损害,已不能适应救济国内产业损害的现实需要。当代国际贸易,已从传统的货物贸易扩展到了包括货物贸易、服务贸易在内的更广泛的领域。因此,受到国际贸易损害的国内产业,既可能是生产某种产品的国内产业,也可能是提供某种服务的国内产

---

〔1〕 GATT 对各缔约方贸易救济行为的规范,主要体现在第 6 条关于反倾销和反补贴的规定及第 19 条关于保障措施的规定。WTO 的"一揽子"多边贸易协定,专门规范各成员贸易救济行为的也只有《反倾销协定》、《补贴与反补贴措施协定》和《保障措施协定》。

业。这些受到国际贸易损害的国内产业,都需要贸易救济。二是只考虑救济进口竞争对国内产业的损害,而不考虑救济出口受限对国内产业的损害,难以使受到国际贸易损害的国内产业获得充分的救济。众所周知,国际贸易是由进口贸易和出口贸易两个方面构成的。外国产品进口和外国服务提供者向国内提供服务所形成的市场竞争,可能使相关国内产业受到损害,产品出口和服务输出被有关国家和地区实施不正当或不合理限制,同样可能使国内产业受到损害。这两方面的损害,都需要贸易救济。

二、我国贸易救济法律制度的完善

(一)明确法律基本概念,完善科学的法律规范

基本法律概念的不明确,难以保证规范的可操作性,这是我国贸易救济制度中存在的主要问题,比如反倾销措施中的国内产业确定问题就是一个显证。WTO《反倾销协定》第4.1条规定,"就本协定而言,国内产业一词应解释为指同类产品的国内生产者全体,或指总产量构成同类产品国内总产量一个主要部分(a major proportion)的国内生产者。"对于何谓"一个主要部分",《反倾销协定》对此并没作出相应解释。不过,在2003年的"阿根廷对巴西家禽征收反倾销税案"中,专家组指出:第4.1条并未将国内产业认定为构成国内全部产量的"主要部分"(the major proportion),而是认定为构成国内全部产量的"一个主要部分"(a major proportion)。这表明在全部的国内生产者中,可以存在多个主要部分。在存在多个主要部分的情况下,每个单独的主要部分并不必然超过50%的份额。从"阿根廷对巴西家禽征收反倾销税案"专家组的裁决来看,《反倾销协定》第4.1条并未要求成员方将国内产业认定为总产量超过全部国内产量50%份额的国内生产者;相反,把国内产业解释为产量占全部国内产量重大份额的国内生产者是可以的。而且,美国、欧共体等成员方的实践也不要求50%以上这个标准。中国《反倾销条例》的规定与《反倾销协定》大致相同。《反倾销条例》第11条规定:"国内产业,是指中华人民共和国国内同类产品的全部生产者,或者其总产量占国内同类产品全部总产量的主要部分的生产者……"但是,值得注意的是,第11条中使用了"主要部分"而非WTO《反倾销协定》使用"一个主要部分",这是否表明《反倾销条例》要求将国内产业认定为总产量超过全部国内产量50%份

额的国内生产者呢？虽然在目前的所有案件中,所认定的国内产业的产量都超过了国内同类产品总产量的50%,但这并不必然代表中国采用了50%以上的标准。调查机关仍可以在将来的案件中采用50%以下的标准来认定国内产业。显然,对“国内产业”规定的不明确性导致了中国无必要地以高标准严格要求自己。

从美国反倾销实践来看,并非所有生产国内同类产品的厂商都合格地成为反倾销法意义上的国内生产者。在认定一个厂商作为一个国内生产者是否合格时,国际贸易委员会审查该厂商在美国发生的、与生产相关活动的总体性质。该委员会通常考虑以下6个因素:(1)该厂商资本投资的来源和程度;(2)在美国生产活动中所涉及的技术专长;(3)产品在美国增加的价值;(4)雇用水平;(5)美国来源部分的数量和类型;(6)在美国发生的、直接导致同类产品生产的任何其他成本和活动。从中国目前反倾销实践来看,调查机关在所有的案件中都把生产国内同类产品的厂商认定为国内生产者。这种做法不科学,也不利于有效地保护国内产业,实际上有些生产国内同类产品的厂商并没有在中国从事足够的生产活动,不应被认定为反倾销法意义上的国内生产者。这些厂商的利益与国内生产者不相同,把它们纳入国内生产者的范围,不利于对遭受倾销损害的国内产业的保护。鉴此,在今后的反倾销案件中,中国调查机关有必要借鉴美国的做法,通过对上述因素的审查来认定一个厂商作为一个国内生产者是否合格。

关于地区产业例外,相比《反倾销协定》的要求,中国反倾销法律的规定过于简单,有以下两处地方需要进一步完善。第一,按照《反倾销协定》第4.1条规定,认定倾销对地区产业造成损害的条件为:(1)倾销进口产品集中进入该孤立的地区市场。(2)倾销产品正在对该市场中全部或几乎全部产品的生产者造成损害。《反倾销条例》第11条和《反倾销产业损害调查规定》第14条只是规定了确定地区产业应考虑的因素,却没有规定认定倾销对地区产业造成损害的条件。因此,将来如果碰上这类案件,调查机关就会无法可依,如果任意自由裁量,则很可能违反《反倾销协定》第11条的规定。鉴此,有必要参考《反倾销协定》第4.1条的上述规定,在《反倾销条例》第11条中增加“只要倾销进口产品集中进入该孤立市场,且只要倾销产品正在对该市场中全部或几乎全部产品的生产者造成损害”的规定。第二,依照《反倾销协定》第 4.2 条的规定,在把国内产业认定为地区产业时,原则上只能对供该地区最终消费的进口产品征收反倾销税。但由于很多成员方的宪法性法律规定只能在全国范围内征收反倾销税,而不能只对运往某一地区的倾销产品征收反倾销税,因此,《反倾销协定》第 4.2 条进一步规定在此种情况下进口成员方可以不受限制地在全国范围内征收反倾销税,但必须给予出口商停止出口或价格承诺的机会,而且不得仅对供应该地区的特定生产者的产品征收。[1]因此,完善我国的贸易救济法律制度就首先要明确基本的法律概念及其实施标准,特别是要加强与经济理论之间的沟通,保证具体规范的明确性与科学性。譬如,在反倾销制度中,确定合格生产者的认定标准,确定排除关联当事方的具体标准,认定倾销对地区产业造成损害的条件,确定国内产业认定方法之间的适用顺序等。

(二)构建我国完善的贸易救济制度体系

针对国际贸易对国内产业造成损害的情形,我国要全方位地对国内产业进行贸易救济,须构建以下制度:

一是进一步完善我国的进口救济制度。进口救济制度,就是救济进口产品对国内产业的损害的制度,其具体构成包括反倾销、反补贴和保障措施制度。这也是我国贸易救济制度中已基本成熟的部分,但仍需要进一步的修改与完善,以满足我国对外贸易的需要。

二是建立出口救济制度。出口救济制度,就是救济国内产业因其产品出口被其他国家或地区设限而遭受的损害的制度。自我国加入 WTO 以来,随着我国产品竞争力的提升和出口贸易的持续快速增长,我国的出口贸易已引起其他国家和地区的极大关注,我国产品出口的主要对象国家和地区对我国产品进入其市场的限制也在逐渐增多。由于有关国家或地区不正当或不合理的进口限制对我国相关产业造成损害的可能性越来越大,我国国内产业要求政府采取措施消除有关国家和地区对我国产品实施的进口限制的呼声逐渐高涨。2004 年 2 月江苏省紫菜协会代表其下属 107 个会员向商务部提出申请,要求对日本政府实施的紫菜进口限制措施进行贸易壁垒调查,便充分表达了国内业界向政府寻求出口救济

---

〔1〕 张亮:《反倾销法损害确定问题研究》,法律出版社 2006 年版,第 47 页。

的愿望。[1] 因此,我国应当将出口救济作为贸易救济制度的重要构成部分。[2]

我国目前虽然尚未制定出口救济法,也未制定规范出口救济的行政法规,但2016年修订的《对外贸易法》,已为构建出口救济制度提供了明确的法律依据。该法第7条规定:"任何国家或者地区在贸易方面对中华人民共和国采取歧视性的禁止、限制或者其他类似措施的,中华人民共和国可以根据实际情况对该国家或者该地区采取相应的措施。"第47条还规定:"与中华人民共和国缔结或者共同参加经济贸易条约、协定的国家或者地区,违反条约、协定的规定,使中华人民共和国根据该条约、协定享有的利益丧失或者受损,或者阻碍条约、协定目标实现的,中华人民共和国政府有权要求有关国家或者地区政府采取适当的补救措施,并可以根据有关条约、协定中止或者终止履行相关义务。"这些规定,显然已明确了政府为国内产业提供出口救济的职责。

美国贸易法授权贸易代表对外国不正当或不合理进口限制采取措施的"301条款",正式名称为"美国贸易协定权利的实施和对某些外国贸易做法的反应"。[3] 欧盟借鉴美国经验,于1984年颁布了应对外国贸易壁垒的法律,名为《新贸易政策工具》,1994年年底,欧盟又通过3286/1994号指令颁布了《贸易壁垒法规》。[4] 目前,美国、欧盟等国家和地区都制定有应对其他国家和地区不正当或不合理进口限制(贸易壁垒)的法律,允许国内产业或国内产业中的相关利益方向主管机关申请对外国贸易壁垒发起调查。此类针对外国不正当或不合理进口限制的法律,实际上起着为私人(国内产业或有关利益方)权益提供救济的作用。美国和欧盟等国家和地区救济国内产业的这种做法,值得我国参考借鉴。[5]

三是建立服务贸易救济制度。对于国际服务贸易救济,我国2004年

---

〔1〕 此案经商务部调查并与日本政府有关部门磋商,已获得圆满解决。日方承诺取消对进口干紫菜和调味紫菜原产国的限定,中国紫菜自2005年起已进入日本市场。

〔2〕 赵生祥:《论我国贸易救济的范围和制度构建》,载《中国法学》2007年第3期。

〔3〕 Section 301 of Trade Act of 1974,置于美国法典第19编2411节以下(19USC, 2411ff)。

〔4〕 全称为《关于规定共同商业政策领域中的程序以确保欧盟根据国际规则尤其是世界贸易组织协议所享有的权利得到完全履行的(EC)3286/1994号法规》,简称贸易壁垒法规。

〔5〕 罗昌发:《美国贸易救济制度》,中国政法大学出版社2003年版,第45~46页。

修订的《对外贸易法》仅在第45条中做了如下原则性的规定:"因其他国家或者地区的服务提供者向我国提供的服务增加,对提供同类服务或者与其直接竞争的服务的国内产业造成损害或者产生损害威胁的,国家可以采取必要的救济措施,消除或者减轻这种损害或者损害的威胁。"但对于国际服务贸易救济的具体实施规则,我国至今尚无专门的法规和规章予以明确规定。这表明,国际服务贸易救济还没有引起我国有关方面的重视。构建我国的国际服务贸易救济制度,应当善用WTO的相关政策。WTO《服务贸易总协定》(GATS)第10条关于"紧急保障措施"的规定、第15条关于"补贴"的规定和第21条关于"减让表的修改"的规定,均可以被理解为允许各成员对受到国际服务贸易损害的国内产业进行贸易救济。据此,我国可以确立国际服务贸易保障措施制度和国际服务贸易反补贴制度。此外,根据WTO的争端解决规则,我国还可以确立应对服务贸易壁垒制度,以救济国内服务产业因服务输出被其他国家或地区采取限制性措施或做法而遭受的损害。

虽然有些区域贸易协议(《欧洲协定》《欧洲经济区协定》《建立欧洲自由贸易协会的条约》《北美自由贸易协定》《建立安第斯共同市场的卡塔赫纳协定》等)在实质上包含了可能适用于服务贸易的一般保障性规定,但不是所有规定都是专门针对服务贸易而制定。相比较而言,协议中最有代表性的是《北美自由贸易协定》在金融服务方面对墨西哥的规定和欧盟关于市场开放的暂时保障措施,除此之外很少有协议出现这样的规定,而且欧盟的特别针对服务的保障措施仅仅限制在符合条件的过渡期间之内。[1]

国际服务贸易救济制度的建立,主要有以下两种思路:其一,合一式。合一式认为,无论是在货物贸易领域还是服务贸易领域,贸易救济制度的制度机理是完全相同的,只须把原仅适用于货物贸易的反倾销制度、反补贴制度和保障措施制度的适用范围扩大至服务贸易领域即可。其二,分立式。分立式认为,服务贸易和货物贸易在经济禀赋上有着显著的差异,如果强行扩大传统贸易救济制度的适用范围至服务贸易,其结果将适得

〔1〕 姜姗:《论国际服务贸易领域的保障措施规则》,载 http://cdmd.cnki.com.cn/Article/CDMD-10053-2005075165.htm,最后访问时间:2017年11月26日。

其反。对于国际服务贸易救济制度，服务产品的无形性、生产与消费的同步性和不易监管性等特点，使对服务产品正常价值、服务产品的价格、服务产品的原产地、服务产品的进口数量、类似服务的确定，以及对国内相关服务部门的损害或损害威胁的计算等困难重重，需要作出相应规定。因此，应根据服务贸易自身的特点，构建适用于服务贸易自身的反倾销制度、反补贴制度和保障措施制度〔1〕。

（三）加强相关制度建设的创新性与前瞻性

中国在《关贸总协定》年代就被排除在世界贸易体制之外，而入世的艰难谈判也是在WTO成立6年后才完成。我们在日趋成熟、复杂和多变的GATT－WTO贸易规则体系中是个新手，所以常常会被动地受规则约束。但我国是世界贸易第三大经济体的地位又迫使我们不得不与众多谙熟和参加过规则制定的贸易博弈老手过招。这样的重任要求我们不仅需要尽快地学会别人的游戏规则，还需我们尽快地完成从被动守法者向主动立法者角色的转变。体现在国内贸易救济制度上，则要求我们以最高的标准和批判的科学态度学会并运用现有的规则，并以创新精神和前瞻的态度看待WTO规则的发展。过去我们在国内立法方面模仿过多，引进后的积极创新少；而多数对国外规则的修改是基于本土现有状况的被动性调整，而不是对规则理性的和前瞻性的积极创新。积极创新能影响规则的发展趋势，而被动的调整仅起到使规则能勉强运行的作用。所以，我国现有贸易救济规则的使用不免时有捉襟见肘之感，WTO规则和国内的实际状况之间没有达到有效的和有机的结合。随着中国经济实力的强大，我国在国际社会的发言权也逐步增加。对国内的贸易救济制度进行创新，不仅是我国经济发展、法制进步的要求，也是中国政府对国际社会的责任与贡献。

---

〔1〕 胡政武：《国际服务贸易救济制度简论》，载《重庆师范大学学报》（哲学社会科学版）2007年第2期。

第四节 外贸管制行政行为的司法审查问题

一、外贸管制行政行为的司法审查现状

(一)现有的规范

行政法意义上的司法审查,是指法院对行政行为的合宪性、合法性及公正性进行审查,纠正违法行为,并对其给公民、法人权益造成的损害给予相应补救的法律制度。[1] 它规定司法机关在哪些方面对行政主体行为进行监督,也是司法机关解决行政争议、实施司法审查案件的权限分工和受案的法律依据。WTO 协定中附带了多项司法审查条款,以规范和制约其成员方的行为,从而按法定程序作出规范、透明、与 WTO 协议要求相一致的行政行为。例如,《中国加入世贸组织议定书》第 2 条要求:“中国应设立或指定并维持审查庭、联络点和程序,以便迅速审查所有与《1994 年关税与贸易总协定》第 10 条第 1 款、《服务贸易总协定》(以后简称为“GATAS”)第 6 条以及《与贸易有关的知识产权协议》相关规定所指的法律、法规、普遍适用的司法决定和行政决定的实施有关的所有行政行为。此类审查庭应是公正的,并独立于被授权进行行政执行的机关,且不应对审查事项的结果有任何实质利害关系。”WTO 协定必须遵守已经成为其各成员方必须履行的义务,因此,存在于 WTO 协议及各附件中的司法审查内容也成为我国政府必须遵守和执行的国际法规。WTO《反倾销守则》第 13 条规定了司法审查制度:“国内立法包含反倾销措施规定的每一成员均应设有司法、仲裁或行政庭或程序,其目的特别包括迅速审查与最终裁定的行政行为有关,且属第 11 条范围内的对裁定的审查。此类法庭或程序应独立于所涉裁定或审查的主管机关。”以此在全世界范围内确立了反倾销措施中的司法审查制度。

中国加入 WTO 后整体上对本国的相关制度进行了全面的修订,基本实现了与 WTO 规则的对接,特别是《对外贸易法》2004 年的修订,对世

[1] 戚建刚:《WTO 与我国行政行为司法审查制度的新发展》,载《中国法学》2001 年第 1 期。

贸组织规则的遵循与尊重是极自觉也很明显的。[1]《反倾销条例》第53条对反倾销领域内的司法审查进行了原则性的规定。2002年11月21日,最高人民法院颁布《关于审理反倾销行政案件应用法律若干问题的规定》,该规定对我国法院如何受理和审理反倾销行政案件作出明确规范。另外,最高人民法院在此之前已经出台《关于审理国际贸易行政案件若干问题的规定》,结合《行政诉讼法》和最高人民法院《执行〈行政诉讼法〉若干问题的解释》,这些行政法律规范共同构成对反倾销进行司法审查的法律渊源。

(二)存在的问题

有资料显示,"来华倾销的国家和地区越来越多,倾销产品的范围日趋广泛。外国对我国倾销产品的范围从涉及我国国计民生的支柱产业,发展到涉及人民生活必需的生活用品业等劳动密集型的简单加工商品,连一些技术和资本密集型的新兴商品,也日趋增多"。[2] 不难看出,在我国境内的国际贸易诉讼案件,将不可避免地呈上升趋势。但与一些发达国家如美国的对外贸易司法审查制度相比,我国所建立的对外贸易司法审查制度仍存在诸多差距。

首先,在我国法域内发生的国际贸易诉讼案件,一般被看做行政诉讼案件,按照我国行政诉讼案件的举证规定,应当由行政机关承担举证的责任,行政诉讼中被告负举证义务,这是指与作出具体行政行为有关的证据由被告负举证义务……[3]这无疑加重了我国行政机关的诉讼负担,增加了败诉的概率,但却大大方便并且有利于外国的当事人,从国家与国家的角度来看,这显然不利于我国的国家利益,从国家管理国际贸易活动的角度来看,也不利于我国行政机关对国际贸易活动的行政管理,因为它们需要面对苛刻的司法审查制度,除可能承担不利的司法审查后果之外,还可

---

[1] 于广洲:《关于中华人民共和国对外贸易法(修订草案)的说明》2003年12月22日在第十届全国人民代表大会常务委员会第六次会议,载 http://www.people.com.cn/GB/14576/28320/31049/31052/2264744.html,最后访问时间:2017年12月11日。

[2] 王英辉、李文陆编:《入世:企业反倾销的技巧与策略》,中国物价出版社2002年版,第240页。

[3] 李国光主编:《海关行政诉讼解析·判例·参考》,中国民主法制出版社2000年版,第114页。

能挫伤它们进行行政管理的积极性。而在美国国际贸易法院看来,在美国法域内的国际贸易诉讼可以是民事诉讼,双方当事人不存在强势弱势问题,平等的民事关系使举证责任落在了提起诉讼者身上。事实上,这种诉讼规则非常科学,既保证了国家的利益,又避免了司法审查对国家行政管理的不当干涉,从实践结果来看,非常有利于一个国家的外贸经济的健康发展。

其次,从现行的司法审查制度来看,在我国域内发生的国际贸易案件一般由中级以上的法院受理,法院的管辖权混乱,不仅受理法院不统一,就是同一法院的受理法庭也不统一。因为相关法院无一设立专门的国际贸易法庭,亦未配备专门的国际贸易案件法官,目前的法官对于技术性与专业性很强的国际贸易行政诉讼案件则可能会出现力不从心的情况。这些显然与我国目前的经济发展和国际贸易现状是不相符的,因为这种司法审查制度会导致各地的国际贸易诉讼案件审理质量有所差别、审判结果有所不同,最终使我国的国际贸易司法陷入不统一的境地。

再次,在我国目前的国际贸易司法审查制度中,关于政府能否作为原告提起诉讼是一个空白地带。如上分析,我国法域内国际贸易诉讼案件一般是作为行政诉讼案件处理,而依据我国行政诉讼法律规定,代表国家的行政机关是没有原告资格的,而民事诉讼法中则没有涉及外贸管制权引起的诉讼类型。由于在美国法域内的国际贸易纠纷被视为民事诉讼,因此,美国政府可以作为原告。比较美国国际贸易法院制度,我国的国家利益显然不能在我国的国际贸易司法审查制度中得到像美国那样的充分保护。

最后,与美国国际贸易法院所依据的对外贸易立法相比,我国的国际贸易司法审查制度在这一方面存在明显不足,比如没有一部外贸法规定了国际贸易行政诉讼的具体受案法院、司法审查的范围较窄、利害关系人制度不完善、所依据的法律具有分散性等。

二、外贸管制行政行为司法审查的制度完善

(一)确立用尽当地救济原则

用尽当地救济原则,是国际经济交往中进行内国司法审查的理论基础。作为国际法的重要原则,用尽当地救济原则已得到了包括联合国在内的众多国际组织、学术团体、各国实践及国际判例的肯定和支持。所谓用尽当地救济原则,是指当外国人与东道国政府或企业、个人发生争议

时，应将争议提交东道国的行政或司法机关，按照东道国的程序法和实体法予以解决，除非遭到司法拒绝，或是当地救济原则已被放弃。如果出现了第一种情形，即外国商人遭到东道国的司法拒绝，即可构成国家非法行为，该国就要对此承担国家责任。而第二种情形通常不会发生。目前，用尽当地救济原则，也是我国反倾销诉讼的理论基础。但是，由于我国相关的司法审查制度并没有在外贸管制领域内全面建立起来，用尽当地救济原则也就只能是在反倾销领域内个别呈现。随着以后针对外贸管制行政行为的司法审查制度的不断发展，尽早将用尽当地救济原则作为一种普遍原则加以规范性确立，是现实而必要的。

（二）扩大司法审查的范围

尽管 2014 年修改后的《行政诉讼法》第 6 条规定："人民法院审理行政案件，对行政行为是否合法进行审查。"删除了"具体行政行为"限制性规定，但综观第 12 条的规定，可以推出抽象行政行为依然是不能予以司法审查的。2000 年最高人民法院《执行〈行政诉讼法〉若干问题的解释》第 1 条规定的排除管辖和第 5 条关于对"法律规定由行政机关最终裁决的具体行政行为"的解释，可以推定反倾销调查、反倾销措施是一种具体行政行为。[1] 2002 年《关于审理反倾销行政案件应用法律若干问题的规定》第 1 条进一步明确，人民法院依法受理对下列反倾销行政行为提起的行政诉讼：一是有关倾销及倾销幅度、损害及损害程度的终裁决定；二是有关是否征收反倾销税的决定，以及追溯征收、退税、对新出口经营者征税的决定；三是有关保留、修改或者取消反倾销税，以及价格承诺的复审决定；四是依照法律、行政法规规定可以起诉的其他反倾销行政行为。但是对于不履行反倾销法定职责的行政最终决定，如不立案调查的决定和终止反倾销调查的决定，却未被纳入司法审查的范围之中。

考察《中国入世议定书》及 WTO 相关协议的措辞，可以看出与贸易活动有关的"所有行政行为"都应是可审查的。审查范围包括行政行为

---

〔1〕 2000 年最高人民法院《关于执行〈中华人民共和国行政诉讼法〉若干问题的解释》第 1 条第 2 款规定："公民、法人或者其他组织对下列行为不服提起诉讼的，不属于人民法院行政诉讼的受案范围：（一）行政诉讼法第十二条规定的行为"；第 5 条规定："行政诉讼法第十二条第（四）项规定的'法律规定由行政机关最终裁决的具体行政行为'中的'法律'，是指全国人民代表大会及其常务委员会制定、通过的规范性文件。"

和受保护的权利两个方面。GATS 第 6 条第 2 款规定:“在不违背一国宪法和法律制度的前提条件下,每个成员应维持或按照实际可能,尽快地建立司法、仲裁或行政法庭或程序,在受影响的服务提供者的请求下,对影响服务贸易的行政决定做出迅速审查,并在请求被证明合理时给予适当的补救。”TRIPS 第 41 条第 4 款规定了对于初审的司法判决,在符合一定条件下,应使当事人有上诉提请复审的机会,而对于行政部门的终局决定或裁决,在任何情况下都应使当事人有机会要求司法审查。

根据上述规定,将实施上述法律、法规、有普遍约束力的行政行为都作为司法审查的对象,就一定会突破我国现行行政诉讼法的权利保护范围,即在不涉及宪法授权问题的情况下,行政立法以外的部分抽象行政行为、部分终局裁决行为都将纳入司法审查范围。扩大司法审查的范围,应该是与宪法所要求的司法最终权原则相符合的。

(三)设置专门的贸易法院

WTO 法律框架中的司法审查主体主要有 3 个:法院、行政司法机构和仲裁机构。而我国目前司法审查的主体仅限于法院。在我国如果选择行政司法机构和仲裁机构作为司法审查主体不符合我国的国情,也不利于行政法制建设。在体制上允许行政机关建立独立的法庭行使最终的司法审查权,必然达不到规范行政行为的司法审查本来目的。而仲裁机构作为民间调解组织,已完成向民事程序法的转换,为了法律秩序的和谐与稳定,显然不能再要求其返回到对行政行为的司法审查格局上来。从长远考虑,应建构符合 WTO 理念的、在最高人民法院下设立专门对国际贸易问题进行司法审查的法院。现实中由于管辖权的不统一,再加上外贸管制行政行为的专业性与现行法院法官素质的水平状态形成的反差,使司法审查徒有虚名。建立专门的司法审查法院,培养、任命一批熟悉 WTO 审判规则的法官,那样对我国行政行为的司法审查才能落到实处。

(四)建立专门机构负责审查抽象行政行为

从我国目前的法律制度来看,人大常委会和法院容易受到同级行政机关在财政和人事等方面的牵制,因此,从体制上保证人大和法院的独立性,是设计国际贸易救济制度时所要考虑的重要现实因素,也是法治原则的基本要求。为此我国可由全国人大常委会法律工作委员会的法规备案审查室,负责审查抽象行政行为。权力机关的监督由于其自身利益的超脱性和代表的广泛性，以及拥有宪法和《立法法》赋予的权力，能够在抽像行政行为的审查机制中起到最为有效的作用。由于目前法律委员会还承担着繁重的立法工作，对抽象行政行为的审查尚难以发挥充分的作用。可以根据《立法法》第90条、第91条，以及《地方各级人民代表大会和地方各级人民政府组织法》第30条，由省级人大常委会法律工作委员会负责对其辖区内的抽象性行政行为进行审查，效果会更好。

（五）完善司法审查程序

程序正义是现代法治正义的核心，它要求程序合法与程序正当。WTO在很多地方对行政行为的程序正当性有原则性的规定。《与贸易有关的知识产权协议》在其第二节"民事和行政程序及救济"第41条第2款规定："执法程序应该公平和公正，不应有不必要的复杂或费用高昂，无端耗时或延误。"第42条规定："被告应获得及时和充分详细的书面通知，包括诉讼主张的依据。应允许当事方由独立的法律顾问代表出席，不应规定难于负担的强制本人出庭的程序。这种程序的所有当事人应有权利证明其主张并出示所有相关的证据。该程序应提供一种识别和保护机密信息的办法，除非这违反现行宪法的要求。"这些规定保证了当事人的合法权利，提高了司法审查的效率与民主性。

而我国目前针对外贸管制行政行为的司法审查制度在其程序制度的构建方面尚不足。2002年8月27日最高人民法院公布了《关于审理国际贸易行政案件若干问题的规定》，该规定不仅适用于WTO规则有关的国际贸易行政案件，还适用于有关我国缔结或者参加的其他贸易、投资、知识产权等双边国际条约或多边国际条约的行政案件。该规定以司法解释的形式将国际贸易司法审查程序与现行行政诉讼程序进行了对接。这种低位阶的规范模式显然与我国今后所面临的国际贸易行政司法审查的艰巨性之间形成巨大的落差。因此，作为成文法国家，以现有的相关规则和司法解释为基础，在程序设计方面专门立法，特别是如果能借鉴《海事诉讼特别程序法》的单独立法模式，对所有的外贸管制行政行为进行司法审查的相关程序统一规定，必定会极大地提升我国国际贸易司法审查体制的形式合理性。

（六）建立临时补救措施或禁令制度

GATS和《与贸易有关的知识产权协定》都有关于在诉讼过程中，应当事人的申请，司法机关可以实施一些补救措施。根据 TRIPS 协议第 44 条禁令的规定，司法机关有权责令当事一方停止侵权，特别是有权在结关后立即阻止涉及知识产权侵权行为的进口货物进入其管辖范围内的商业渠道。目前我国《行政诉讼法》还没有关于禁令的规定。但是禁令作为一种补救措施，对保护当事人的合法权益免予受到侵权行为的继续侵害，有着积极作用。禁令不仅可以在知识产权保护领域适用，在国际贸易领域也可以适用，如对外国进口商品确认为倾销以后，就可以通过禁令方式，阻止外国同类商品继续予以倾销，从而避免因国内反倾销程序之间的时间间隔而使国内产业遭受进一步破坏，即使在常规的行政案件诉讼过程中也可以引入禁令方式。

（七）建立国际贸易争端的调解机制

众所周知，我国《民事诉讼法》对调解专门做出了规定，在民事诉讼过程中，根据自愿与合法原则法院可以对双方当事人民事纠纷进行调解；在刑事附带民事赔偿和行政赔偿的诉讼过程中，也可以适用调解。2014 年 11 月 1 日全国人大常委会表决通过了关于修改《行政诉讼法》的决定，将第 60 条内容修改为："人民法院审理行政案件，不适用调解。但是，行政赔偿、补偿以及行政机关行使法律、法规规定的自由裁量权的案件可以调解。调解应当遵循自愿、合法原则，不得损害国家利益、社会公共利益和他人合法权益。"至此，行政诉讼法允许调解的范围有所放宽，增加了行政补偿类案件及行政机关拥有自由裁量权的案件可以调解的规定，体现了立法对行政诉讼调解的新的突破，但原则上仍对行政诉讼调解持否定态度。调解作为一种及时有效的解决纠纷的方式不仅可以引入行政诉讼程序，同时可以把行政诉讼调解程序适用于涉及世界贸易组织的有关行政审判程序中。

因为涉及世界贸易组织的行政案件中的外国当事人在行政审判过程中可能基于时间和利益权衡的考虑，希望与作为被告的行政机关进行调解。但是由于缺乏相关的立法规定，就可能使涉及世界贸易组织的行政案件只能通过法院审判的途径得到解决。而案件审理结果不仅需要一定的时间，投入大量的人力、物力和财力，并且外方当事人对审理结果可能会不满意而诉诸 WTO 争端解决机制，这既不经济，也不策略。因此，在涉及世界贸易组织的行政审判程序中设置调解程序是迫切和必要的。

第七章　外贸管制权生成中的新挑战：社会治理

"法律秩序总是面临价值变迁带来的危险，因此国际法史就是历史上的各种价值观的兴起和衰落的一面镜子。[1]"

——德国国际法学家——沃尔夫刚·格拉夫·魏智通

时代的发展与变化不断地推进着特定社会的转型，也在催生新的社会治理模式。随着国家与公民所构成的二元社会结构被打破，以国家利益为核心所构建的法律制度体系，受第三方社会力量的强烈冲击，面临着自资产阶级革命后的第二次民主浪潮的考验。区域经济化的发展，改变了从主权国家直接到世界政府的发展进路，凸显法治建设的复杂性；将一体化的国际经济关系硬性地分割为国家间的经济关系和国内的经济关系，并将其作为法律部门划分标准的做法是与经济全球化的要求不相适应的。以西方价值标准为基础的一元文明正在向多元文化渐进，成为当今社会转型的标志。鉴于各种价值之间天然的连带关系，一种体制在追求其自身价值的同时，还得兼顾其他价值，以便实现价值之间的和谐。面对重重压力，外贸管制权及其法律体系无论在形式上还是在内容上都表现出了新的特点。外贸管制法的影响范围日趋扩大，从原本调整国家间的重大经济事务，扩展到环境、人权、劳工保护等社会问题，乃至影响到单纯的国内措施。在国内国际层面，外贸管制权经常会与多元社会文化之间产生制度性的冲突。"当然，正如国内法一样，国际法必须调整自己以便适应其所涉领域的多样性。它也必须使自己满足当地和区域的要求。不过，它必须维持自身的统一性并给国际舞台上的行为者提供一种可靠

---

〔1〕［德］沃尔夫刚·格拉夫·魏智通主编：《国际法》，吴越、毛晓飞译，法律出版社2002年版，第6页。

的框架”。[1] 因此,表现于各种法律形式中的外贸管制权,正小心翼翼地在复杂的社会冲突中寻求平衡。外贸管制权从国家到社会的这一回归之路,不能不说是社会螺旋式发展规律的一种体现。

第一节 民主理念对外贸管制权的挑战

一、非政府组织对外贸管制权的影响

非政府组织(Non – Governmental Organization,NGO)是19世纪以来随着全球市民化运动的发展而产生并壮大起来的一种新的社会力量,在社会经济结构中形成了区别于政府和经济个体(主要包括自然人与企业法人)并与之相抗衡的“第三力量”,有人将其称为社会结构的“社团革命”。它对全球国际关系与社会经济的发展产生了巨大的影响力。非政府组织代表了社会组织的生成与发展,代表了现代社会格局变迁的新动向,为法律制度和法学研究提出了崭新的课题。国际经济法律体制作为一种调整国际经济关系的法律规范,也因NGO的影响而在诸多方面发生变化,其中最为突出的表现就是基于NGO的努力所产生的民间性质的行为规范在国际经济往来中发挥了巨大的作用,从而对目前以“国家中心”所形成的外贸管制法产生了有力的冲击,[2]一套不可忽视的全球市民化经济法律秩序正在悄然形成。这是目前在国际经济法领域中必须予以关注的现实问题。

(一)NGO对外贸管制法的重要作用

非政府组织,特别是国际非政府组织在国际经济法中发挥了重要的作用。1999年WTO西雅图部长级会议、2003年WTO坎昆部长级会议,NGO的影响力从场外延伸到场内,WTO当中对于各国劳工、环保、第三

---

〔1〕 “The Proliferation of International Judicial Bodies: The Lookout for the International Legal Order”, Speech by Judge Gilbert Guillaume, President of the ICJ, to the Sixth Committee of the UN General Assembly, 27 October 2000, p. 4, downloaded from http://www. icj – cij. org/icjwww/presscom/SPEECHES/iSpeechPresident_Guillaume_SixthCommittee_20001027. htm (2000. 11. 3).

〔2〕 王彦志:《非政府组织的兴起与国际经济法的合法性危机》,载《法制与社会发展》2002年第2期。

世界发展中国家等不利的谈判，NGO 一直在给予干扰和阻止，可以说对世界贡献良多。就算在一国之内，NGO 也常常有决定福利、国家法令、政府资源分配等方面的影响力。其作用主要表现为：

首先，促进了国际经济法在某些领域内相关规范的编纂和生成。应该说在此方面 NGO 的作用已经充分的体现在一些国际商事私人交易规则中了，如国际商会、国际海事委员会、国际法律协会等，自它们成立以后在各自的专业领域内先后编纂和修订了大量的在国际社会得到普遍认可的国际惯例。这些国际惯例基于当事人的选择适用而具有了一定的法律效力，甚至在某些国家成为其法律体系的一个组成部分，当然地发生法律效力。此外，在政府间的国际经济条约的产生过程中，NGO 也充分利用其专业技能与咨商地位，从开始确定问题、提出有关规则、提供专家意见和有关信息、进行游说等方面一直到缔结条约的整个过程，始终都能发挥重大的作用。因此，国际 NGO 最起码间接地参加了一些国际习惯法规则的形成过程。在实践中，目前一些贸易大国所实行的与货物贸易有关的技术性措施，大多来自民间，其制定者或建议者都是 NGO。

其次，监督某些国际经济法律规范的实施。无论是针对某一政府的经济管制行为、某一内国法的实施，还是针对一些特定的国际经济条约的实施，NGO 都以其显著的民意性进行严格的社会监督。特别是世界银行，在 1993 年所通过的建立世界银行检查小组的决议中明确规定：有权向检查小组提出申诉的应是借款方领土内受到影响的非个体当事人，如组织、协会、团体或者其他个体的集群，因此，实际上申诉当事人包括了 NGO 和其他的民间团体。世界银行的这种做法已被一些其他的金融组织所借鉴。它使 NGO 在行使其监督职能时有了一个正式的申诉程序。

最后，参加国际经济争端的诉讼程序。NGO 基于其宗旨，往往支持参与国际经济争端的一方当事人，给予所支持对象一定的专业扶助和经济扶持。此外，在政府间国际组织的争端解决机制中，NGO 也经常作为法律顾问参加有关争端解决过程。这在 WTO 的相关规范中，如《补贴与反补贴措施协议》《装船前检验协议》等都有体现，以 NGO 为主角的法官之友提议成为贸易争端解决机制中一个重要的问题。一些直接产生于贸易经济领域内的 NGO，特别是一些行业协会，在对外贸易的诉讼中具有决定性的地位。从决定应诉、确定应诉企业的名单及决定律师人选、筹集诉讼费用等诉讼准备阶段,到诉中相关取证的协作、对政府部门的游说、与诉讼对手协商和相关信息的提供等方面,NGO 都发挥着重大作用。

（二）NGO 发挥职能并确定其法律地位的现实背景

NGO 作为一种新生社会力量,也有其独特的生存基础,这是它之所以产生影响力的根本所在,也使它与其他的社会主体相区别,从而在外贸管制权的行使中获得准确定位的现实基础。

一是市场失灵和政府失灵是各种非政府组织求得生存和发展的重要背景。"非政府组织的生存空间是以市场缺陷和非市场缺陷的存在为前提,并在一定程度上成了社会生活中资源配置过程中的制度创新,起了一定的弥补作用。"[1]市场经济体制是目前在全球范围内广为推进的一种基本经济体制,近年来在我国也被承认并建立。其关键之处即在于把市场机制看做经济领域内资源配置的主要手段。然而市场机制也不是万能的,在经济生活领域,由于市场自身的局限性会出现市场失灵,亦存在市场缺陷。目前,解决市场缺陷的主要途径是发挥另一种资源配置手段——推行政干预,或称政府管制。政府干预在一定程度上弥补了市场缺陷,促进了经济发展。但是,政府干预同样不是万能的,政府在发挥资源配置功能的同时,也暴露了自身的缺陷,用沃尔夫的话概括为"非市场缺陷"。[2] 当社会无法在市场机制与政府规制中形成利益协调时,人们会自发地向市场和政府之外寻求出路时,NGO 便应运而生。

NGO 的民间性,使其本身成为各种社会利益的协调者,从而也当然地成为政府与社会的中介,是政府与企业的协调者。一些政府管不了或者管不好的、而以本身利益为终极追求目标的私法人又不可能管的事情,由 NGO 来行使相应的管理职能便取得了良好效果。特别是部分社会公共事务,政府的管理一直处于缺位状态,NGO 渐次进入这些领域,起到拾遗补缺的作用。同时,与政府机构经常受到机构庞杂、手续烦琐、文牍主义、效率低下的指责形成鲜明对比,NGO 在公共事务管理方面被认为具有多样性、灵活性、创新性和参与性等优点,这使之在发挥某些管理职能

---

[1] 刘银喜:《非政府组织:资源配置领域的制度创新——析非政府组织对市场缺陷和非市场缺陷的补充》,载《内蒙古社会科学》(汉文版)2002 年第 3 期。

[2] [美]查尔斯·沃尔夫;《市场还是政府:市场、政府失灵真相》,陆俊、谢旭译,重庆出版社 2009 年版,第 58 页。

时更富有效率。尤其是在经济领域，NGO的利益集合性与专业职能性，使之比政府机构在特定行业内更熟悉业务，更便于以平等的身份进行交涉和利益对抗。

二是民间经济的繁荣发展使NGO有了存在的经济基础。严格意义上的NGO，其资金来源不可能依赖政府的财政拨款，而多是来自会员的会费和志愿者的捐赠。所以只有当民间经济繁荣发展时，NGO的资金来源才会有保障。财产所有制的多样化、各经济主体的内部财政自主权的确定化、财产流转制度的规范化，是NGO可能拥有其独立财产的基本法律基础。随着市场经济体制的确立，随着全球和平与发展主题的深入，自"二战"后，整个世界的生产力水平有了显著提高，这既表现为多数国家的财政收入增加，也体现为各种民间主体可能拥有并独立支配的财产增多，从而有更多的自由资金可以用于NGO，以便通过NGO来表达某种价值观念或谋取特定的利益。大型的NGO，诸如大赦国际和绿色和平组织的年预算接近40亿美元。凭借雄厚的经济实力，它们的开销有时甚至超过小国家或国际组织的预算。[1] 以此基础所形成的NGO，其影响力自然不可小视，特别是依据章程具有一定管理监督职能的NGO，在传统的社会结构中形成了区别于政府和经济主体的第三方力量，它即受国家的管理，也可能自己就是管理者，并在传统的双层社会结构中构筑了一个相互沟通的桥梁。

三是私主体势力的壮大为NGO的产生提供了社会组织基础。从目前存在的各类NGO就其宗旨、规模、影响力等各项标准来看，形态各异，复杂多样。根据初步统计，仅在发展中国家，服务于各种目的的NGO就有3.5万个；而跨国性NGO在20世纪的后10年已从6000个增加到26,000个，其规模既有达500万个成员的超大性NGO，也有微乎其微的网络组织。如果再加上各国国内的NGO，全球NGO的数量可能达到数十万，其数量是当今世界国家的数百倍。一个发达的现代社会需要发达的非政府组织。据调查，美国NGO总数超过200万个，经费总数超过5000亿，工作人员超过900万人。如此庞大和活跃的NGO，是与美国"大社会，小政府"的制度结构相配套的。这种制度的来源，与美国建国之初

---

〔1〕 谭晓梅：《全球化对公共行政的冲击》，载《上海交通大学学报》（社科版）2001年第10期。

移民互助自助的传统有关。根据我国民政部的统计,截至 2015 年 12 月底,全国共有社会组织 65.8 万个,比 2014 年的 60.6 万个增长 8.6%。其中有社会团体 32.6 万个,基金会 4719 个,民办非企业单位 32.7 万个。涉及教育、卫生、体育、社会福利等多个领域,到 2017 年 12 月,我国的社会组织的数量为 77 万多个。[1] 另外,中国还有一些 NGO 因找不到业务主管单位,或不愿受业务主管单位的管理而采取了工商注册的形式,名义上是公司、企业,实质上是 NGO,如果将这些“草根组织”也计算在内的话,我国 NGO 的数量是相当庞大的。[2] 多样灵活的组织形式、复杂多变的内部职能、数量巨大的存在现实,使 NGO 有了存在与推动其发展的强劲社会基础力量。

四是经济全球化为 NGO 在国际社会发挥其作用提供了契机。20 世纪 80 年代开始的经济全球化浪潮,将市场经济体制在全世界范围内广为推广,尤其使各国主权在经济领域内出现弱化,国家的经济职能的发挥必须局限于世界所公认的制度框架。大量的经济问题突破了特定国家的地域与法域,成为区域性或全球性的问题,这为各类国际组织扩大职权提供了充分可能,NGO 也当然地在此领域内发挥着巨大作用。同时,伴随着经济的全球化,科学技术也出现了信息化、数字化的发展特征,这也为 NGO 的兴起注入了新的推动力量,并为 NGO 参与国际事务提供了技术条件。经济制度的趋同、信息交流的迅捷,必然导致文化价值观念的相互融合,这同时也为来自不同国家的志愿者为相同的追求而集合为 NGO 提供了共同的思想基础。

(三)NGO 挑战外贸管制权的民主性

目前人们认识到的社会结构中主要包括三种关键力量,那就是国家、市场与公民社会。国家享有的公权力,是一国之内具有至高地位的权力,体现在外贸管制及法制领域内的国家权力,就是国内相关法制及措施的政治基础,也是相关国际规则形成及实施的前提。它在任何时期,总是以国家利益为核心目标的。而市场则是一种自发的社会力量,其最主要的

---

〔1〕《中国慈善发展报告(2016)》,载 http://ex.cssn.cn/dybg/gqdy_gqcj/201605/t20160530_3031168.shtml,最后访问时间:2016 年 5 月 30 日。

〔2〕覃爱玲:《访民政部民间组织管理局副局长李勇》,载《21 世纪经济报道》2003 年 6 月 14 日,第 8 版。

目的就是追求利润最大化,其他皆为次要。唯有 NGO 代表公民社会的力量,把社会上的公民组织起来,发挥对公共事务的影响力,要求国家去约束市场的力量。国家、市场、公民社会这三者不断地彼此互相影响。公民社会要求国家的公权力下放,释放公共资源给一般大众,同时也要求企业进行社会整治以照顾一般民众的利益,承担必要的社会责任。

全球化时代人们的要求与政府和政府间国际组织能够提供的服务之间有了越来越大的差距。在政治民主化、决策透明化和权利社会化的当代世界,非政府组织有能力来填补这个缺位。NGO 的壮大,常常意味着国家职能范围缩小,也因此会使部分全能政府视角下的观察者得出 NGO 天然具有反政府的结论。然而,当 NGO 参与外贸管制权的实现与运行时,仅仅是一个权力的转移过程,即传统意义上的国家权力向非政府组织转移的过程。这个转移并不必然完全改变权力的性质,只是从权力行使的主体上看发生了“质”的转变——权力主体由官方转到了民间。而对于这一部分被转移行使的外贸管制权,法律仍然在很大程度上将其纳入自身的调整范围,以保障社会秩序的稳定。从这一意义上来讲,外贸管制法的调整范围不仅不因外贸管制权行使方式的变化而萎缩,反而呈现出扩张的趋势。在国际社会,NGO 也在以不同的方式对外贸管制法制进行渗透。譬如在 WTO 中,当决策程序给予 NGO 发言权时,NGO 就不太可能与 WTO 对立。WTO 某些法律条款允许 NGO 的介入,如《WTO 协定》第 5 条规定,总理事会可就与涉及 WTO 有关事项的 NGO 进行磋商和合作作出适当安排。但目前只是让其非常浅层次的参与。如果为 NGO 提供更多的机会,势必提高公众对 WTO 的理解和支持,如同在贸易争端解决程序中接受法庭之友陈述,就可能提高 WTO 争端解决程序的合法性和裁决被接受的程度。20 世纪 80 年代初,世界银行就设立了 NGO 与世界银行联席委员会,由世界银行的高级官员与 26 个 NGO 的领导人组成,每年在华盛顿开会,讨论双方关心的问题。联合国成立之后,其经社理事会专门设立了非政府组织委员会,负责审批、接纳那些有代表性、国际性并能对联合国工作作出贡献的 NGO,认可它们在联合国的咨询地位和观察员身份。然而,这些并没有改变世界银行和联合国等政府间国际组织的性质。

二、外贸管制规则产生机制的民主性

(一)外贸管制规则产生机制的国内民主性

缺乏民主合法性的国家必然导致独裁主义。民主也由此成为近现代国家政治文明的一个标志。最初的民主首先强调的是以公民为基本单位的社会治理方式,是与国家权力相抗衡的民主。然而当第三方社会力量崛起后,法制所体现出的民主也有了新的社会主体。在一国内部,全球化和自由贸易的需要刺激了产生更多的国内民主。由于越来越多的企业直接参与国际竞争,政府在决策方面的任何懈怠和疏忽都将不可避免地影响其经济利益。为了减少决策过程中的失误所造成的经济损失及对政府自身的合法性和权威所导致的负面影响,吸纳更多的社会力量参与民主决策是势在必行的,如1974年美国据其著名的"301条款"中就直接在法律中确定了私人的贸易救济权。[1] 该制度授权国内私人对其他成员方违反美国自由贸易协定、与自由贸易协定不一致,或者不公正的立法、政策或做法,要求美国贸易代表采取行动,以实现美国依自由贸易协定所享有的贸易权利。尽管"301条款"在GATT/WTO多边贸易体制内的合法性曾受到欧盟等成员方的挑战,但它作为国内行政程序性贸易壁垒调查制度对消除成员方设置的管制性贸易壁垒,实现GATT/WTO协定下美国的实体性市场准入权利发挥了很大的作用。应该承认,国际法的私人执行在西方发达国家早已经历了长久的实践考验与制度变迁,如特定私人可以在美国国内法院通过诉讼执行习惯国际人权法所保障的基本人权。当资本主义与公民权利"处于战争状态"时,[2] 市场加剧了社会不公。忽视民主,单纯致力于经济增长和社会团结的经济发展与社会治理模式可能会产生极端不良后果,亚洲金融危机就是显证之一。国家必须清醒地认识到民主治理是一个不可逆的现实和趋势,尽可能多地开通国内民主渠道,为公民参政议政提供更多的途径,缓解市场经济导致的社会不公,巩固政府的合法性和权威,保证顺利实现向自由贸易体制转轨的过

---

[1] 美国"301条款"有狭义和广义之分。狭义的"301条款"只是美国1974年修订《贸易法》制定的第301条;广义的301条款包括一般301条款、特别301条款、超级301条款及其体配套措施。

[2] [美]乌尔里希·贝克:《全球化时代的民主怎样才是可行的?》,柴方国译,载《全球化与政治》,中央编译出版社2000年版,第26页。

程。而市民力量又自下而上地顺应了这一趋势,一开始就致力于缓解社会不公,在推动外贸管制权的国内行使的民主化方面贡献了巨大的力量。

由于我国国家与社会、政治与经济的分离趋势在一定程度上处于成长期,各种自治的社会力量及其组织形成政治压力、影响决策的倾向尚不十分明显。但是,对于在长远意义实现宪法规定的民主目标,自治的社会力量的发展是必不可少的,“它在很大程度上将有助于宪法民主价值的实在化并对社会不公进行矫正”。[1]

(二)外贸管制规则产生机制的国际民主性

在国际法层面,外贸管制权的民主性具有更为重要的意义。它标志着 WTO 的发展已超越了纯粹技术性国际组织的阶段,正在向着政治化、综合化方向转变。基于国际法制的社会结构是从公民—社会—国家—国际社会的多级结构,体现于国际经济条约中的民主,会逐层传递到整个社会的各个结构层中,从而产生一波推起千层浪的效果。在欧洲一体化进程中,就有学者就此提出了民主赤字的问题。在全球层面,自由贸易是在一个缺乏任何监督和汇报机构的空间进行的。2000 年 5 月西雅图会议期间,劳工组织的示威就反映出国际经济事务决策过程中的独裁倾向,影响到了一国内部的民主实现程度,影响到了建立在每一个公民权利基础之上的民族国家的利益。

一方面,社会民主与自由贸易体制要求更多的国际法律运行的监控体系。WTO 体制中的透明度原则,被认为是一种典型意义上的国际法律监控体系,也是保证国家为基础形成的国际社会的民主性的开创性举措。透明度原则强调程序和决定过程的公开性,在运用及讨论时常被区分为内部透明度和外部透明度。内都透明度旨在确保所有成员平等有效地参与 WTO 工作的所有措施。虽然 WTO 是以国际法为基础的国际组织,是适用各国主权平等原则的,然而实践表明,这种形式上的平等并不总是存在。许多成员在 WTO 所在地没有或只有一个很小的代表处,由于他们很少出现而被隔离于组织的磋商和日常事务之外。部长会议期间个别成员和成员小组还要进行非正式磋商,在这种磋商中参加者被有意固定在极少的数量上。在这种“绿屋”中进行的磋商,旨在重量级的贸易阵营间

---

〔1〕 郑贤君:《自由贸易体制与我国宪法价值》,载《国家行政学院学报》2001 年第 3 期。

预先达成贸易政策。这就导致了大部分成员,特别是发展中国家在事实上被排除在 WTO 意志的形成过程之外。这种做法和情况使许多发展中国家成员丧失了对 WTO 的信任。外部透明度是强调市民社会和非政府组织对 WTO 内部工作的参与。《建立世贸组织的协定》第 5 条第 2 款规定了与非政府组织的磋商和合作,对此总理事会已通过了该问题的准则。然而该规定只覆盖了极小的范围,查阅文件、非政府组织代表参加 WTO 委员会会议,特别是在争端解决程序中的代表权等议题,仍悬而未决。因此,有必要对 WTO 现存机制进行改革和发展,以实现社会民主化的要求和愿望。

另一方面,又要求在国际法中确认私人的合法地位。囿于传统国际法的影响,私人在国际法上的主体地位并没有得到完全承认。但区域性条约却为私人参与国际法的运行,特别是执行国家间条约,创建了两个最为显著的机制:其一是欧盟人权保护机制;其二是《北美自由贸易协定》第 11 章确立的争端解决机制。这两个机制与《关于解决国家与他国国民之间的投资争端公约》所设立的国际投资争端解决机制相似,都为私人直接执行条约国际法提供了有条件的诉权制度安排,但三者在通过诉讼或仲裁状告其他成员国政府行为中均存在一定的障碍或限制。《WTO 协定》作为国际条约法的新分支,建立了成员对成员执行的贸易争端解决机制,但私人却没有被赋予在该机制下通过起诉其他成员方,从而执行 WTO 协定的权利。也正是因为如此,世贸组织的基层民主性备受怀疑。其中的争端解决程序的透明度问题已成为一个非常敏感、反映强烈的问题。许多国家就目前机制所存在的透明度不足问题提出了明确的改革意见。其中,鉴于 WTO 裁决的广泛影响,应增加非参与方以及非政府组织(NGO)等"社会代表者"进入法律程序的机会,包括在一定条件下向专家组表达意见,甚至是享有争端当事方的一定权利。[1] 虽然这些改革主张尚未纳入 WTO 的争端解决规则,但在实践中似乎得到了 WTO 争端解决机构的支持。

---

〔1〕 余敏友等:《WTO 争端解决机制概论》,上海人民出版社 2001 年版,第 341 页。

三、公共利益问题在外贸管制权中的反映

(一)公共利益问题的提出

公共利益是一个典型的不确定法律概念,其内涵和外延至今没有明确而具体的法律界定。[1] 早期的"公共利益"一词来源于希腊,是一个政治学概念,亚里士多德曾认为,最高的善在现实社会的物化形式即公共利益,并以此作为划分政体的标准。自此,公共利益作为一个法哲学概念,在不同的时代在进行着不同的演绎。市场经济时代,公共利益凸显为市场经济和法治社会的守望者,[2]同时也成了法律价值的出发点。詹姆斯·E.安德森曾认为,宪政的发展,使现代政府以公共利益为最终目的,政府的任务是服务和增进公共利益。[3] 尤其在面临外来冲击的时候,公共利益可以成为主权国家合法利益的总称;而基于宪政观的推行,公共利益也往往被直接推定为国家利益。保罗·肯尼迪在《大国的兴衰》一书中指出:"1660年后,大国形势中最重要的特点是欧洲国家真正多极制度的成熟。每个欧洲国家在作出有关战争与和平的决定时,都日益倾向于以'国家利益'为基础,而不是以超国家的、宗教的原因为依据。"[4]

当自由贸易为名、贸易保护主义为实的外贸管制权悖论出现后,学者从公共选择角度出发,指出贸易保护之所以"优于"自由贸易有其政治必然性。贸易保护者易于形成利益集团,通过激励和压力手段,游说决策者使政策满足自身利益需求,因此,贸易政策内生的倾向于保护。利益集团寻求保护的政治压力同样体现在国际贸易谈判之中,这包括双边的自由贸易协定和多边的世界贸易组织。因此,无论是外贸管制的国内立法抑或是国际条约,支配它们的国家利益就不再是理念中的公共利益,而是少数利益集团的利益罢了。当国家或法律失去了它的民主性,也就同时失去了它存在的天然合理性。

(二)公共利益的含义确定

公共利益产生本身就是社会利益主体多元化、利益需求多样化的结

[1] 周佑勇:《中国法学会行政法研究会2004年年会综述》,载《修宪之后的中国行政法》,中国政法大学出版社2005年版,第660页。

[2] 谢奕秋:《公共利益的边界》,载《南风窗》2004年第5期。

[3] [美]詹姆斯·E.安德森:《公共决策》,唐亮译,华夏出版社2000年版,第38页。

[4] [美]保罗·肯尼迪:《大国的兴衰》,梁于华等译,世界知识出版社1990年版,第93页。

果。从一定意义上而言,利益主体越是多元化,利益分化越是拓展,共同利益的需要就越是强烈和迫切。公共利益追求的协调并非绝对的平衡,而是一种动态的平衡,相对的平衡。对于公共利益而言,在贸易自由化的进程中,各成员具有共同的诉求和价值规范,因此,完全有可能通过多边体制的协调和沟通,形成一致的指引规则。由于 WTO 的全球推动,贸易自由化程度已经越来越高,但由此而带来的风险也与日俱增。考虑到经济主权,现今各国均在 WTO 规则约束下,制定了相应的贸易救济法,在保持多边贸易发展的同时,保证特定国内公共利益的协调。但对于贸易救济中凸显出来的"公共利益",WTO 并没有作出实质性的规定,而各成员方在考量公共利益时,也往往涉及国内产业的保护,贸易目标的实现,乃至会牵扯到国际政治和经济的综合影响。因此,公共利益在贸易救济中是一个现实而又模糊的问题。

在贸易救济法中最早考虑公共利益的是加拿大。1984 年该国制定的《特别进口措施法》第 45 节规定,允许加拿大国际贸易法庭在征收反倾销税或反补贴税之前,考虑是否符合公共利益,并允许任何与调查有利害关系的当事人向国际贸易法庭陈述相关的利益。此后,欧共体也在其立法中明确规定了公共利益,384/96 号反倾销条例第 21 条规定,"关于是否应欧盟公共利益要求进行干预的裁定,应当建立在对所有的不同利益,包括国内产业的、用户的和消费者的利益,作为一个整体评价的基础上。只有当所有当事人根据第 2 条都有机会发表他们的意见,才应根据本条作出裁定。"欧共体法院通过司法判例赋予欧共体委员会在界定欧共体利益时享有广泛的自由裁量权。但长期以来,欧委会对欧共体利益的解释却是相当简单,欧共体利益是将各个不同产业的利益进行适当考量,而从实践来看,贸易救济涉及的公共利益大致包括国内生产商、进口商、工业用户、消费者等利害关系方利益在内的国家(或地区)整体利益。[1] 对此有学者就指出,保护国内产业利益只是贸易救济的表象,维护国家或公共利益才是其最终目的。[2]

WTO 就贸易救济的公共利益问题,并没有直接或专门的条款规定,

---

〔1〕 朱庆华:《反倾销中的公共利益问题》,载《中央财经学报》2003 年第 1 期。

〔2〕 彭日峰、何家奎:《论反倾销中的"公共利益"条款》,载《当代法学》2003 年第 11 期。

但也有一些具体条款涉及。《反倾销协议》第 6 条第 12 款规定,“反倾销机构应为受调查产品的工业用户、一般零售中有代表性的消费者组织提供机会,以便他们提供与倾销、损害及两者之间存在因果关系调查有关的信息。”《反补贴协议》第 12 条第 1 款规定:“应将主管机关要求的信息通知反补贴税调查中的利害关系成员和所有利害关系方,并给予它们充分的机会以书面形式提出其认为与所涉调查有关的所有证据。”《保障措施协议》第 3 条第 1 款规定:“该调查应包括对所有利害关系方作出的合理公告,及进口商、出口商和其他利害关系方可提出证据及其意见的公开听证会或其他适当方式,包括对其他方的陈述作出答复并提出意见的机会,特别是关于保障措施的实施是否符合公共利益的意见。主管机关应公布一份报告,列出其对所有有关事实问题和法律问题的调查结果和理由充分的结论。”可见,WTO 对贸易救济的公共利益是通过条款间接表述出来,形成了贸易救济考量公共利益的法律依据。

公共利益出现在我国贸易立法中较晚,2004 年修改的《对外贸易法》,以及贸易救济的三大条例——《反倾销条例》《反补贴条例》《保障措施条例》,增设了公共利益条款,这表明了我国立法水平的理性化、民主化。在贸易自由化的进程中,公共利益具有“安全阀”的作用,可以监督措施调查的任何阶段,如公共利益可以作为调整救济措施的手段;或者作为损害要件的抗辩;甚至作为一个独立的终止调查的原因。但问题也随之而来,公共利益立法高度的概括性,造成了实践进行界定和保护的难题。对于公共利益而言,概念的不确定性、多元化,使我们难以确立统一的技术标准。目前多数做法,就是具体的案件酌情把握,由此而导致了主管机关拥有较大的自由裁量权。

第二节　区域贸易法制对外贸管制权的挑战

一、区域贸易法制的实践

世界范围内并存的两种贸易自由化安排:多边贸易体制与区域贸易一体化,这是当今国际经济关系的一大特征。世界贸易组织以构建多边贸易体制为己任,通过成员方之间互惠互利的安排,实质性削减关税和其他贸易壁垒,积极推进世界贸易自由化。而在世界各地,一些国家和地区基于地缘关系和发展彼此间经贸关系的考虑，在不同层次和范围内纷纷组建区域贸易集团，开展各种形式的区域经贸合作，对多边贸易体制产生了重要影响。“二战”后，自由贸易区、关税同盟、共同市场、共同体乃至全面的经济联盟等各层次的区域贸易集团不断出现，截至 2016 年 12 月底，WTO 备案的区域性贸易安排的已经达到 445 个，其中 284 个已经生效。[1]

欧洲联盟与北美自由贸易区是目前世界上最具有影响性的区域贸易协定组织。1951 年 4 月 18 日，法、意、联邦德国、荷、比、卢 6 国签订了为期 50 年的《关于建立欧洲煤钢共同体的条约》。1955 年 6 月 1 日，参加欧洲煤钢共同体的 6 国外长在意大利墨西拿举行会议，建议将煤钢共同体的原则推广到其他经济领域，并建立共同市场。1957 年 3 月 25 日，6 国外长在罗马签订了《建立欧洲经济共同体条约》和《欧洲原子能共同体条约》，后来人们将这两个条约合并称为《罗马条约》，于 1958 年 1 月 1 日生效。1965 年 4 月 8 日，6 国签订了《布鲁塞尔条约》，决定将欧洲煤钢共同体、欧洲原子能共同体和欧洲经济共同体统一起来，统称欧洲共同体。条约于 1967 年 7 月 1 日生效。1991 年 12 月 11 日，欧共体马斯特里赫特首脑会议通过了建立欧洲经济货币联盟和欧洲政治联盟的《欧洲联盟条约》（通称马斯特里赫特条约，简称马约）。经欧共体各成员国批准，马约于 1993 年 11 月 1 日正式生效，欧共体开始向欧洲联盟过渡。欧盟的宗旨是：“通过建立无内部边界的空间，加强经济、社会的协调发展和建立最终实行统一货币的经济货币联盟，促进成员国经济和社会的均衡发展”，“通过实行共同外交和安全政策，在国际舞台上弘扬联盟的个性”。北美自由贸易区由美国、加拿大和墨西哥 3 国组成，3 国于 1992 年 8 月 12 日就《北美自由贸易协定》达成一致意见。1994 年 1 月 1 日协定正式生效，北美自由贸易区宣布成立。协定的宗旨是：取消贸易壁垒；创造公平的条件，增加投资机会；保护知识产权；建立执行协定和解决贸易争端的有效机制，促进三边和多边合作。《北美自由贸易协定》的签订，对北美各国乃至世界经济都产生了重大影响。

---

〔1〕 参见 http://rtais.wto.org/UI/PublicMaintainRTAHome.aspx，最后访问时间：2017 年 9 月 25 日。

截至2017年12月底,中国已签订生效协议的自由贸易区16个,涉及国家或地区24个,包括2003年签订的内地与港澳更紧密经贸关系安排、2002年中国—东盟、2006年中国—巴基斯坦、2006年中国—智利、2008年中国—新西兰、2008年中国—新加坡、2009年签订2010年生效的中国—秘鲁、2006年签订的亚太贸易协定、2010年的中国—哥斯达黎加等生效的自由贸易区协定;此外还有包括中国—海合会、《区域全面经济伙伴关系协定》(RCEP)等9个正在谈判中的自由贸易区;以及中国—加拿大、中国—蒙古、中国—瑞士等11个正在进行可行性研究的自由贸易区。[1]

二、世界贸易组织对区域贸易制度的规范

GATT第24条及其谅解明确了区域贸易协定和区域经济一体化在WTO体制下的合法性,并对其中的关税同盟和自由贸易区以及导致关税同盟和自由贸易区形成的临时协定做了较为具体的规范。为保证区域贸易协定的发展对多边贸易体制目标的实现有所裨益,第24条施加了两种限制:一是内部限制,即要求区域内成员间的贸易应充分自由化,取消关税和其他限制性商业法规;二是外部限制,即不能增加对非区域内成员的贸易保护程度。根据GATT第24条第7款,任何缔约方决定成立或加入自由贸易区或关税同盟,或签订临时过渡协议,应当及时通知缔约方全体,并向其提供有关拟议的区域贸易协定的资料,以便缔约方全体得以斟酌向缔约方提供报告和建议。

根据GATS第5条规定"本协定不得阻止任何成员参加或达成在参加方之间实现服务贸易自由化的协定"的规定,服务贸易领域的区域合作构成GATS第2条最惠国待遇原则的例外。GATS第5条没有像GATT第24条那样把关税同盟和自由贸易区列为一体化的主要形式并对其分别作出规定,反映出GATS包括了比跨边界服务贸易更多的内容;同时,GATS第5条对经济一体化也规定了必要的限制条件。

在WTO体制下,GATT第24条第4~8款及《关于解释GATT 1994第24条的谅解》都保留区域贸易协定成员国的最惠国待遇原则的例外。上述例外规定之所以成立,是由于GATS认为一体化安排将便利协定参

---

〔1〕 参见http://fta.mofcom.gov.cn/article/ftanews/html,最后访问时间:2017年11月15日。

加方之间的贸易,并且不会影响对外的正常贸易水平,这将有利于贸易自由化的发展。这实际上就是确认了这类优惠的合法性;从形式上也将边境贸易、关税同盟和自由贸易区作为区域贸易协定的固定组织形式。但无论是关税同盟还是自由贸易区,其间的贸易均被视为以原产于区内成员间货物为对象的贸易。又如,1979 年授权条款(enabling clause),即《关于差别和更优惠待遇、互惠和发展中国家进一步参与的决议》则为发达国家给予发展中国家的优惠待遇奠定了一个永久性的法律基础,同时也为发展中国家间相互在货物方面提供更为优惠的待遇确立了合法性。

虽然 GATT 第 24 条和 GATS 第 5 条对于区域贸易协定从程序和实质要件上都作出了规定,但无论是过去的 GATT,还是现在的 WTO,对于区域贸易协定的监管一直是软弱和低效率的。虽然 WTO 成立后于 1996 年在组织上对区域贸易协定的审查进行了改进,成立区域贸易协定委员会统一对所有区域贸易协定进行审查,但是这新设的专门机构在其 4 年的工作中成效甚微。尽管审查了已通知到 WTO 的 180 多项区域贸易协定,但由于在一系列问题上存在政治和法律困难,[1]没有对任何一种区域贸易是否符合 WTO 规定作出最终的结论。正是由于 GATT/WTO 长期以来对于区域贸易协定这个"烫手的山芋"审而难决,无可奈何,才助长了几乎所有的 WTO 成员都在区域贸易协定的路径上阔步前进。

三、区域贸易协定制度的作用

(一)区域贸易协定的积极作用

根据 WTO《2003 年世界贸易报告》的分析,区域贸易协定的缔结是受寻求更大市场准入的驱使,这种更大市场的准入在区域或双边层面比较容易建构,尤其在 WTO 成员之间缺乏多边基础上进一步促进贸易自由化的情况下更是如此。客观来看,全球贸易自由化能使所有国家获得比较利益优势,促进经济增长。在达不到这种最优目标以前,区域贸易集团内部的有关国家根据本地区现实制定统一的经贸政策,逐步消除关税、非关税壁垒和其他贸易障碍,渐趋促成各种生产要素的自由流动,使自由

---

〔1〕 See Regional Trade Agreements Section, Trade Policies Review Division, WTO Secretariat, The Changing Landscape of RTAS, prepared for the Seminar on REGIONAL TRADE AGREEMENT AND THE WTO, WTO Secretariat, Geneva, 14 November 2003, pp. 11 – 12.

贸易率先在区域范围内实行,至少有助于区域内成员的发展,可以视为贸易自由化的先行和示范。另有一些国家出于维护自身经贸利益而被区域贸易协定所吸引,即在以最惠国待遇原则为基石的多边贸易自由化受阻的情况下,把缔结区域贸易协定作为维护市场准入机会的一种变通手段。欠发达的国家或经济上的弱小国家尤其把区域贸易协定视为一种经济利益维护的必要,因为有关区域贸易协定的弱小成员比较容易获取来自更为发达成员的外国直接投资,低劳动成本的弱小国家尤其如此,如北美自由贸易区的墨西哥就是一个典型的例子。因此,区域贸易协定对国家而言,似乎可以起到某种"双锁功能"(dual locking function),即把竞争锁在外面,而把投资锁进里面。[1] 另外,区域内的自由贸易还可以创造条件来解决那些在多边贸易体制内没有被强调和解决的问题。就反倾销程序来说,在世界各地被许多贸易保护主义者滥用,但是在像欧盟一类的区域自由贸易集团中,这一问题基本得以解决。可见,区域贸易一体化在一定程度上来说是朝着普遍自由化迈进的一步,只要其成员之间的优惠贸易安排无损于非成员的贸易,则此类一体化就能产生更大的社会经济福利,促进世界贸易发展。

区域贸易协定的表现形式与内容不尽相同,但只要能促进贸易自由化、充分提高就业率、合理配置资源、保护环境、提高人民生活水平,它们就有存在的价值和意义,其宗旨就与 WTO 法律体制相符,就能对 WTO 多边体制起到补充和促进的作用。区域国家间现实的政治和安全政策的需要、经济利益的驱动、多边贸易体制规则自身存在的立法缺陷等诸多因素导致了区域贸易合作的方兴未艾。可以肯定的是,区域贸易一体化与多边贸易体制将在长期内并行发展。

(二)区域贸易协定的消极作用

区域贸易协定在其最新发展中不但跨国界,甚至跨区域、跨大洋。由此,双边主义、区域主义和多边主义将在全球范围内并存。与单边主义相比,它显然将贸易自由化的范围推行得更深入和更广阔;而与多边主义相

---

〔1〕 Regional Trade Agreements Section, Trade Policies Review Division, WTO Secretariat, The Changing Landscape of RTAS, prepared for the Seminar on REGIONAL TRADE AGREEMENT AND THE WTO, WTO Secretariat, Geneva, 14 November 2003, p. 9.

比,它更加容易实现。然而它与国家的外贸管制权、与国际外贸管制法制之间也存在冲突。这种冲突在目前主要体现为区域化的封闭性、排他性与全球化的开放性、非歧视性之间的冲突。[1]

首先,区域贸易协定延缓了 WTO 谈判的进程。区域贸易集团作为一个整体在参与制定国际贸易规则时,往往出于自身利益考虑,对多边贸易谈判的决策进程造成负面影响,主要表现在区域一体化组织以整体力量进行讨价还价而使各方难以达成妥协。区域主义尤其在当前形势下,对多边主义是起到阻碍作用的,至少也延缓了多边主义的发展进程。[2]发达国家与发展中国家在多边贸易体制中的基本矛盾在会议之前和会议期间没有得到协调是两次部长会议失败的共同根本原因,这个基本矛盾无疑将贯穿于 WTO 的整个运作和全球贸易自由化的进程之中。而 WTO 成员"移情"区域贸易协定,正是坎昆会议失败的一个新的诱因。[3]正如联合国贸发会表露出的担心:"坎昆会议的挫折会削弱对多边主义的承诺,并使保护主义和党派利益有可乘之机。它还可能加速对单边主义、双边主义和区域主义的积极追求。"[4]

其次,区域贸易协定偏离了 WTO 的主题。在贸易自由化中,发达国家与发展中国家之间存在根本性的利益冲突。而区域主义的最大既得利益者惯用其优势地位将其在多边谈判中无法获得的要价通过区域贸易协定的方式来实现,如美国就积极通过双边谈判方式,要求与之谈判的对方接受投资措施、竞争政策、政府采购等问题,并将其载入区域性自由贸易协定中,甚至还将争议极大的劳工标准、环境标准和更高标准的知识产权保护规则也塞入这类协定,在美国与智利、美国与摩洛哥等的区域贸易协

---

[1] 王玉玮:《WTO 对区域贸易一体化的规制》,载《同济大学学报》(社会科学版)2008 年第 3 期。

[2] 沈木珠:《新型 PTAs 与 WTO 法律体制:动向、内涵及影响分析》,载《法学论坛》2008 年第 4 期。

[3] 参见曾令良:《区域贸易协定的最新趋势及其对多哈发展议程的负面影响》,载《法学研究》2004 年第 5 期。

[4] Review of Developments And Issues In The Post - Doha Work Programmer of Particular Concern to Developing Countries : the Outcome of the fifth WTO Ministerial Conference, Chairperson's Summery, UNCTAD, Trade and Development Board, Fiftieth session, 6 - 17 October, 2003, Geneva, TD/ B/ 50/ L. 7.

定就都含有这些问题的条款。这种区域贸易协定无疑极大地扩张了国际贸易管制规则的调整范围，使之成为一个包罗万象的发达国家的利益保护器。这显然增加了 WTO 谈判的难度，偏离了 WTO 所追求的增进公共福利的目标。

最后，区域贸易协定动摇了 WTO 法律体制的基石。最惠国待遇既是 WTO 法律体制的基本原则，也是成员方的基本义务，它贯穿于 WTO 的任何一项法律文件，其基石地位反复得到了 GAAT/WTO 争端解决实践的肯定，区域贸易协定只是最惠国待遇原则的例外情形。然而，各区域贸易集团在集团内推行贸易自由化，对外相对采取歧视性措施，与 WTO 体制倡导的非歧视原则相违背。它们本身的贸易自由化不能给区域外成员带来福利，甚至设置更多贸易障碍，它不仅危害 WTO 其他成员的利益，也将威胁到多边贸易体制的发展。日渐繁多的区域贸易协定反倒使最惠国待遇原则的行使成了例外。有人担心："在 GATT 成立后近 50 年后的今天，最惠国待遇不再是原则，而几乎沦为例外。原因是种类繁多而内容各异的各类 PTAs 被形象地描述为'意大利面条碗'现象，情况几乎到了使最惠国待遇成为例外待遇的地步"[1]，如美国根据 1974 年贸易法实施三类差别待遇措施，特别是在实施普遍优惠待遇时，并没有对所有发展中国家实施，而是将该项优惠给予其所选择的适格国家的适格产品，中国和几个东南亚国家被确定为"毕业"国家而被排除在外。[2]

第三节　社会化问题对外贸管制权的挑战

近代欧洲民族国家兴起后所建立的国际法制发展过程，也是西方文明的扩张过程。西方列强利用国际法将西方的价值、制度和文化标榜为文明标准，而众多的非西方价值、制度和文化则是不达标的文明。然而市民社会的崛起、发展中国家的联合，促使社会的转型，同样也要求文明的转型。印度学者帕尔指出："国际法的创造不再是那些具有西方文化传统

〔1〕 WTO 总干事顾问委员会：《WTO 的未来——应对新千年的体制性挑战》，商务部世界贸易部组织司译，中国对外经济贸易出版社 2005 年版，第 26 页。

〔2〕 何易：《论普惠制实施中的差别待遇——兼论 WTO 发展中国家成员分类问题》，载《国际经济法学刊》，北京大学出版社 2006 年版，第 55 ~ 58 页。

的国家的特权，而是国际社会所有成员的共同任务。”[1]当旧的文明标准尚未完全崩塌，而新的多元文化之间尚在逐鹿时，各种文化之间的冲突就会反映为国内国际法制的冲突。这些冲突目前多以“贸易与……”的问题体现在外贸管制权中。

一、外贸管制权中的人权问题

（一）外贸管制权与人权的分立与沟通

尽管当代贸易和人权体制都是战后的产物，但从一开始它们就沿着平行、独立和有时甚至相互矛盾的轨迹发展。人及其权利同贸易的历史几乎同人类历史一样古老。托马斯·柯蒂尔教授对贸易与人权关系之过去做了非常精彩的评论：“在19世纪，尽管事实是人权关怀一开始就需要解决奴隶制问题，而这在当时是一个贸易问题，但两个领域相互‘光荣孤立’地演进。因而，贸易与人权走的是传统的制度分离之路。”[2]贸易坚持的是效率、国家利益标准，而人权则坚持的是正义、个人主义标准。随着贸易与人权各自在制度建设上逐渐取得了显著的进展，两者的制度性分立之势在“二战”后便明显地表现出来了。不过，在《联合国宪章》中，人权与经济发展、与国际贸易有着昙花一现的制度性结合，因为《宪章》试图把经济与社会发展统一起来。[3] 但是，由于职能主义在当时的盛行，国际贸易开始与联合国的支配脱离，转而由专门的制度和组织进行管理和规范。而人权保护仍然依托于联合国，并在联合国的主导之下建立起了国际性的人权保护体制，贸易与人权由此开始走向近乎绝对的制度分立时期。

---

〔1〕 转引自王铁崖：《第三世界与国际法》，载《中国国际法年刊》，1982年卷，第22页。

〔2〕 Thomas Cottier nl, Trade And Human Rights: A Relationship To Discover, Journal of International Economic Law, Vol, 5(2002).

〔3〕 具体体现在《宪章》的序言中：“我联合国人民，同兹决心：欲免后世再遭今代人类两度身历惨不堪言之战祸，重申基本人权、人格尊严与价值……并为达此目的……运用国际组织，以促成全球人民经济及社会之进展……”在规定联合国宗旨的第一条中：“……三、促成国际合作，以解决国际间属于经济、社会、文化及人类福利性质之国际问题，且不分种族、性别、语言或宗教，增进并激励全体人类之人权及基本自由之尊重”；在第九章规定国际经济及社会合作中，第55条规定：“为造成国际间以尊重人民平等权利及自决原则为根据之和平友好关系所必要之安定及福利条件起见，联合国应促进：（子）较高之生活程度，全民就业，及经济与社会进展。（丑）国际间经济、社会、卫生、及有关问题之解决；国际间文化及教育合作。（寅）全体人类之人权及基本自由之普遍尊重与遵守，不分种族、性别、语言、或宗教。”

贸易自由将位于各地的脆弱的人们的命运联系在一起，经济的相互依赖加重了各国之间的联系和对一些共同问题的关心。自由贸易体系意味着国内经济主体将更多地进入国际市场、参与国际竞争，这在客观上要求加强保障个体自主意义上的基本权利。[1] 人权保障已越来越成为考察一国总体贸易环境的指标和指数之一，用以衡量一国贸易投资环境的安全程度和整体国际形象。一方面，信息化时代资讯的快速集散将一国的状况迅速传输到其他地区，既可能促成一些普遍性价值的做法的传播，也可能使一国不符合大多数国家和地区人民信念的做法传扬出去，引起国际社会的谴责。另一方面，交通和通信发展造成的时空压缩使一国的灾难也会在短期内迅速波及邻国和国际社会，引起某一地区的动荡和不安，一国的人道主义灾难也会加重周边国家的移民负担，恶化整体贸易环境。自从 1919 年建立以来，国际劳工组织颁布了大约 200 个公约，这些公约涉及社会福利组织和保险的根本问题，并且在许多领域都被认为是相当进步的。但国际人权公约从一诞生就深受保留之困，成员国强加给国际人权体制的保留条款不仅名目众多，有的保留甚至影响到了国际人权公约的宗旨与目的的实现。保留的滥用不仅影响了人权法律体制的内在统一性，也大大削弱了其制度强力。世界各国普遍呼吁国际人权法的强化。

世界贸易组织及其规则体制的建立，很快就成了国际法中最为发达、最有强制力的制度。"与此同时，世界政治体系，包括国家体系，正被一种孕育和培养市场经济逻辑导向的规则所支配。"[2] 也就是说，世界贸易体制开始压制乃至侵略其他落后制度了，特别是堪称最为落后的国际人权体制。《2000 年人类发展报告》指出："在从人权到环境和贸易的各个领域正在制定更多的全球规则。但它们是独立制定的，有发生冲突的可能。目前，贸易规则是唯一真正对国家政策具有约束力的规则，因为它们有强

---

〔1〕［德］哈贝马斯：《公共领域的社会结构》，曹卫东译，载《文化与公共性》，三联书店 1998 年版，第 134 ~ 137 页。

〔2〕［澳］约瑟夫·A. 凯米莱里、吉米·福尔克：《主权的终结？——日趋"缩小"和"碎片化"的世界政治》，李东燕译，浙江人民出版社 2001 年版，第 5 页。

制执行的措施，因此贸易规则中应体现出人权的承诺与义务”。[1] 正是在这种背景之下，一些发达国家纷纷主张在世界贸易体制中融入“社会条款”甚至“人权条款”来应对自由贸易给国际人权保护带来的挑战，并强化劳工权和人权的保护。

世界贸易秩序尽管以贸易自由化为导向，却不存在世界贸易宪法。世界贸易秩序下，缺乏直接的，甚至优先适用的个人贸易自由保障作为动力，贸易的进一步自由化及其保障成为成员的任务，成员还要承担起为个人的利益得失考虑的义务，由此使世界贸易秩序间接地为个人带来权益。尽管 WTO 协议的序言和争端解决小组都直接或者间接地提到了“个人(的)”，但“鉴于 GATT 和 WTO 政府间架构和在功能上受限的经济目标，‘人权’字眼既未出现在 GATT1947 的文本中，也未出现在 WTO 协议中”。[2] 除并不重要的依 1994 年 GATT 第 5 条所保障的过境自由权，GATT 有别于欧盟法，[3]不包含保障个人的贸易自由。要补充说明的是，规范世界贸易秩序的制度虽然不承认对个人贸易自由的保障，却确立了最惠国待遇和国民待遇意义上的非歧视待遇等种种规定，这些规定依据文义可以被理解为对个人的保障。世贸组织所涉及的人权主要包括从事国际经济交易的权利(如进出口权)；在国内和国际贸易政策的实施上要求民主程序和透明度的权利；贸易商和投资者的平等待遇权；要求保护财产权的权利；在公平的竞争条件下经营的权利和消费者的权利。但是，WTO 在培育和保护权利方面是相当有选择性的，即应当获得保护的权利必须是与贸易有关的，并且对它们的保护能够推进贸易进一步自由化，否则，有关权利不但不能得到保护，反而有可能被侵犯。

(二)发展权与外贸管制权

迄今为止，发展权可以说仍是人权方面的一种主张，主要是表达了发展中国家在各方面要求发展的强烈愿望。发达国家对此持保留态度。关于人权的国际条约具体规定发展权及与之相对应的义务者并不多见。因

---

[1] 联合国开发计划署组织翻译:《2000 年人类发展报告》，中国财政经济出版社 2001 年版，第 9 页。

[2] Ernst – Ulrich Petersmann: Human Rights and the law of the World Trade Organization, Journal of World Trade, Vol. 37 (2003), No. 2, p. 241.

[3] 《欧洲经济共同体条约》第 3 条第 1 款和第 25 条。

此,“很难说一国对他国的发展承担了具体的法律义务。国家对个人发展权方面的义务,也并未超出现有人权条约所规定的义务。”[1]

《发展权利宣言》规定,人权既是一项个人权利,同时又是一项集体权利,这突破了传统的人权观念,是新兴的民族独立国家及国际社会多年斗争所取得的成果。对广大发展中国家来说,最紧迫的问题仍然是生存权和发展权,其中发展权尤其应受到重视。自由贸易被视为是可能提高生活水平、促进就业、增进社会福利的基本途径。因此,发展权的实现,也首先表现在相关的贸易管制法对它的认可与保护中。WTO 协定在其序言中强调:“进一步认识到有必要作出积极努力,以确保发展中国家,尤其是最不发达国家在国际贸易的增长中获得与它们的经济发展需要相称的份额”,可以看出在国际贸易管制法中所体现或保护的发展权。然而,WTO 体制下的发展权毕竟是一个细微问题,存在许多的不足。[2] 如目前针对发展中国家和特别不发达国家的特殊和差别待遇条款包含大量被认为属于劝诫性或宣示性的规定,措辞非常含混、模糊,不够明确、具体,缺乏法律术语所应有的准确性和可预见性。而那些具体、明确的措施虽然有易于实施的优点,但其优惠的幅度是有限的,通常只局限在单个协定中的某一方面或某些方面,并非在各协定中普遍存在,因此,也不具有很大的可行性。比较典型的是发展中国家“入世”后过渡期的优惠问题,有些并非由各协定直接规范,但通过授权条款或义务豁免而包含在世界贸易组织法律体系中的单边优惠措施,由于是由发达国家通过立法单方面给发展中国家的优惠,所以在是否给予优惠待遇、给予怎样的优惠待遇、给哪些国家以优惠待遇、是否取消优惠待遇等问题上,完全是由给惠国决定,随意性很大。

WTO 协定的相关规定已经对国际贸易领域的发展权问题给予了相当程度的确认,但自由贸易和全球化的最大受益者是发达国家,更准确地说,是发达国家中以跨国大公司、企业、财团为代表的利益群体。与之形成鲜明对比的是,发展中国家作为一个整体,并未从全球化中获得许诺的

---

[1] 万鄂湘、郭克强:《国际人权法》,武汉大学出版社 1994 年版,第 95 页。

[2] 管容:《论发展权的国际贸易法救济》,载《湖南文理学院学报》(社会科学版)2005 年第 4 期。

收益,有的甚至在发展的道路上落后得更远。因此,实现发展中国家的发展权,也有助于构建更加公平的国际贸易体制。随着自由贸易和全球化的不断发展,国际社会将会更加重视发展权及其相关问题,尤其是发展权与外贸管制权的竞合问题。

(三)国际贸易中的劳工标准问题

国际贸易中的劳工标准问题目前是贸易与人权关系中的最前沿问题。劳工标准长期以来是 WTO 发达成员与发展中成员争论不休的复杂问题。在乌拉圭回合后期,美国和法国提议 WTO 议程应当包括贸易与劳工标准和社会正义间的关系的审查,该提议遭到了许多发展中国家的反对。世界贸易组织正式成立之后,在 1996 年 12 月 9 日至 13 日于新加坡召开的第一届部长会议上,美国就提出了在世贸组织内引进一个劳工问题的工作程序,并建立一个劳动标准工作小组。这个提议因为遭到了包括英国等工业化国家在内的大多数国家的反对而未成功。在劳工标准方面虽然没有就具体的议程条款达成协议,但是,该主题无疑会在未来的 WTO 会议和谈判中再次被提出。[1] 随着越来越多的国家在区域贸易协定中接受此类非贸易条款,WTO 成员将不可能站出来反对将这些条款最终纳入多边规则中的要求,[2] 如由于缅甸严重违反了国际劳工组织的《强迫劳动公约》,国际劳工组织通过决议建议对缅甸采取行动,就是一个非常典型的案例。[3]

当无法在国际贸易体制中解决劳工标准问题时,寻求双边措施即成为发达国家特别是美国的明智选择。2000 年《美国与约旦自由贸易协定》首次规定了劳工标准问题,它列举了 5 项国际认可的劳工权利:结社

〔1〕 John H. Jackson etc. ,Legal Problems of International Economic Relations:case, materials and text on the national and international regulation of transnational Economic Relations(Third Edition),West Publishing Co. Minn. 1995,p. 998.

〔2〕 WTO 总干事顾问委员会,商务部世界贸易部组织司译:《WTO 的未来——应对新千年的体制性挑战》,中国商务出版社 2005 年版,第 34 ~ 37 页。

〔3〕 该案中,缅甸严重违反了《强迫劳动公约》,之后依《国际劳工组织宪章》设立的独立调查委员会作出缅甸确实严重违反《强迫劳动公约》的结论。随后的国际劳工组织通过决议建议按照《国际劳工组织宪章》第 33 条对缅甸采取制裁。自此决议生效起,许多 WTO 成员对缅甸采取了贸易禁运。See Resolution of the International Labour Conference (88 session 2000) at < http://www. ilo. org/public/english/standards/relm/ilc/ilc88/resolutions. htm. 2011/3/5.

权;组织和集体议价权;禁止任何形式的强迫劳动;雇佣童工的最低年龄;最低工资、工作时间、职业安全与健康等工作条件。2003 年《美国与智利自由贸易协定》同样确认了国际认可的劳工权利,要求双方应确保其国内劳工法对国际劳工组织的劳工原则和国际认可的劳工权利予以保护,同时确认双方有权确立各自的国内劳工标准,修改其国内劳工法以使其与国际认可的劳工权利相符,但不允许双方为了鼓励与非缔约方交易和投资而通过国内劳工立法以削弱或降低保护水平。与《美国与约旦自由贸易协定》不同的是,该协定允许当一方违反劳工规定而该项争议又得不到解决时可以采取适当和类似措施予以解决。2004 年《美国与摩洛哥自由贸易协定》的基本内容与上述协定大致相同,不同的是该协定未对任何一方强加在国内层面上适用最低工资标准的义务,但又具体规定,如果缔约方的国内法与协定列举的国际认可的劳工权利不同或不一致,缔约方则必须作出修改,以确保其一致性。

在绝大多数西方学者看来,贸易制裁主要应当用来促进发展中国家整体人权状况,尤其在目前,应主要用来促进发展中国家劳工标准的改善。在他们看来,尽管国际劳工组织的公约是政府、雇主和劳工代表在国际劳工组织年会上制定的,但国际劳工组织却没有权力强制执行这些国际劳工标准公约。为了促进劳工标准的有效执行,必须在世界贸易体制内求助于贸易制裁的使用,因为劳工标准与贸易制裁都与经济有联系。美国等发达国家主张在贸易与投资协议里写入关于保护劳动权的社会条款,缔约方如果违反该条款,其他缔约方可以予以贸易制裁。相对于保护环境的“绿色条款”而言,社会条款有时也被称为“蓝色条款”。社会条款主要是针对“社会倾销”而提出的。所谓“社会倾销”是指通过利用廉价的和缺乏保护的劳工,出口国能够以远低于一般市场的价格在工业化国家销售产品,这就将其社会问题“倾销”到了进口国,其结果就是使进口国失去就业机会,迫使进口国降低工资和利益以使其价格结构更具有竞争力。发达国家的工会坚决反对目前的国际贸易体制,是因为他们认为这种体制允许并鼓励了发展中国家对发达国家的“社会倾销”。美国政府在西雅图会议上的建议就得到了其国内最大的工会组织劳联—产联的积极支持和推动。

发展中国家则把社会条款看做为限制它们向发达国家出口的借口。

因为任何把来自低工资国家的出口产品贴上“不公平”的标签的做法都是试图废除国际贸易中的比较优势。发展中国家认为,劳动标准与国际贸易并没有必然联系。统一劳动标准,对发展中国家就意味着提高劳动成本,必然会严重削弱发展中国家产品在国际市场上的竞争力,同时还会进一步影响对发展中国家的国际投资数量,因此,是不公平的。发展中国家把“社会条款”视为一种新的贸易壁垒,即“蓝色壁垒”,是改头换面的贸易保护主义措施。《2000 年人类发展报告》指出,“贸易制裁是一个很生硬的工具,它所惩罚的是整个国家,而不是那些应对侵犯人权的行为负责的人。最终结果很可能是工人最终失去了工作,这个国家的人民承受经济发展水平下降的痛苦。此外,制裁不能铲除导致侵犯人权的根源。例如,童工现象是因为贫穷,而贸易制裁可能加剧贫困。[1]”

劳工标准问题是否与 WTO 体制相符?目前并没有定论,但“至少 WTO 规则不能允许 WTO 成员在其国内劳工法规定不恰当的情形下撤销减让”。[2] 在新加坡召开的第一届部长会议结束后发表的宣言里对劳动标准问题做了以下声明:“我们重申我们遵守国际公认的核心劳动标准的义务。国际劳工组织是设立和处理这些标准的权威机构,我们确认我们支持其提高劳动标准方面的工作。我们相信贸易增长和贸易自由化的发展带来的经济增长和发展有助于提高这些标准。我们反对利用劳动标准实现贸易保护主义的目的,并且同意这个问题不能影响一些国家——特别是低工资的发展中国家——的比较优势。在这方面,我们注意到世界贸易组织和国际劳工组织(ILO)秘书长将会继续他们目前的合作。”这表明,WTO 并不是不关心劳动标准问题,而是承认遵守核心劳动标准是一项国际公认的义务,但同时也承认国际劳工组织才是劳动标准方面的权威机构。

对于什么是“核心劳动标准”,目前尚存在争议。国际劳工组织(ILO)作为专门负责劳动问题的国际组织,很少使用“核心劳工标准”这个概念,而称为“基本劳工公约”。这里的“基本劳工公约”是指已经被国

---

〔1〕 联合国开发计划署组织翻译:《2000 年人类发展报告》,中国财政经济出版社 2001 年版,第 81 页。

〔2〕 Dr Roman Grynberg and Veniana Qalo:Labor Standard in Us and EU Preferential Trading Agreements [J]. Journal of Would Trade 40(4):2006.

际劳工组织理事会确认的,不论成员国经济发展水平状况如何,为保护工作中的人权而应遵守的 8 项最基本的国际劳工公约。2003 年《欧盟与智利自由贸易协定》是第一个含有劳工标准条款的自由贸易协定,其中第 44 条确立了国际劳工组织公约所奉行的“核心劳工标准”和 GATT 第 20 条(e)款的“监狱囚犯产品”,并规定在违反这些标准的情况下,受惠国的特定产品或全部产品的关税优惠将中止。

二、外贸管制权中的环境问题

(一)自由贸易与环境保护之争

在传统贸易体制之下,一直以来都是国际贸易与环境保护的分野,二者之间互不相干。近世以来,二者的关系问题在自由贸易主义和环境保护主义者之间开始了激烈和无休止的论战。随着全球环境保护问题的日趋严重和世人对之认识的进一步深入,环境保护主义者频频广泛地向贸易自由化和 WTO 框架下的自由贸易体制发难。环境主义者认为,贸易自由化对环境保护来说是十分危险的,而且对发达国家现有的环境政策造成了直接的冲击,自由贸易只有以环境保护为前提才能起到它应有的作用。他们宣称贸易限制措施“对一些国家来说是最为可行、有效手段,它可以保护本国免受他国环境退化所致的损害”,而且这种措施通常是“唯一有效的达成或执行国际环境协定的途径”。相反,自由贸易论者认为:自由贸易是推动经济增长最好的方式,而且可能是促进环境保护的唯一的方式;环境主义者所采取的方法实际上只能导致全球环境的退化。贸易主义者还强调,通过阻止进口的方式降低外来竞争的压力以保护国内工业才是环保主义者的真正初衷。

贸易与环境之间的关系议题正式在多边贸易体制框架下进行讨论的历史并不长。70 年代初,关贸总协定(GATT)的缔约国开始认识到有必要在 GATT 中讨论与贸易有关的环境问题,并于 1971 年成立了环境措施与国际贸易工作小组,小组的目的在于加强对环境政策与 GATT 规则之间关系的研究工作。在 1973 ~ 1979 年的东京回合过程中,考虑到环境措施可能以技术规则和标准的形式成为贸易壁垒,专门对贸易的技术标准问题进行了相关谈判,要求在技术规则和标准的制定、采用和应用上不应该存有歧视,应该有透明度;1982 年,一些发展中国家向 GATT 表达了它们的关注,主要是因为一些发达国家基于环境损害、健康或者安全方面的考虑而禁止从这些国家进口产品；1991 年，墨西哥与美国关于美国禁止墨西哥由于用大型围网捕捞金枪鱼而导致海豚死亡情况下金枪鱼的进口贸易争端成为关注的热点问题，使贸易与环境问题在 WTO 框架下如何协调问题受到了前所未有的重视。在乌拉圭回合结束时，部长级会议通过了《关于贸易与环境的决定》，决定在 WTO 中成立贸易与环境委员会，以进一步在更广的范围内对贸易与环境进行讨论。自成立以来，贸易与环境委员会已经为在各国和国际级的贸易与环境专家间建立沟通方面做了很多工作。

由于世贸组织成员方的经济发展水平不同，发展中国家的贸易要求与发达国家的环境政策间存在尖锐的矛盾，WTO 关于贸易与环境的争论主要是在发达国家与发展中国家之间进行的。一方面发展中国家的初级产品出口是以对自然资源的掠夺性开发为代价的，其资源消耗在目前的国际贸易体制中得不到补偿和维护；另一方面其环境保护法规和标准比较宽松，发达国家的企业为了逃避国内较严的环保法规，将某些污染严重的产业或国内限制、淘汰的技术或产品转移到发展中国家，不仅加重了发展中国家的环境问题，还使他们的经济利益受到损失。

而发达国家为了保护本国的环境资源，以低于资源价值的市场价格向发展中国家购买初级产品。一方面，资源开采过程中的损失和资源价格以外的价值均由发展中国家承担；另一方面，初级产品加工而成的制成品又高价卖到发展中国家，发达国家从中获取高额利润，结果却加剧了发展中国家的环境恶化。此外，发展中国家的环保技术和产业刚刚起步，实力薄弱，在竞争中处于不利地位。发达国家则是现行贸易体制的受惠者，它们利用环保标准、环保标志和市场准入等条件作为贸易保护的借口，形成一种隐蔽性的“绿色贸易壁垒”，加剧了贸易与环境关系的紧张性。

（二）贸易与环境关联的国际性规范

一些发达成员希望执行严格的环境标准。由于环境问题的多边谈判未果，一些发达成员便纷纷转向双边谈判，努力通过双边方式解决环境问题。2000 年《美国与约旦自由贸易协定》首次将环境问题纳入其中；2004 年《美国与澳大利亚自由贸易协定》也加入了环境条款，要求双方确立本国的环保标准和优先次序，采用和修改相应的环境法律与政策，缔约方应确保其法律提供和鼓励高水平的环境保护并努力改善自己的环保水平。

在WTO贸易规则中对限制贸易自由的环保措施"网开一面",允许成员方在一定的条件下自由采取国家级环境保护政策和法律,同时要遵守非歧视性原则。关于贸易与环境的关系规则,散见于各个不同的协定中。《WTO协定》规定:"按照可持续发展目标使世界资源得到最合理利用,维护和保护环境,并根据各成员不同需要和不同经济发展水平的情况,加强采取措施。"这体现了可持续发展的精神,制定了贸易自由化和环境保护的双重目标。1994年GATT第20条"一般例外"中b款和g款在实践中通常被作为采取环境保护措施的基本条款。[1]《贸易技术壁垒协议》规定,各成员为了"保护人类、动植物的生命或健康及环境保护",有权在不超越保护所需程度的情况下采取适当的贸易技术壁垒措施。SPS规定:"各成员方有权采取卫生和动植物检疫措施,但应以保护人类、牲畜和植物的生命或健康为限,且不应违反非歧视原则。"SPS覆盖了两个主要领域:动植物携带疾病的传播或者输入以及添加剂、污染物、霉素、食物饮料及饲料中导致疾病的有机物的含量。《补贴与反补贴协议》第8条第2款(c)项把与环保有关的补贴列为"不可诉的补贴"。《农产品协议》附件2规定了"绿箱政策",其中涉及与环境规则项目有关的国内支持措施不在削减之列。GATS第14条规定,"为保护公共道德或维持公共秩序的需要"和"保障人类、动植物的生命或健康所必需的需要",可以例外地采取必要的服务贸易限制措施。《与贸易有关的知识产权协议》规定为"保护国家的公共秩序或维护公共道德,包括保护人类、动植物的生命或健康,或防止对环境造成的严重污染,"可拒绝授予专利权,以阻止其商业利用。

(三)世贸组织争端解决机制中的环保案例

根据1994年GATT第20条b款和g款的规定,一国有权为了保护人类、动植物的生命或健康,或者为了保护可耗竭的自然资源,而采取一些限制贸易的措施,只要这种措施的实施不会构成对情形相同的各国之

[1] 《GATT》第20条规定,只要不对情况相同的成员构成武断的或不合理的差别待遇或不对国际贸易构成隐蔽的限制,任何成员方都有权采取(b)"保障人类、动植物的生命或健康所必需的措施"和(g)"与国内限制生产与消费的措施一起实施,为有效保护可能用竭的天然资源的有关措施"。

间的不合理的或武断的歧视，并且不会构成贸易限制。由于这种环保例外条款的存在，在 GATT/WTO 历史上发生了数起因为保护环境而引发的争端。在一些争端的处理过程之中，一个很尖锐的问题摆在了争端解决机构的面前，即一个国家是否有权为保护在其管辖领域之外的“人类、动植物生命或健康或者自然资源”而在其国内采取某些单边例外措施，“美墨金枪鱼”案、“美欧金枪鱼”案以及“虾和海龟”案这 3 个案件都涉及了这一问题。这 3 个案件的被诉方无一例外都是美国，美国声称其争议措施是为了保护海豚或者海龟免受误杀。值得注意的是，这 3 个案件对这一问题的裁决结果各不相同。海龟是一种濒危物种，1973 年《濒危野生动植物物种国际贸易公约》将海龟列为最高级别保护物种。渔民在使用拖网渔船捕捞海虾时也会顺带捕杀习性上与海虾群居的海龟。美国科学家发明了一种海龟驱赶装置。为推广海龟驱赶装置，1989 年美国在其 1973 年《濒危物种法》中增设了“609 条款”，规定凡未能在捕虾的同时放活海龟者，就禁止该国的海虾向美国进口。1996 年印度、马来西亚、巴基斯坦和泰国联合指控美国的禁令违反了 GATT 1994 第 1 条、第 11 条和第 13 条。该案经专家组和上诉机构程序，上诉机构报告于 1998 年 11 月通过。[1] 在“虾和海龟”案的裁定中，上诉机构强调了有关物种的迁徙特性，指出海龟是高度迁徙的动物，在属于不同沿海国管辖领域的领水和公海上出入。目前争议的海龟种类是漫游在美国享有管辖权的海域。值得注意的是，上诉机构对这一问题所持的态度比较谨慎，所使用的措辞是：“我们并不是要对第 20 条 g 款中是否暗示了管辖权进行限制……我们只是注意到在本案的特定情形下，在美国援引第 20 条 g 款的目的与迁徙性的濒危海生动物之间具有‘充分的联系’”。[2] 尽管最后上诉机构最终裁定美国“609 条款”的实施方式构成了“武断的”和“不合理的”歧视，不符合第 20 条引言的要求；但正是这一说明，使许多学者开始担忧基于环境保护而采取的国内措施可能会产生域外效力；而该报告最终未获得通过，

---

〔1〕 Panel Report on United States – Restrictions of Tuna and Tuna Products from EEC, hereinafter (EEC), not adopted, DS29lR, paras5. 16 – 5. 17. US – Tuna.

〔2〕 Appellate Body Report on United States – Import Prohibition of Certain Shrimp and Shrimp Products(hereinafter US—Shrimp), WR/DS58, para. 133.

似乎更加剧了这一担忧[1]。

三、"与贸易有关的"问题反思

(一)"与贸易有关的"问题对贸易管制法律体系的挑战

WTO 成立后的首届部长级会议主要关注贸易与知识产权、贸易与投资、贸易与环境、贸易与竞争、贸易与劳工标准；此外，美国还试图把贸易与腐败纳入谈判议程。目前，"与贸易有关的"一词频频出现于多边贸易谈判中。同时，在国际法的研究上，特别是在有关 WTO 的研究上，最流行、恐怕也是最易被滥用的一个术语就是"与贸易有关的"一词。所以，它既让各国政治家头痛，又使学者备感困惑，甚至还是政治与学术纷争，乃至社会动乱的制造者。有学者认为，WTO 是一个成功的"链接"机制，它最初只关注在货物贸易上实现互惠性的关税减让，但到目前，它已经相对成功地把知识产权、服务贸易、投资的某些方面和政府采购纳入了其调整的范围；还有许多"与贸易有关的"问题在 WTO 门口排队等着被请进门去。贸易体制这种扩张性"圈地运动"被一些学者称做"积极一体化"。国际社会由此出现了一种崭新的现象——"与贸易有关的"现象。一方面，国际贸易体制的巨大发展导致其不断地向其他问题延伸；"与贸易有关的"问题的扩增是贸易及其相关问题共同发展的结果。另一方面，相关问题反过来又深入地影响贸易。随着经济全球化下各国际法律体制的不断发展及其调整对象之间相互依存的不断加深，"与贸易有关的"问题必定会越来越多，并构成对业已形成的外贸管制权法律体系的重大挑战。

环境标准与劳工标准问题本身是典型的非贸易问题，但它们与贸易有十分紧密的关系，较低廉的劳动力(低劳工标准)或较低的环保标准必然因低成本而取得市场竞争优势。如何确定统一的能够被发达成员和发展中成员都接受的标准始终是 WTO 困惑和棘手的两大难题。事实证明："贸易"已经变成一个渗透性极为广泛的概念，类似问题势必在 WTO 中会以更快更多的形式出现。如果说从 GATT 到 WTO 的华丽转身，"与贸易有关的"问题的成功解决功不可没的话，今后如何解决"贸易与……"问题将决定着 WTO 的发展乃至生死。倾向于扩大 WTO 管辖范

---

[1] 张若思：《世贸组织关于环境措施的争端解决实践》，载《国际贸易问题》2000 年第 9 期；浦哗、侯作前：《论环境保护中的单边主义及中国的政策选择》，载《中国法学》2002 年第 4 期。

围的学者以《与贸易有关的知识产权协议》为例,认为通过这种方式,可以实现贸易与上述问题的成功地链接。但是,也有学者担心,这会改变GATT/WTO的初衷—调整国际贸易关系[1]。

同时,世贸组织的协定所触及的"大量政策领域过去一直被认为是国内政策的排他领地"[2]。"贸易与……"问题在可能加强或扩张WTO的权力的同时,也会形成对各国政府主权的挤压,从而导致新的制度冲突。如果绝对地坚持贸易、效率标准,保护人权等的所有措施都可以被指控为贸易壁垒。任何WTO成员方都可以指控另一个国家的法律与规则为贸易壁垒。更重要的是,WTO有权对违法者施加巨额罚金。其强制执行机制是这样一种构架:政府的立法、行政和司法机构都受其制约,并且该机制企图行使比联合国更多的权力。结果,环境保护 = 贸易壁垒,食品安全保护 = 贸易壁垒,人权 = 贸易壁垒,劳工保护 = 贸易壁垒……大体上,几乎所有的法律规则都可以被认为影响了国际贸易,因而可以被贴上非关税壁垒的标签。

(二)"与贸易有关的"问题评析

"链接作为一种现象:是一种跨学科研究方法"。[3] "贸易与人权"问题成了当今国际法中最富有争论性的问题。这不仅是因为贸易与人权的关系问题横跨法学和经济学两个学科,而且即使把它限定为法学之内,它也跨越了不同的法学部门。当然,如果从更开阔的视野来看,它也是一个国际关系理论、世界政治经济学和法哲学等共同探讨的话题。法律对权力的调整越广泛,其调整对我们管理社会其他方面的企图和能力的影响越大,我们就必须更多地关心由此所建立的国际经济秩序的"正当性"和"正义性"。著名的WTO专家杰克逊教授多次提到世界贸易体制在当今所面临的严峻挑战,他强调:"'非贸易'的主题与WTO的链接问题无疑是当今国际经济关系和体制所面临的最紧迫、最具挑战性的政策难题

---

〔1〕 张乃根:《国际法原理》,中国政法大学出版社2002年版,第29页,见注释第25。Also see Symposium:The Boundaries of The WTO,The American Journal of International Law,Vol. 96 (2002),No. 1.

〔2〕 余民才主编:《国际法专论》,中信出版社2003年版,第31页。

〔3〕 美国国际法学会中的国际经济法小组在1997年12月5~7日主办的名为"链接作为一种现象:一种跨学科研究方法"的一场学术会议。

之一。"[1] WTO 的这种发展动向以及由此产生的举足轻重的政治地位使 WTO 越来越陷入全球化的纷争，因而遭受着激烈的批评。同时，这种研究可能会起到一种"示范性"的效果。它会给一般国际法问题的研究提供一些理论和方法上的启示，甚至会为将来可能兴起的规范冲突研究提供一般性的理论框架[2]。

学者们还意识到："与贸易有关的"问题既隐藏又凸显了当代国际经济法与其他社会领域交叉部分中存在基本价值的冲突，正是这种冲突的加剧可能会导致整个外贸管制权法律体系面临发展的危机。比如，尽管知识产权在贸易体制和人权体制中都得到保护，但这两种体制在保护方式、内容和程度上都存在很大的差别。"与贸易有关的"问题提醒国家：自由贸易在促进经济发展的同时，对于平衡政治民主、人权保障、社会公平及文化自主等问题之间的冲突，可能在一国国内具有更为重要的意义，同时也存在相当大的行动空间。

不能否认，目前关于"与贸易有关的"问题的研究批评性强而建设性弱，一套关于"贸易与……"相关问题的系统见解和理论仍未产生。由于受历史条件和社会结构的限制，国际社会中并未出现一种类似于国内宪法或政府之类的东西，来调整"跨主题领域"所出现的问题。因此，"例外平衡"论成为目前世贸组织法律体系所采用的协调贸易与其他问题之间的冲突的首要理论。"无论是关贸总协定，还是各项乌拉圭回合协议，一个显著的特点是：每个法律文件均含有大量的例外条款，其数量和种类之多，是其他国际条约所罕见的。"[3] 他们一方面承认效率优先论者的主张的正确性，即自由贸易所带来的经济绩效和福利的增长是强化人权保护必不可少的前提条件；另一方面又在一定程度上承认人权优先论者的看法的合理性，即自由贸易与人权保护确实存在物质和制度层面上的冲突。更主要的是他们认为尽管贸易与人权之间存在冲突，但贸易体制从一开始就注重协调与两者之间的冲突，并且通过设定"例外条款"特别是关贸总协定的"一般例外"条款（即 GATT 第 20 条）来调和其他诸价值与贸易

---

〔1〕 John H. Jackson, Afterword: The Linkage Problem—Comments on Five Texts, The American Journal of International Law, Vol. 96 (2002), No. 1, p. 118.

〔2〕 李春林：《国际法上的贸易与人权问题研究》，武汉大学出版社 2007 年版，第 57 页。

〔3〕 曾令良：《世界贸易组织法》，武汉大学出版社 1996 年版，第 15 页。

价值发生的冲突。“限制或平衡贸易自由化,保护其他人类利益的条款也是国际贸易法的基本组成部分,因为这些条款支撑着市场全球化。”[1]

我国对“与贸易有关的”问题的感受极为深刻。自20世纪80年代以来,一些发达国家动辄就借口人权、环境保护等问题对我国进行贸易制裁,或者进行制裁威胁。1994年春天,美国国内就中国的贸易地位与其人权政策的关系展开了一场激烈的辩论。辩论的一方是由经济学家组成的,他们认为拒绝给予中国最惠国待遇也会给美国带来同样大的损失,强调人权会使两国丧失经济上的机会。辩论的另一方则由人权活动分子和许多政治家组成,他们认为继续给予有严重人权问题的中国以最惠国待遇地位会“既是政治,又是外交,同时还是道德上的错误”。[2] 显然,对于贸易是否应与其他问题链接,西方国家自己也有不同争议。我们应该清醒地认识到,“与贸易有关的”问题的实质仍然是各种价值观之间的冲突在国际贸易中的反映。对我国而言,在目前主权格局的前提下,欲解决这些价值之间的冲突,必须首先确立我国对各类价值的宪法选择和安排,区分各种价值的性质和国家权力的运行方式,然后在此基础上思考和选择平衡上述价值冲突的解决方案。就现阶段而言,人权法企图凭借其价值的普遍性来实现“统率”其他一切法律体制,包括世界贸易体制的目的,既是不可能的,也是不现实的。

---

〔1〕 Robert Howse and Makau Mutua, Protecting Human Rights in a Global Economy: Challenges for the World Trade Organization(2000), downloaded from http://www.ichrdd.ca/english/commdoc/publications/globalization/wtoRightsGlob.html. 2002/10/4.

〔2〕 Patricia Stirling, The Use of Trade Sanctions as an Enforcement Mechanism for Basic Human Rights: A Proposal for Addition to the World Trade Organization, American University International Law Review, Vol. 11 (1996), p. 1.

参 考 文 献

(一)主要参考书目

1. [澳]约瑟夫·A. 凯米莱里、吉米·福尔克:《主权的终结? ——日趋“缩小”和“碎片化”的世界政治》,李东燕译,浙江人民出版社 2001 年版。
2. [奥]凯尔森:《法与国家的一般理论》,沈宗灵译,中国大百科全书出版社 1996 年版。
3. [奥]尤根·埃利希:《法律社会学基本原理》,叶名怡、袁震译,九州出版社 2007 年版。
4. [美]E. 博登海默:《法理学:法哲学与法律方法》,邓正来译,中国政法大学出版社 1999 年版。
5. [美]约翰·H. 杰克逊:《GATT、WTO 法理与实践》,张玉卿等译,新华出版社 2002 年版。
6. [美]理查德·A. 波斯纳:《超越法律》,苏力译,中国政法大学出版社 2001 年版。
7. [美]理查德·A. 波斯纳:《法律的经济分析》,苏立译,中国大百科全书出版社 1997 年版。
8. [美]霍姆斯:《普通法》,冉昊、姚中秋译,中国政法大学出版社 2005 年版。
9. [美]摩根索:《国家间的政治:寻求权力与和平的斗争》,徐昕等译,中国人民公安大学出版社 1992 年版。
10. [美]约翰·罗尔斯:《正义论》,何怀宏、何包钢、廖申白译,中国社会科学出版社 1988 年版。
11. [美]本杰明·内森、卡多佐:《法律的生长》,刘培峰等译,贵州人民出版社 2002 年版。
12. [美]W. 弗里德曼:《法理学》,杨日然等译,台北司法周刊杂志社 1984 年版。
13. [美]诺内特、塞尔兹尼克:《转变中的法律与社会:迈向回应型法》,张志铭译,中国政法大学出版社 1994 年版。
14. [美]卡尔威因、帕尔德森:《美国宪法释义》,徐卫东、吴新平译,华夏出版社 1989 年版。
15. [美]卡多佐:《司法过程的性质》,苏力译,商务印书馆 1998 年版。

16. [美]凯恩斯:《就业利息和货币通论》,徐毓楠译,商务印书馆 1963 年版。
17. [美]唐纳德·布莱克:《法律的运作行为》,唐越、苏力译,中国政法大学出版社 2004 年版。
18. [美]罗伯特·考特、托马斯·尤伦:《法和经济学》,张军等译,上海三联书店、上海人民出版社 1994 年版。
19. [美]道格拉斯·G. 拜尔等:《法律的博奕分析》,严旭阳译,法律出版社 1999 年版。
20. [美]罗·庞德:《通过法律的社会控制法律的任务》,沈宗灵译,商务印书馆 1984 年版。
21. [美]伯纳德·施瓦茨:《美国法律史》,王军等译,中国政法大学出版社 1996 年版。
22. [美]哈贝马斯:《合法性危机》,刘北成译,上海人民出版社 2000 年版。
23. [美]约翰·O. 麦金尼斯、马克·L. 莫维塞西恩:《世界贸易宪法》,张保生、满运龙译,中国人民大学出版社 2004 年版。
24. [英]施米托夫:《国际贸易法文选》,赵秀文译,中国大百科全书出版社 1996 年版。
25. [英]弗里德利希·冯·哈耶克:《法律、立法与自由》,邓正来译,中国大百科全书出版社 2000 年版。
26. [英]彼得·斯坦、约翰·香德袭:《西方社会的法律价值》,王献平译,中国法制出版社 2003 年版。
27. [英]詹宁斯、瓦茨:《奥本海国际法》,王铁崖等译,中国大百科全书出版社 1995 年版。
28. [英]弗兰西斯·斯奈德:《欧洲联盟法概论》,宋英编译,北京大学出版社 1996 年版。
29. [英]梅因:《古代法》,沈景一译,商务印书馆 1959 年版。
30. [英]阿萨·勃里格斯:《英国社会史》,陈叔平等译,中国人民大学出版社 1991 年版。
31. [英]亨利·皮朗:《中世纪经济社会史》,乐文译,上海人民出版社 1964 年版。
32. [英]弗兰西斯·斯奈德:《欧洲联盟法概论》,宋英编译,北京大学出版社 1996 年版。
33. [英]伯纳德·霍克曼,迈克尔·考斯泰基:《世界贸易体制的政治经济学——从关贸总协定到世界贸易组织》,刘平等译,法律出版社 1999 年版。
34. [法]孟德斯鸠:《论法的精神》,张雁深译,商务印书馆 1961 年版。

35. [法]狄骥:《宪法论》,钱克新译,商务印书馆 1962 年版。
36. [法]阿兰·图海纳:《我们能否共同生存?》,狄玉明、李平沤译,商务印书馆 2003 年版。
37. [德]萨维尼:《论立法与法学的当代使命》,许章润译,中国法制出版社 2001 年版。
38. [德]N. 霍恩:《法律科学与法哲学导论》,罗莉译,法律出版社 2004 年第 3 版。
39. [德]E. U. 彼德斯曼:《国际经济法的宪法功能与宪法问题》,何志鹏、孙璐等译,高等教育出版社 2004 年版。
40. [德]马克斯·韦伯:《经济与社会》,林荣远译,商务印书馆 1998 年版。
41. [德]马克斯·韦伯:《世界经济通史》,姚曾广译,上海译文出版社 1981 年版。
42. [德]弗里德里希·李斯特:《政治经济学的国民体系》,陈万煦、蔡受百译,商务印书馆 1961 年版。
43. [德]施托尔、朔尔科普夫:《世界贸易制度和世界贸易法》,南京大学中德法学研究所译,法律出版社 2007 年版。
44. [德]沃尔夫刚·格拉夫·魏智通:《国际法》,吴越、毛晓飞译,法律出版社 2002 年版。
45. [古希腊]亚里士多德:《政治学》,姚仁权编译,北京出版社 2007 年版。
46. 陈同仇:《国际贸易》,对外经贸大学出版社 2004 年版。
47. 曹建明:《国际经济法概论》,法律出版社 1998 年版。
48. 葛兆光:《中国思想史》(第一卷:七世纪前中国的知识、思想与信仰世界),复旦大学出版社 2001 年版。
49. 郭双焦:《WTO 救济法律制度改革研究》,国防科技大学出版社 2006 年版。
50. 洪镰德:《法律社会学》,扬智文化事业股份有限公司 2004 年版。
51. 韩立余:《WTO 案例及评析》,中国人民大学出版社 2001 年版。
52. 季卫东:《正义思考的轨迹》,法律出版社 2007 年版。
53. 李春林:《国际法上的贸易与人权问题研究》,武汉大学出版社 2007 年版。
54. 刘燕南:《实用主义法理学进路下的国际经济法》,法律出版社 2007 年版。
55. 刘文静:《WTO 规则国内实施的行政法问题》,北京大学出版社 2004 年版。
56. 刘德喜:《WTO 与国家主权》,人民出版社 2002 年版。
57. 岁昌发:《美国贸易救济制度》,中国政法大学出版社 2003 年版。
58. 苏力:《法治及其本土资源》,中国政法大学出版社 1996 年版。
59. 田成有:《法律社会学的学理和运用》,中国检察出版社 2002 年版。
60. 田吕五:《中国历史体系新论》,山东大学出版社 1995 年版。

61. 杨逢珉:《中国对外贸易概论》,商务印书馆 2009 年版。
62. 姚梅镇:《国际经济法概论》,武汉大学出版社 1999 年版。
63. 余劲松、吴志攀:《国际经济法》,北京大学出版社 2005 年版。
64. 万鄂湘、郭克强:《国际人权法》,武汉大学出版社 1993 年版。
65. 王俊豪:《政府管制经济学导论——基本理论及其在政府管制实践中的应用》,商务印书馆 2004 年版。
66. 王传丽:《国际贸易法》,中国政法大学出版社 2004 年版。
67. 王铁崖:《国际法》,法律出版社 1995 年版。
68. 王铁崖:《王铁崖文选》,中国政法大学出版社 2003 年版。
69. 王贵国:《世界贸易组织法》,法律出版社 2003 年版。
70. 谢地、吕岩峰、杜莉:《法经济学》,科学出版社 2009 年版。
71. 尹伊君:《社会变迁的法律解释》,商务印书馆 2003 年版。
72. 周鲠生:《国际法》,商务印书馆 1981 年版。
73. 周世中:《法的合理性研究》,山东人民出版社 2004 年版。
74. 周林彬:《WTO 规则与中国经济法理论的创新》,中国政法大学出版社 2003 年版。
75. 曾令良:《世界贸易组织法》,武汉大学出版社 1996 年版。
76. 曾华群:《国际经济法异论》,法律出版社 1997 年版。
77. 张文显:《法理学》,高等教育出版社 2003 年版。
78. 张宏生:《西方法律思想史》,北京大学出版社 1983 年版。
79. 张亮:《反倾销法损害确定问题研究》,法律出版社 2006 年版。
80. 赵维田:《世贸组织(WTO)的法律制度》,吉林人民出版社 2000 年版。
81. 赵生祥:《贸易救济制度研究》,法律出版社 2007 年版。

(二)主要参考论文

1. [美]霍姆斯:《法律之道》,许章润译,载《环球法律评论》2001 年秋季号。
2. [美]于尔根·哈贝马斯:《法的合法性》,许章润译,载郑永流主编:《法哲学与法社会学论丛》,中国政法大学出版社 2000 年版。
3. [美]坎培尔、威尔斯:《社会中的法律研究》,载[美]埃文:《法律社会学》,郑哲民译,台北,五南图书出版公司 1996 年版。
4. [美]斯蒂·M. 格里芬:《美国宪政:从理论到政治生活》,载《法学译丛》1992 年第 3 期。
5. [英]诺塞琳·希金斯:《变迁的国际体制中之国际法》,载《外国法评议》2001 年第 3 期。
6. [英]迈克尔·布利尼:《发展中国家的贸易自由化和贸易条件:关注的一个方面》,

载《经济资料译丛》1995 年第 3 期。
7. [英]施瓦曾伯格:《国际经济法的范围及标准》,载《中国国际法季刊》1988 年第 2 卷第 2 期。
8. [德]耶林:《为权利而斗争》,载梁慧星主编:《民商法论丛》(第 2 卷),法律出版社 1994 年版。
9. [德]诺贝尔特·冯克:《新贸易保护主义的一种形式:贸易性投资措施》,载《国际商务》1995 年第 1 期。
10. 蔡从燕:《国际法语境中的宪政问题研究:WTO 宪政之意蕴》,载《法商研究》2006 年第 2 期。
11. 蔡从燕:《论中国外贸管理法的范式转换——全球治理与公共行政的视角》,载《现代法学》2004 年第 4 期。
12. 蔡才昂:《从合理性原则审视 WTO 保障措施的适用》,载《汕头大学学报》(人文社会科学版)2005 年第 5 期。
13. 陈安:《世纪之交围绕经济主权的新"攻防战"》,载陈安主编:《国际经济法论丛》(第 4 卷),法律出版社 2001 年版。
14. 陈安:《美国 1994 年"主权大辩论"及其后续影响》,载《中国社会科学》2001 年第 3 期。
15. 陈立虎、茹晓燕:《反全球化对国际经济法发展的影响》,载《苏州大学学报》(哲学社会科学版)2005 年第 4 期。
16. 陈立虎、周敏:《非 WTO 法在 WTO 争端解决中的适用》,载《时代法学》2005 年第 5 期。
17. 陈利强:《WTO 协定下美国贸易权利论——以美国对中国实施"双轨制反补贴措施"为视角》,载《法律科学》2008 年第 2 期。
18. 陈云良:《法的模糊性之探析》,载《法学评论》2002 年第 1 期。
19. 陈欣:《论 WTO 宪政对争端解决机构法律解释的影响》,载《西南政法大学学报》2008 年第 6 期。
20. 邓正来:《社会秩序规则二元观——哈耶克法律理论的研究》,载《北大法律评论》第 2 卷第 2 辑。
21. 邓正来:《中国法学向何处去》(系列论文),载《河北法学》2008 年第 1 ~ 5 期。
22. 德全英:《城市、市场和法律西方法律史中的"城市法"考察》,载《法律科学》2000 年第 2 期。
23. 葛洪义:《实证法学和价值法学的协调与我国法学研究》,载《法学》1987 年第 5 期。

24. 葛洪义、陈年冰:《法的普遍性、确定性、合理性辨析》,载《法学研究》1997 年第 5 期。
25. 葛洪义:《论法的生成》,载《法律科学》2003 年第 5 期。
26. 公丕祥:《论当代中国法制的价值基础》,载《法理学论丛》1995 年第 2 期。
27. 龚怀林:《良法生成的路径分析》,载《南京医科大学学报》(社会科学版)2007 年第 4 期。
28. 郭柏春、卢映西:《WTO 的困境动摇了西方主流经济学的根基》,载《北京航空航天大学学报》(社会科学版)2008 年第 3 期。
29. 何力:《国际经济法学定位的重新审视——告别发展中国家国际经济法学》,载《复旦学报:社会科学版》2007 年第 2 期。
30. 胡世瑜、周洁琼:《贸易理论与贸易政策的悖论:来自公共选择角度的解释》,载《山东社会科学》2006 年第 8 期。
31. 韩自旺:《WTO 争端解决机制下"法庭之友"问题》,载《法制与社会》2006 年第 21 期。
32. 李昌麒:《经济法的社会利益考辩》,载《现代法学》2005 年第 5 期。
33. 李龙、汪习根:《国际法与国内法关系的法理学思考》,载《现代法学》2001 年第 1 期。
34. 李晓安、杨宏舟:《寻找法律秩序正当性基础——和谐社会的法律供给》,载《政治与法律》2006 年第 3 期。
35. 李泽锐:《关于国际经济法的理论分歧》,载《中国国际法年刊》,1995 年版。
36. 李双元、李娟:《从世贸组织争端解决机制谈国际法效力的强化》,载《时代法学》2005 年第 6 期。
37. 刘来平:《反规避立法:合理性与合法性分析》,载《西南民族大学学报》(人文社科版)2006 年第 4 期。
38. 刘东勋、翟志成、陈多长:《保护贸易理论是对自由贸易理论的修正和完善》,载《国际贸易问题》1998 年第 9 期。
39. 柳砚涛、刘宏渭:《授权立法正当性缺陷的矫正机制》,载《河北法学》2006 年第 12 期。
40. 龙宗智:《"相对合理主义"及其局限性》,载《现代法学》2002 年第 4 期。
41. 陆建华:《先秦诸子法律发生论》,《长安大学学报》(社会科学版)2006 年第 2 期。
42. 廖益新:《税法的移植与本土化问题》,载《福建法学》2007 年第 1 期。
43. 吕晓杰:《对 WTO 争端解决机制中司法经济原则功能的再思考》,载《环球法律评论》2008 年第 6 期。

44. 梅俊杰:《从马克思的论断看自由贸易的历史真相》,载《马克思主义研究》2009 年第 6 期。
45. 慕亚平、代中砚:《论经济全球化进程中的国家主权问题》,载陈安主编:《国际经济法论丛》(第 4 卷),法律出版社 2001 年版。
46. 彭日峰、何家奎:《论反倾销中的“公共利益”条款》,载《当代法学》2003 年第 11 期。
47. 浦哗、侯作前:《论环境保护中的单边主义及中国的政策选择》,载《中国法学》2002 年第 4 期。
48. 戚建刚:《WTO 与我国行政行为司法审查制度的新发展》,载《中国法学》2001 年第 1 期。
49. 漆多俊、漆彤:《国际调节与国际经济法学科理论新视角》,载《当代法学》2004 年第 2 期。
50. 漆多俊:《市场调节机制与法律的同步演变》,载《经济法论丛》(第 1 卷),中国方正出版社 1999 年版。
51. 石东坡:《加入 WTO 与地方经济行政法制化问题研究》,载《安徽大学法律评论》2002 年第 2 期。
52. 苏力:《为什么研究中国基层司法制度》,载《法商研究》2000 年第 3 期。
53. 苏力:《语境论——一种法律制度研究的进路和方法》,载《中外法学》2000 年第 1 期。
54. 单飞跃:《“需要国家干预说”的法哲学基础》,载单飞跃、卢代富等:《需要国家干预——经济法视域的解读》,法律出版社 2005 年版。
55. 严存生:《法的生成的几个问题》,载《华东政法学院学报》2002 年第 1 期。
56. 岳向阳:《对加入 WTO 后我国经济法若干理论问题的思考》,载《政法学刊》2003 年第 4 期。
57. 王彦志:《国际经济法的宪政进路》,载《当代法学》2004 年第 4 期。
58. 王彦志:《论作为国际经济法体制结构性基础的公民社会》,载《法制与社会发展》2008 年第 5 期。
59. 王晓晔、陶正华:《WTO 的竞争政策及其对中国的影响(上)——兼论制定反垄断法的意义》,载《中国社会科学》2003 年第 5 期。
60. 王勇:《法律社会学及其中国研究进路的初步思考——一般理论与本土问题的知识建构》,载《法制与社会发展》2007 年第 2 期。
61. 王勇:《迈向知识的法理学》,载《社会科学论坛》2006 年第 1 期。
62. 王尚达:《唐代中原与西域之间的贡赐贸易管窥》,载《社科纵横》1994 年第 2 期。
63. 王玉玮:《WTO 对区域贸易一体化的规制》,载《同济大学学报》(社会科学版)

2008 年第 3 期。
64. 徐元:《论贸易政策合理性的评价标准及反倾销的不合理性》,载《国际商务——对外经济贸易大学学报》2006 年第 4 期。
65. 徐泉:《经济主权原则的发展趋向论析》,载《现代法学》2005 年第 2 期。
66. 许章润:《法律之道即生存之道——霍姆斯〈法律之道〉问世百年与中译感言》,载《环球法律评论》2003 年春季号。
67. 杨解君:《加入 WTO 与中国行政法的任务》,载《中国法学》2000 年第 6 期。
68. 曾国安:《管制、政府管制与经济管制》,载《经济评论》2004 年第 1 期。
69. 曾令良:《区域贸易协定的最新趋势及其对多哈发展议程的负面影响》,载《法学研究》2004 年第 5 期。
70. 占志刚:《公共政策的合法性与合理性分析》,载《行政论坛》2004 年第 2 期。
71. 郑成良:《论法律形式合理性的十个问题》,载《法制与社会发展》2006 年第 8 期。
72. 郑贤君:《自由贸易体制与我国宪法价值》,载《国家行政学院学报》2001 年第 3 期。
73. 张玉卿:《善用 WTO 规则》,载陈安主编:《国际经济法学刊》(第 10 卷),北京大学出版社 2004 年版。
74. 张文显、姚建宗:《略论法学研究中的价值分析方法》,载《法学评论》1991 年第 5 期。
75. 张德瑞:《论我国宪法部门和国际法的冲突与协调》,载《郑州大学学报》(哲学社会科学版)2005 年第 6 期。
76. 张琪:《论法的价值共识——对当代中国法治进程中一个悖论的解决尝试》,载《法制与社会发展》2001 年第 5 期。
77. 张军旗;《WTO 国际责任的形式可否选择——法律权利与政策选择》,载《现代法学》2006 年第 6 期。
78. 章剑生:《论行政程序正当性的宪法规范基础——以规范实证分析为视角》,载《法学论坛》2005 年第 2 期。
79. 赵生祥:《论我国贸易救济的范围和制度构建》,载《中国法学》2007 年第 3 期。
80. 周永坤:《社会优位理念与法治国家》,载《法学研究》1997 年第 1 期。
81. 周振华:《经济全球化对宪法的影响及其发展趋势》,载《浙江师范大学学报》(社会科学版)2005 年第 6 期。
82. 朱淑娣、许江晖:《经济全球化与行政法治国际化及回应》,载《当代法学研究》2001 年第 4 期。
83. 朱榄叶主编:《WTO 争端解决报告的效力》,载《21 世纪初的中国与国际法》,上海人民出版社 2002 年。
84. 左海聪:《WTO 专家组和上诉机构可适用的法律》,载《法学评论》2005 年第 5 期。

图书在版编目(CIP)数据

生成中的外贸管制权 / 王花，吉敏丽著. -- 北京：法律出版社，2018
（文瀚法学文丛）
ISBN 978-7-5197-2570-9

Ⅰ. ①生… Ⅱ. ①王… ②吉… Ⅲ. ①对外贸易管制 Ⅳ. ①F741.1

中国版本图书馆 CIP 数据核字(2018)第 179781 号

生成中的外贸管制权
SHENGCHENGZHONG DE WAIMAO GUANZHIQUAN

王 花 吉敏丽 著

策划编辑 周丽君
责任编辑 周丽君
装帧设计 汪奇峰

出版 法律出版社
总发行 中国法律图书有限公司
经销 新华书店
印刷 北京虎彩文化传播有限公司
责任印制 张建伟

编辑统筹 独立项目策划部
开本 720 毫米×960 毫米 1/16
印张 17.5
字数 253 千
版本 2018 年 11 月第 1 版
印次 2018 年 11 月第 1 次印刷

法律出版社/北京市丰台区莲花池西里 7 号(100073)
网址/www.lawpress.com.cn
投稿邮箱/info@lawpress.com.cn
举报维权邮箱/jbwq@lawpress.com.cn
销售热线/010-83938336

中国法律图书有限公司/北京市丰台区莲花池西里 7 号(100073)
全国各地中法图分、子公司销售电话：
统一销售客服/400-660-6393
第一法律书店/010-83938334/8335 西安分公司/029-85330678 重庆分公司/023-67453036
上海分公司/021-62071639/1636 深圳分公司/0755-83072995

书号:ISBN 978-7-5197-2570-9 **定价**:72.00 元